Rainer M. Holm-Hadulla

Leidenschaft: Goethes Weg zur Kreativität

Eine Psychobiographie

Vandenhoeck & Ruprecht

Bibliografische Informationen der Deutschen Nationalbibliothek

Die Deutsche Nationalbibliothek verzeichnet diese Publikation in der Deutschen Nationalbibliografie; detaillierte bibliografische Daten sind im Internet über http://dnd.d-nb.de abrufbar.

ISBN: 978-3-525-40409-6

Umschlagabbildung: Johann Wolfgang von Goethe, eine Silhouette von Charlotte von Stein betrachtend. Gemälde von Georg Melchior Kraus (1775). Stiftungen Weimarer Klassik und Kunstsammlungen. Picture-alliance, ©MP/Leemage.

Satz: Punkt für Punkt GmbH · Mediendesign, Düsseldorf
Druck und Bindung: ⊕Hubert & Co, Göttingen

Gedruckt auf alterungsbeständigem Papier.

Inhalt

Goethes Weg zum schöpferischen Leben

Alles gaben Götter, die unendlichen,
Ihren Lieblingen ganz,
Alle Freuden, die unendlichen,
Alle Schmerzen, die unendlichen, ganz.
(HA 1, S. 142)

Goethes Weg zum schöpferischen Leben war steinig und von vielfältigen Krisen erschüttert. Schon seine Geburt war dermaßen kompliziert, dass man glaubte, das Kind sei tot. Noch im hohen Alter
von 74 Jahren verliebte sich Goethe so unglücklich, dass er mit ähn-
lichen Selbstmordgedanken spielte wie als 20-Jähriger. In seiner langen Lebenszeit war er bitteren Enttäuschungen ausgesetzt und heftigen Stimmungsschwankungen unterworfen. Goethe war nicht nur
ein begabtes Kind, ein vielgeliebter Dichter und ein einflussreicher
Politiker, sondern hat während seines gesamten Lebens gesucht, ge-
irrt und gelitten. Dabei verfügte er über eine besondere Fähigkeit,
seelische Leiden auszuhalten und zu kreativer Entwicklung zu nutzen. Seine Art und Weise, aus seinen Leidenschaften schöpferische
Impulse zu gewinnen, ist auch für den modernen Leser höchst ins-
pirierend. Menschen des 21. Jahrhunderts können in Goethes Leben
und Werk wichtige Anhaltspunkte für ihre eigene kreative Entwicklung und Lebenskunst finden.

Die psychologische Beschäftigung mit Goethes Leben und Werk
ist deswegen so interessant, weil er seine persönliche Entwicklung
und seine Krisen in einzigartiger Weise beschreiben konnte. Zudem
hat er wirksame Bewältigungsstrategien von psychischen Konflikten
entwickelt, weswegen die Beschäftigung mit Goethes Leidenschaften
auch von lebenspraktischer Bedeutung ist.

Goethes Werke beschreiben eine Vielzahl von persönlichen und
sozialen Erfahrungen und in seinen Briefen, Tagebüchern und Gesprächen finden sich Zeugnisse einer lebenslangen Selbstreflexion. Diese
beständige Beschäftigung mit sich selbst, die manchem unsympa-
thisch erscheint, hat für den heutigen Leser einen großen Vorzug: Wir
wissen von der frühesten Kindheit bis zu seinem letzten Atemzug fast
alles aus seinem Leben. Die Selbstzeugnisse sind zudem so differen-

ziert, wie dies heute kaum noch erreichbar scheint: Das Vokabular zur alltäglichen Verständigung umfasst heute ungefähr 400 Wörter. Dies ist auch der Wortschatz einer Boulevardzeitung, während in anspruchsvolleren Gesprächen und Zeitungen etwa 4000 bis 5000 Wörter verwendet werden. Goethe benutzte demgegenüber 80.000 bis 90.000 Wörter zur Beschreibung seiner Erfahrungen.

Darüber hinaus haben auch seine Mitmenschen – angefangen bei Großmutter, Mutter, Vater und Schwester bis zu Geliebten, Freunden und Kollegen – detailliert über Goethes Entwicklung berichtet. Dies konnte geschehen, weil er in einer Zeit und Gesellschaft lebte, in der die Aufzeichnung von Empfindungen, Ideen und inneren Erlebnissen geübt wurde wie niemals vorher und niemals nachher.

Die eindrücklichsten Zeugnisse seiner persönlichen Entwicklung sind aber seine Werke. In ihnen hat Goethe immer auch von sich selbst gesprochen und seine Hoffnungen und Sehnsüchte, Enttäuschungen und Kränkungen beschrieben. Dabei entdeckte er menschliche Wahrheiten, die sowohl dem alltäglichen Verstehen als auch dem wissenschaftlichen Denken auf anderen Wegen nicht zugänglich sind. Insofern sind seine Werke bedeutsam und allgemein gültig.

Goethes Fähigkeit, trotz schwerwiegender emotionaler Turbulenzen lebenszugewandt und kreativ zu bleiben, ist psychologisch besonders interessant. Seine häufig selbstquälerische Beschäftigung mit Erinnerungen und Phantasien hat ihn stabilisiert und das Schreiben wurde sein wichtigstes therapeutisches Prinzip: »Und so begann diejenige Richtung, von der ich mein ganzes Leben über nicht abweichen konnte, nämlich dasjenige, was mich erfreute oder quälte, oder sonst beschäftigte in ein Bild, ein Gedicht zu verwandeln und darüber mit mir selbst abzuschließen, um sowohl meine Begriffe von den äußeren Dingen zu berichtigen, als mich im Innern deshalb zu beruhigen. Die Gabe hierzu war wohl niemand nötiger als mir, den seine Natur immer fort aus einem Extreme in das andere warf« (HA 9, S. 283).

Das Schreiben diente Goethe, seine Konflikte wahrzunehmen, auszuhalten und zu überwinden. Er beschäftigte sich aber nicht nur mit den Ängsten und Nöten seines autobiographischen Selbst, sondern fand allgemeingültige Strategien, individuelle und soziale Konflikte zu lösen. Bei der kreativen Bewältigung psychischer Krisen haben ihn viele Personen, Mutter, Vater und Schwester sowie eine Vielzahl von Freundinnen und Freunden, unterstützt. Schon in seiner Kindheit und Jugend ist sein starkes Bedürfnis, gesehen, beantwortet und bestätigt zu werden, aufgefallen und er fand sich in der glücklichen Lage, dass diesem Bedürfnis auch entsprochen wurde.

Die Psychologie hat zwar seit der Zeit Goethes große Fortschritte gemacht und die Neurobiologie revolutionäre Erkenntnisse über den menschlichen Geist ermöglicht. Mit bildgebenden Verfahren kann man heute darstellen, welche Orte im Gehirn bei guten und schlechten Stimmungen aktiv sind und welche biologischen Prozesse das menschliche Verhalten, seine Empfindungen und Gedanken begleiten. Dennoch sind auch führende Neurowissenschaftler der Auffassung, dass man komplexe psychische Erlebensweisen nur mit ihnen entsprechenden sprachlichen Methoden erfassen kann (s. Andreasen, 2005). Warum eine Mozartsonate bei einem Menschen die Erinnerung an das Lächeln der Geliebten und bei dem anderen die Langeweile eines Sonntagnachmittags hervorruft, kann man nur durch sprachliche Gestaltungen und nicht durch Untersuchungen des Gehirns erfahren.

Daraus folgt, dass es auch heute noch von großem Wert ist, sich in Erzähltes und Gedichtetes zu vertiefen und es psychologisch zu verstehen. Dabei greife ich, wie jeder Leser, auf ein Vorverständnis zurück, das von meiner eigenen Lebenserfahrung geprägt ist. Einer der größten Denker des 20. Jahrhunderts, der Philosoph Hans-Georg Gadamer, hat besonders in seinen 1960 und 1986 erschienenen Büchern überzeugend herausgearbeitet, wie wichtig es ist, dieses Vorverständnis bewusst zu nutzen, um einen Zugang zu Texten zu finden. Gadamer hat auch darauf hingewiesen, dass Verstehen eine natürliche Fähigkeit des Menschen ist, die beständiger Übung bedarf. Wir erfahren uns und die uns umgebende Welt im Akt des Verstehens. Nur durch das Verstehen finden wir einen Halt in einer chaotischen Welt von Eindrücken und Erlebnissen. Aus der verständnisvollen Begegnung mit Personen, Erfahrungen und Texten entsteht etwas Neues, das den Horizont erweitert und Orientierung verleiht. Verstehen ist dabei mehr als die rein gedankliche Strukturierung von Erfahrungen. Es ist eine umfassende Bewegung, die sinnliche und praktische Erlebnisse umgreift und in der Menschen erst zu dem werden, was sie wirklich sind oder sein können. Auf eine solche Reise möchte ich die Leser mitnehmen.

Im ersten Teil des Buchs werden allgemein bedeutsame Einsichten bezüglich Goethes Leben und Werk entwickelt. Dabei liegt das Augenmerk auf Goethes leidenschaftlichem Streben nach einem schöpferischen Leben. Wenn Goethes Weg unter psychologischen Gesichtspunkten betrachtet wird, so liegt der Akzent nicht auf einer detektivischen Suche nach Problemen und Störungen, sondern auf der Erforschung der Umstände, die zu einem produktiven und kreativen Leben führten.

Der zweite Teil des Buchs beginnt mit der Darstellung von Goethes Auffassung des Lebens als schöpferische Selbstverwirklichung. Danach werden sein Leben und Werk unter den Gesichtspunkten der modernen Kreativitätsforschung betrachtet. Im Anschluss an die Beschreibung von Goethes Lebenskunst soll die Frage geklärt werden, ob Goethe – wie immer wieder behauptet wird – psychisch krank oder gestört gewesen ist. Am Schluss des Buchs findet sich eine zusammenfassende Interpretation von Goethes Gedicht »Vermächtnis«.

Teil 1: Leben und Werk

Kindheit und Jugend: Frankfurt 1749–1765
(Catharina Elisabeth)

> *Ich saug' an meiner Nabelschnur*
> *Nun Nahrung aus der Welt.*
> *Und herrlich rings ist die Natur,*
> *Die mich am Busen hält.*
> *(HA 1, S. 102)*

Johann Wolfgang kam am 28. August 1749 gegen Mittag als erst-geborener Sohn von Catharina Elisabeth und Johann Caspar Goethe zur Welt. Die Bedingungen für seinen Lebensbeginn schienen günstig und in seinen Lebenserinnerungen hielt Goethe verklärend fest: »Die Konstellation war glücklich; die Sonne stand im Zeichen der Jung-frau, und kulminierte für den Tag; Jupiter und Venus blickten sich freundlich an« (HA 9, S. 10). Doch die Geburt war äußerst schwierig, das Baby schien zunächst tot zu sein. Die Todesbedrohung durch die Geburt wird an vielen Stellen in Goethes Leben und Werk nachklingen.

Goethes Mutter, Catharina Elisabeth, stammte aus einer wohl-habenden Gelehrten- und Juristenfamilie. Ihr Vater Johann Wolfgang Textor war seit 1747 Schultheiß der Stadt Frankfurt und bekleidete damit das höchste Amt im Magistrat. Sie war die Älteste von vier Ge-schwistern und wurde relativ frei erzogen. Rückblickend schrieb sie über ihre Kindheit, dass sie Gott danke, »daß meine Seele von Jugend auf keine Schnürbrust angekriegt hat, sondern daß sie nach Hertzens lust hat wachsen und gedeihen, Ihre Äste weit ausbreiten können u. s. w. und nicht wie die Bäume in den langweiligen Zier Gärten zum Sonnenfächer ist verschnitten und verstümmelt worden« (Kös-ter, 1923, S. 80).

Ihre Bildung war mager und ihre Rechtschreibung abenteuerlich. Den vornehmen Besuchern im Hause Goethe galt sie wegen ihrer Redseligkeit und ungeschliffenen Art als Original. Bei Goethes Geburt war sie gerade 18 Jahre alt und »fast selbst noch ein Kind«, wie Goethe in »Dichtung und Wahrheit« festhielt. Sie war gesund und hatte eine problemlose Schwangerschaft. Auch der Vater schien relativ sorglos und konnte sich mit seiner Frau ungetrübt auf den Sprössling freuen. Er war durch den kaufmännischen Erfolg seines eigenen Vaters finanziell so gut abgesichert, dass er sich als Privatgelehrter den Dingen widmen konnte, die ihn interessierten.

Die Geburt Johann Wolfgangs war allerdings sehr kompliziert, die Geburtswehen hatten drei Tage gedauert und man wurde an die ersten drei Kinder der Großmutter väterlicherseits erinnert, die alle tot geboren worden waren. Erst nach vielfältigen Bemühungen konnte die Großmutter ihrer Schwiegertochter zurufen: »Er lebt!« (s. von Arnim, 1835, S. 373).

Aus der modernen Neurobiologie und Psychologie wissen wir, dass Geburtskomplikationen unbewusste Gedächtnisspuren hinterlassen (Janus, 2007). Schon bei unkomplizierten Geburten ist das Kind – wie seine Mutter – einer viele Stunden dauernden Stresssituation ausgesetzt. Neugeborene erleben eine überwältigende Angst und ein Vernichtungsgefühl, das unbewusst gespeichert wird. Es wird allerdings übertönt durch den ersten Schrei als Befreiung aus der Todesangst, so wie die Schmerzen der Mutter durch die Glücksgefühle über die Geburt ihres Kindes kompensiert werden.

Goethe verleiht dem Geburtserlebnis in seiner Autobiographie »Dichtung und Wahrheit« große Bedeutung und wird sich zeitlebens mit dem Thema des Geborenwerdens und persönlichen Wachstums unter Schmerz und Todesbedrohung beschäftigen. Seine Persönlichkeitsentwicklung fasste er als kontinuierliches »Stirb und Werde« auf. In diesem Sinne kann man auch das Motto seines schöpferischen Lebens verstehen, dass ihm alles gegeben wurde, »alle Freuden, die unendlichen, alle Schmerzen«, die unendlichen, ganz«. Wie bei der Abfassung dieser Zeilen, als Goethe in besten Verhältnissen lebte und die schmerzliche Nachricht vom Tod seiner Schwester erhielt, lagen Glück und Verzweiflung oft nahe beieinander.

Seine Kreativität half Goethe, in vielen menschlichen Beziehungen und der Naturbegeisterung Trost für seine Leiden zu finden. Nach einer vernichtenden Liebesenttäuschung verfasste er zum Beispiel auf einer fluchtartig unternommenen Reise in die Schweiz das zu Beginn dieses Kapitels zitierte Gedicht, in dem er »Nahrung aus der Welt« saugt, sich von der Natur »am Busen« gehalten fühlt und als neu geboren erlebt.

Durch seine Werke gelang es ihm Krisen zu bewältigen und sich selbst immer wieder neu zu erschaffen. Vom »Werther« bis zum »Faust« wissen wir aber auch, dass diese schöpferische Selbst-Erzeugung mit Ängsten, Verzagtheit und quälenden Minderwertigkeitsgefühlen einherging. Im »Faust I« heißt es:

»Ach! Unsre Taten selbst, so gut als unsre Leiden,
sie hemmen unsres Lebens Gang [...]
Die uns das Leben gaben, herrliche Gefühle,
Erstarren in dem irdischen Gewühle [...]
Die Sorge nistet gleich im tiefen Herzen,
dort wirket sie geheime Schmerzen [...]
Den Göttern gleich' ich nicht! Zu tief ist es gefühlt;
Dem Wurme gleich' ich, der den Staub durchwühlt [...]«
        (Vs. 632–653)

Das beständige Ringen um die Lebendigkeit des eigenen Selbst sollte ein Leitmotiv von Goethes gesamtem Leben werden. Aber auch im allgemeinen Sinne fasste er die Individuation des Menschen als Werden und Vergehen auf. Selbstwerdung und schöpferisches Leben können nicht ohne Schmerzen und Bedrohungen geschehen. In diesem Sinne wählte Goethe für seine Autobiographie »Dichtung und Wahrheit« das Motto: »Der nicht geschundene Mensch wird nicht erzogen« (HA 9, S. 641).

Auch nach der schwierigen Geburt bangte man um das Leben des kleinen Johann Wolfgang. Er selbst schien mit intensiven Affekten und lebhaften innerpsychischen Bewältigungsversuchen auf die Bedrohungen der ersten Lebenswochen reagiert zu haben. Seine Mutter berichtete, »wie er schon mit neun Wochen ängstliche Träume gehabt, wie Großmutter und Großvater, Mutter und Vater und die Amme um seine Wiege gestanden und lauschten, welche heftige Bewegungen sich in seinen Mienen zeigten, und wenn er erwachte, in ein sehr betrübtes Weinen verfallen, oft auch sehr heftig geschrien hat, so daß ihm der Atem entging und die Eltern für sein Leben besorgt waren; sie schafften eine Klingel an; wenn sie merkten, daß er im Schlaf unruhig ward, klingelten und rasselten sie heftig, damit er bei dem Aufwachen gleich den Traum vergessen möge [...]« (von Arnim, 1835, S. 377).

Bettinas Beschreibungen sind in ihren Einzelheiten nicht zuverlässig, doch können wir glauben, dass der kleine Johann Wolfgang von heftigsten Ängsten geplagt war und, wie jedes andere Kind, durch intensive psychische Aktivität versuchte, diese Ängste zu bewältigen. In »Das Geheimnis der ersten neun Monate« beschreiben Hüther und Krens (2007) aus Sicht der Neurobiologie, wie Babys schon in den ersten Lebensmonaten aktiv innere und äußere Reize verarbeiten.

Goethes Beziehung zur Mutter blieb auch nach der schweren Geburt und den ersten Monaten nicht ohne Versagungen und Bedrohungen. Catharina Elisabeth wurde sechs Monate nach seiner Geburt erneut schwanger und wandte sich nach fünfzehn Monaten der jetzt geborenen Schwester Cornelia zu. Wahrscheinlich haben Vater und Großmutter den kleinen Johann unterstützt, die Trennung von der nicht mehr ganz verfügbaren Mutter zu bewältigen. Dennoch hinterließ dieser Verlust Spuren in Form von Trennungsängsten und kreativen Bewältigungsversuchen. Möglicherweise war die frühe und moderate Trennung von der Mutter gleichzeitig schmerzlich und phantasiefördernd.

Johann Wolfgang war auch in seiner weiteren Entwicklung störanfällig. Bettina von Arnim hält fest, dass er leicht reizbar und häufig zornig war. Wenn etwas beschädigt wurde oder vom Gewohnten abwich, antwortete er mit Wutausbrüchen. Bis ins hohe Alter konnte er es schwer ertragen, wenn etwas nicht seinen Ordnungsvorstellungen gemäß verlief, beispielsweise wenn jemand in seiner Umgebung krank wurde. Mehr noch: Goethe hütete sich während seines gesamten Lebens, Kranke oder gar Tote von Angesicht zu Angesicht zu sehen. Er ging weder zum Begräbnis seiner engsten Freunde Schiller und Herzog Carl August noch konnte er seiner Frau Christiane im Todeskampf beistehen. Dabei beschäftigte er sich literarisch ständig mit Beschädigungen, Krankheit und Tod. Es wurde zu seinem Lösungsweg, das im Leben schwer Erträgliche in literarischen Werken zu bewältigen.

Schon als Kind reagierte er auf unangenehme Erlebnisse nicht nur mit Wutausbrüchen, sondern auch mit Versuchen, das Chaos der Empfindungen mit intellektuellem Verstehen und phantasievollen Spielen zu strukturieren. Dabei kam ihm seine Fähigkeit zu Hilfe, ungute Erfahrungen in eine für ihn akzeptable Realität umzudeuten. Seine Mutter berichtete Bettina von Arnim folgendes Verhalten ihres Sohnes beim Märchenvorlesen: »Da saß ich, und da verschlang er mich bald mit seinen großen schwarzen Augen, und wenn das Schicksal irgend eines Lieblings nicht recht nach seinem Sinn ging, da sah ich, wie die Zornader an der Stirn schwoll, und wie er die Tränen verbiß. Manchmal griff er ein und sagte, noch eh ich meine Wendung genommen hatte: ›Nicht wahr, Mutter, die Prinzessin heiratet nicht den verdammten Schneider, wenn er auch den Riesen totschlägt‹; wenn ich nun haltmachte und die Katastrophe auf den nächsten Abend verschob, so konnte ich sicher sein, dass er bis dahin alles zurechtgerückt hatte, und so ward mir denn meine Einbildungskraft, wo sie nicht mehr zureichte, häufig durch die seine ersetzt« (von Arnim, 1835, S. 379 f.).

Die Mutter

Catharina Elisabeth liebte ihren Sohn zärtlich und bezeichnete noch den erwachsenen Goethe als ihren »Hätschelhans«. Dennoch bestand zwischen der Mutter und ihrem Sohn eine bemerkenswerte Distanz. Goethe hält auf einem Manuskriptblatt zu »Dichtung und Wahrheit« Folgendes fest: »In dem Verhältniß der Kinder zu den Ältern entwickelt sich der sittliche Charakter der ersten eigentlich gar nicht. Der Abstand ist zu groß; Dankbarkeit, Neigung, Liebe, Ehrfurcht halten die jüngeren und bedürftigen Wesen zurück, sich nach ihrer Weise zu äußern. Jeder thätige Widerstand ist ein Verbrechen. Entbehrungen und Strafen lehren das Kind schnell auf sich zurückzugehen, und da seine Wünsche sehr nahe liegen, wird es sehr bald klug und verstellt« (HA 9, S. 844).

Nach dem Tode ihres Mannes im Jahr 1782 lebte Catharina weitere 26 Jahre und verfolgte die Entwicklung ihres Sohnes mit lebhaftem Interesse. Sie schien kaum darunter gelitten zu haben, dass Goethe sie seit seinem Umzug nach Weimar im Jahre 1775 nur noch dreimal besuchte. Sie beklagte sich nie und hält mit 55 Jahren in einem Brief an ihren Sohn fest: »Mein Leben fließt still dahin wie ein klarer Bach ... so ruhig mein Cörpper ist; so thätig ist das was in mir denckt – da kan ich so einen gantzen geschlagenen Tag gantz alleine zubringen, erstaune daß es Abend ist, und bin vergnügt wie eine Göttin – und mehr als vergnügt und zufrieden seyn, braucht mann doch wohl in dieser Welt nicht« (Köster, 1923, S. 157 f.).

Eine innere Beziehung zwischen Mutter und Sohn blieb zeitlebens erhalten. Die 76-jährige Catharina Elisabeth schreibt an Bettina von Arnim: »[...] an den Wolfgang muß ich stundenlang denken, immer wie er ein klein Kind war und mir unter den Füßen spielte, und dann wie er mit seinem Bruder Jakob so schön gespielt hat und hat ihm Geschichten gemacht« (von Arnim, 1835, S. 379 f.).

Goethe selbst fand zwar seit seiner Weimarer Zeit wenig Gelegenheit, sich um seine Mutter zu kümmern, aber in seinen Werken blieb er mit ihr verbunden. Als erwachsener Mann war er erleichtert, wenn andere Personen nahe Beziehungen mit seiner Mutter unterhielten. Bettina von Arnim schrieb an die alte Frau Rat Goethe:»Er hat gesagt, ich soll ihn vertreten bei Ihr und soll Ihr alles Liebe tun, was er nicht kann, und soll sein gegen Sie, als ob mir all die Liebe von Ihr angetan wär, die er immer vergisst. – Wie ich bei ihm war, da war ich so dumm und fragte, ob er sie lieb habe, da nahm er mich in seinen Arm und drückte mich ans Herz und sagte: ›Berühr' eine Saite, und sie klingt, und wenn sie auch in langer Zeit keinen Ton gegeben hätte‹« (Amelung, 1914, S. 44 f.).

Goethe lud seine Mutter niemals ernsthaft nach Weimar ein, doch unterhielten beide einen lebhaften Briefverkehr. Er betrachtete Weimar als seine Welt und Catharina Elisabeth akzeptierte das unvermeidbare Schicksal der Eltern, von ihren Kindern verlassen zu werden. Die tieferen Dimensionen von Goethes Beziehung zu seiner Mutter lassen sich nur durch eine Analyse seiner Werke und seiner Einstellung zur Mutter-Kind-Beziehung erschließen.

Zeitlebens setzte sich Goethe mit der Beziehung von Müttern zu ihren Kindern auseinander und bearbeitete dieses Thema in seinen Werken. Dabei stand die Tragik von Kindsmörderinnen ganz im Vordergrund. In seiner Leipziger Studentenzeit beschäftigte ihn die Geschichte von Catharina Maria Flindt, die wegen der Ermordung ihres unehelichen Kindes zum Tode verurteilt worden war. Sie wurde von ihrem Liebhaber aus dem Gefängnis befreit, doch kehrte sie aus freiem Willen dahin zurück, weil sie von ihrem schlechten Gewissen überwältigt worden war. Noch stärker erschütterte Goethe das Schicksal der Dienstmagd Susanna Margaretha Brandt, von dem er während seiner Straßburger Studentenzeit 1770 Kenntnis erhielt. Susanna Margaretha war eine unbescholtene 24-jährige Frau, die in Frankfurt lebte. Sie wurde verführt, schwanger, brachte heimlich ihr Kind zur Welt und tötete es aus Angst und Verzweiflung. Nach Frankfurt zurückgekehrt, verfolgte Goethe den Prozess bis zu ihrer Hinrichtung. Dieses Ereignis ließ ihn nicht mehr los und führte zur Dichtung der Gretchen-Tragödie im »Faust«.

In der Gretchen-Tragödie setzt er sich mit den vernichtenden Aspekten der Beziehung von Mutter und Kind auseinander. Nach der Geburt ihres Kindes tötet Gretchen diese Frucht ihrer Liebe zu Faust und wird selbst wie Catharina Maria Flindt und Susanna Margaretha Brandt hingerichtet. Ein Leitmotiv dieser Tragödien ist, dass Mutter und Kind sich gegenseitig zerstören. An vielen Stellen findet sich dieses Motiv in Goethes Werken. Aus Mutter Natur saugt man immer wieder »frische Nahrung, neues Blut« (HA 1, S. 102). Sie ist aber nicht nur lebensspendend, sondern auch vernichtend. In »Die Leiden des jungen Werthers« vereinigt sich der Protagonist durch seinen Freitod mit der »Allmutter Natur«, nachdem er sie vorher als »ein ewig verschlingendes, ewig wiederkäuendes Ungeheuer« (HA 6, S. 53) erlebt hat. In der ersten, im Herbst 1771 geschriebenen Fassung des »Götz von Berlichingen« sagt Weislingen zu Adelheid: »Das ist Weibergunst. Erst brütet sie mit Mutterwärme unsere liebsten Hoffnungen an; dann, gleich einer unbeständigen Henne, verläßt sie das Nest und übergibt ihre schon keimende Nachkommenschaft dem Tod und der Verwesung« (HA 4, S. 537).

Wir sehen also, dass Goethe die Mütter nicht nur idealisierte, sondern durchaus die Ambivalenz zwischen deren lebensspendenden und gefährlichen Aspekten wahrnahm. In dem Roman »Die Wahlverwandtschaften« gibt Charlotte das eigene Kind ihrer Nichte Ottilie zur Pflege, weil sie keinen Platz für das Kind in ihrem Leben hat. Ottilie, selbst noch ein Kind, lässt dieses Kind aus scheinbarer Unachtsamkeit ertrinken. Auch hier holt sich »Mutter Natur«, symbolisiert durch das Wasser, ihr Kind wieder zurück.

Den dichtesten Ausdruck seiner Scheu vor fruchtbaren Frauen findet Goethe in der »Finsteren Galerie« des »Faust II«: Faust hat das von ihm verführte Gretchen bedenkenlos verlassen und die große Welt durchwandert. Jetzt zieht es ihn in die »Finstere Galerie«, die Szene, in der Paris und Helena als reale Menschen neu erschaffen werden sollen, und die eine Allegorie für das Schöpferische schlechthin darstellt. Mephisto will ihm an diesen Ort nicht folgen:

Mephistopheles. Was ziehst du mich in diese düstern Gänge?
Ist nicht da drinnen Lust genug,
Im dichten, bunten Hofgedränge
Gelegenheit zu Spaß und Trug?
(Vs. 6173–6176)

Faust muss aber in die finstere Galerie der Schöpfung niedersteigen, um sein Versprechen zu erfüllen, für den Kaiser das ideale Paar, Paris und Helena, zum Leben zu erwecken. Mephisto sträubt sich gegen Fausts Plan, das Reich der Mütter und der weiblichen Fruchtbarkeit zu betreten:

> *Mephistopheles.* Ungern entdeck' ich höheres Geheimnis.
> Göttinnen thronen hehr in Einsamkeit,
> Um sie kein Ort, noch weniger eine Zeit;
> Von ihnen sprechen ist Verlegenheit.
> Die Mütter sind es!
> *Faust, aufgeschreckt.* Mütter!
> *Mephistopheles.* Schaudert's dich?
> *Faust.* Die Mütter! Mütter! – s' klingt so wunderlich!
> (Vs. 6212–6217)

Mephisto möchte mit den Müttern nichts zu tun haben und Faust ist erfüllt von heiliger Scheu. Dennoch müssen sie mit ihnen verkehren, um wirkliche Menschen zu zeugen. Und auch der schöpferische Dichter muss sich in seinem Schaffensprozess der dunklen Welt unbewusster mütterlicher Phantasmen annähern. Die Welt der Mütter ist jedoch eine Tabuzone:

> *Mephistopheles.* Kein Weg! Ins Unbetretene,
> Nicht zu Betretende; ein Weg ans Unerbetene,
> Nicht zu Erbittende. Bist du bereit?
> (Vs. 6223–6224)

Es ist aber nicht nur ein gesellschaftliches Tabu, das den Weg zu den Müttern versperrt. Die Begegnung mit ihnen kann nur in unbeschreiblicher Einsamkeit stattfinden:

> *Mephistopheles.* [...]
> Nicht Schlösser sind, nicht Riegel wegzuschieben,
> Von Einsamkeiten wirst umhergetrieben.
> Hast du Begriff von Öd' und Einsamkeit?
> (Vs. 6225–6227)

Mephisto spricht eine andere Welt an, die Faust nicht kennt und nicht kennen kann. Faust wehrt sich dagegen, dass diese Welt ihm unzugänglich sein sollte:

Faust. Du spartest, dächt ich solche Sprüche;
Hier wittert's nach der Hexenküche,
Nach einer längst vergangnen Zeit.
Mußt' ich nicht mit der Welt verkehren?
Das Leere lernen, Leeres lehren?
(Vs. 6228–6233)

Faust hofft durch Welterfahrung einerseits und philosophische Beschäftigung mit dem Leeren »nicht zu Betretenden« andererseits das Menschenmögliche bereits getan zu haben, doch Mephisto bedeutet ihm:

Mephistopheles. Und hättest du den Ozean durchschwommen,
Das Grenzenlose dort geschaut,
So sähst du dort doch Well' auf Welle kommen,
Selbst wenn es dir vorm Untergange graut.
Du sähst doch etwas.
(Vs. 6238–6243)

Im Reich der Mütter ist es anders:

Nichts wirst du sehn in ewig leerer Ferne,
Den Schritt nicht hören, den du tust,
Nichts Festes finden, wo du ruhst.
(Vs. 6246–6248)

Mephisto beschreibt eine undenkbare Erfahrung, die nicht erinnert werden kann. Und dennoch ist sie existent. Dies lässt an sensomotorische Erlebnisse der vorgeburtlichen Zeit und ersten Lebensmonate des Menschen denken. Neurobiologische und psychologische Befunde legen nahe, dass intrauterine Eindrücke wie Temperatur-, Bewegungs- und Geräuschempfindungen neuronal gespeichert werden, ohne dass sie je bewusst erinnert werden können. Auch Gefühle von Unruhe, Erregung und Schmerz sollen unbewusste Erinnerungsspuren hinterlassen. Möglicherweise wird in der »Finsteren Galerie« diese Dimension der menschlichen Erfahrung – neben vielen anderen, zum Beispiel der künstlerischen – angesprochen. Wie kann man sich dieser unbewussten Erfahrung nähern?

Faust, der keine Grenzen akzeptieren mag, will auch diese unbewusste, zeit- und raumlose Dimension des Lebens erfahren und verspricht sich davon eine umfassende Erkenntnis der Welt:

Faust. [...]
Nur immer zu! Wir wollen es ergründen,
In deinem Nichts hoff' ich das All zu finden.
(Vs. 3256–3257)

Die von Faust beanspruchte Erkenntnis ist jedoch mit irdischen Mitteln nicht zu erreichen. Er benötigt einen magischen Schlüssel, der ihm auch von Mephisto überreicht wird.

> *Mephistopheles.* […]
> Hier diesen Schlüssel nimm.
> *Faust.* Das kleine Ding!
> *Mephistopheles.* Erst faß ihn an und schätz ihn nicht gering.
> *Faust.* Er wächst in meiner Hand! Er leuchtet, blitzt!
> (Vs. 6258–6261)

Was ist das für ein Schlüssel zur Erkenntnis, der in Fausts Hand wächst? Man könnte an einen alchimistischen Zauberstab denken. Angesichts des Kontextes von Sexualität, Mutterschaft und Schöpfertum scheint es nahe liegend – als eine Bedeutungsdimension unter anderen – an das männliche Genital zu denken. Sexualität und Kreativität werden an dieser Stelle als zwei Seiten der gleichen Medaille aufgefasst. In Bezug auf die Mütter rührt diese Vorstellung jedoch an ein existentielles Tabu:

> *Mephistopheles.* Merkst du nun bald, was man an ihm besitzt?
> Der Schlüssel wird die rechte Stelle wittern,
> Folg ihm hinab, er führt dich zu den Müttern.
> (Vs. 6262–6264)

Hier trifft das faustische Streben auf eine eherne Grenze und er erschrickt:

> *Faust schaudernd.* Den Müttern! Trifft's mich immer wie ein Schlag!
> Was ist das Wort, das ich nicht hören mag?
> (Vs. 6265–6266)

Jetzt geschieht etwas Besonderes, das Faust wie den Dichter Goethe auszeichnet. Sein Erschrecken führt nicht zur Erstarrung, wie der Blick nach Sodom und Gomorrha, sondern zu einer kreativen Suche:

> *Faust.* Doch im Erstarren such' ich nicht mein Heil,
> Das Schaudern ist der Menschheit bester Teil;
> Wie auch die Welt ihm das Gefühl verteure,
> Ergriffen, fühlt er tief das Ungeheure.
> (Vs. 6271–6274)

Das Werk des Dichters ist der Schlüssel, mit dem man den Schrecken und die Erstarrung vor den Müttern bannen kann:

Mephistopheles. Versinke denn! Ich könnt' auch sagen: steige!
's ist einerlei. Entfliehe dem Entstandnen
In der Gebilde losgebunde Reiche!
Ergetze dich am längst nicht mehr Vorhandnen;
Wie Wolkenzüge schlingt sich das Getreibe,
den Schlüssel schwinge, halte sie vom Leibe!
Faust begeistert. Wohl! Fest ihn fassend fühl' ich neue Stärke,
die Brust erweitert, hin zum großen Werke.
    (Vs. 6275–6282)

Diese Stelle zeigt, dass die Bewältigung des heiligen Schauers vor der weiblichen Fruchtbarkeit ein Motiv des faustischen Schöpfertums ist. Goethe selbst trennte sich durch seine Werke von seiner Mutter, so wie er in ihnen gleichzeitig eine besondere Nähe realisierte. Die Kunst war Goethes Weg, mit den Müttern in Kontakt zu sein und gleichzeitig den nötigen Abstand zu halten.

Im Alltag haben Menschen in der Regel nicht das Bedürfnis, so weit in die Rätsel erotischer Verhältnisse vorzudringen. Deswegen ist ihre Sexualität auch nicht von so mächtigen Chimären befrachtet, einfacher und befriedigender als diejenige Goethes. Dennoch kommen die meisten Menschen auch mit Abgründen in Berührung, wenn sie sich auf intensive sexuelle Begegnungen einlassen und in die Nähe des »Unbetretenen, nicht zu Betretenden« geraten. Ihre kreative Aufgabe besteht darin, diese Abgründe in einer lebendigen Partnerschaft zu gestalten.

Schöpferische Werke ermöglichen es Faust und in diesem Fall auch Goethe, Unaussprechliches zu berühren:

Mephistopheles. Ein glühnder Dreifuß tut dir endlich kund,
Du seist im tiefsten, allertiefsten Grund.
Bei seinem Schein wirst du die Mütter sehn,
Die einen sitzen, andre stehn und gehn,
Wie's eben kommt. Gestaltung, Umgestaltung,
Des ewigen Sinnes ewige Unterhaltung.
Umschwebt von Bildern aller Kreatur;
Sie sehn dich nicht, denn Schemen sehn sie nur.
Da faß ein Herz, denn die Gefahr ist groß,
Und gehe grad' auf jenen Dreifuß los,
Berühr ihn mit dem Schlüssel!
    (Vs. 6283–6293)

Faust macht eine entschieden gebietende Attitüde mit dem Schlüssel.

Mephistopheles ihn betrachtend. So ist's recht!
Er schließt sich an, er folgt als treuer Knecht;
Gelassen steigst du, dich erhebt das Glück,
Und eh' sie's merken bist mit ihm zurück.
Und hast du ihn einmal hierher gebracht,
So rufst du Held und Heldin aus der Nacht,
Der Erste, der sich jener Tat erdreistet;
Sie ist getan, und du hast es geleistet.
(Vs. 6288–6300)

Hier wird der schöpferische Prozess beschrieben, der die Tiefen der menschlichen Existenz anrührt. Der Dreifuß wird zum Gefäß, in dem der Dichter wie die Mütter menschliche Gestalten schafft. Die Kunst ist für Goethe das magische Mittel, um sich der weiblichen Schöpferkraft anzunähern und gleichzeitig die Bedrohung durch das Reich der Mütter zu bewältigen.

Goethes wirkliche Mutter hat seine kreativen Möglichkeiten gefördert oder zumindest nicht gestört. Aus Sicht der Bindungspsychologie (Bowlby, 2006), die die frühe Interaktion von Mutter und Kind erforscht hat, kann man Folgendes festhalten: Goethe war an seine Mutter hinreichend sicher gebunden. Kinder, die sicher gebunden sind, können eher schöpferische Neugier entwickeln und erkunden ihre Umwelt angstfreier als unsicher gebundene. Dabei blieb Goethes Beziehung zu seiner Mutter nicht ohne Ambivalenz. Versagende und gefährliche Aspekte der Bindung konnte er aber aushalten und kreativ gestalten. Er hatte soviel Vertrauen und Bindungssicherheit, dass er sich mit den destruktiven Aspekten der Mutter-Kind-Beziehung auseinandersetzen konnte. Er musste die Mütter nicht in ein idealisiertes und unnahbares Bild verwandeln, sondern näherte sich den Gefährdungen, denen jede Mutter-Kind-Beziehung ausgesetzt ist, mit einer für Männer, insbesondere seiner Zeit, ungewöhnlichen Einfühlung an. Liest man unter diesem Aspekt die Gretchen-Tragödie, so ist man beeindruckt von dem tiefen Verständnis, das Goethe für die Schmerzen der Mutterschaft entwickeln konnte.

Die Sensibilität für den Mater-dolorosa-Aspekt der Mutter-Kind-Beziehung könnte man psychoanalytisch im Sinne von Melanie Klein (1957) und Hanna Segal (1991) folgendermaßen begründen: Ein hinreichend psychisch gesundes Kind nimmt schon im ersten Lebensjahr wahr, dass die Mutter nicht nur Bedürfnisse befriedigt und Versagungen auferlegt. Es spürt, dass es selbst aggressive Regungen entwickelt und der Mutter Schmerzen bereitet. Aus diesem Gefühl geht das Bedürfnis hervor, das durch destruktive Impulse beschädigte Mutterbild zu »reparieren«. Dieser Wunsch nach Wiedergutmachung geht mit der Entwicklung schöpferischer Fähigkeiten einher. Findet das Kind eine ausreichende Aufnahme auch seiner aggressiven Regungen, dann ist es ihm leichter möglich, diese Energien für konstruktive Betätigungen zu nutzen. So gelingt es Goethe zum Beispiel im »Faust«, mit dem er sich über weite Strecken identifiziert, abstoßende, widerwärtige und furchtbare Seiten seiner selbst zur Darstellung zu bringen. Goethe sagt auch mit Blick auf sich selbst, dass die Menschen aus »Himmel und Hölle« zusammengesetzt sind.

Nach der Theorie von Jacques Lacan (1949), die sich auch auf biologische Erkenntnisse stützt, ist jedes Kind einem »manque primordial« ausgesetzt. Dieser primäre Mangel führt zu der lebenslangen Suchbewegung, eine phantasierte Einheit und Vollkommenheit herzustellen. Dies gelingt den Menschen besonders in der Kunst und der erotischen Liebe, stets aber auch nur für mehr oder weniger lange Zeit.

Wichtig für den werdenden Künstler ist zudem die narzisstische Dimension, das heißt, dass er ausreichend gespiegelt, beantwortet und geschätzt wird. Diese narzisstische Bestätigung hat Goethe von seiner Mutter wahrscheinlich schon in frühester Kindheit erhalten. Den von Heinz Kohut (1976) für kreativitätsfördernd angesehenen »Glanz im Mutterauge« hat er sicherlich gespürt. Auch Freud leitete aus der Mutterliebe Goethes Selbstbewusstsein ab: »Wenn man der unbestrittene Liebling der Mutter gewesen ist, so behält man fürs Leben jenes Eroberungsgefühl, jene Zuversicht des Erfolges, welche nicht selten den Erfolg nach sich zieht« (1917, S. 26).

Dennoch war auch die Liebe seitens der Mutter mit Enttäuschungen und Versagungen verbunden. Ein kleines Kind kann die Trennung von der Mutter, zum Beispiel durch deren Beschäftigung mit einer rasch eintretenden neuen Schwangerschaft und den Tod nachfolgender Geschwister wie im Falle von Goethes Mutter, als schwerwiegenden Einbruch, ja als psychische Vernichtung erleben. Wir werden später sehen, dass sich Goethe häufiger in seinem Leben dem Gefühl der existentiellen Bedrohung ausgesetzt sah.

Die Vernichtungsgefühle der Geburt und die Ängste der ersten Lebensjahre klingen im Leben Goethes bis ins hohe Alter nach. Er gestaltet sie als Motive in seinen Werken beständig neu und bewältigt seine Ängste mit seiner Kreativität. Das bedeutet nicht, dass eine Kausalbeziehung zwischen Geburtstrauma und frühkindlicher Entwicklung zu den künstlerischen Gestaltungen bestünde. Frühe Lebenserfahrung schlagen sich jedoch in Stimmungen und Phantasien nieder, sie werden Themen, die im Erwachsenleben nachklingen, immer wieder neu erlebt und gestaltet werden: »Solche Untersuchungen sollen nicht das Genie des Dichters erklären, aber sie zeigen, welche Motive es geweckt haben und welcher Stoff ihm vom Schicksal aufgetragen wurde« (Freud, 1933, S. 276).

In diesem Sinne kann man auch das Ende der »Faust«-Tragödie unter dem Gesichtspunkt der Beziehung Goethes zu seiner Mutter und den Frauen betrachten: In den »Bergschluchten«, der letzten Szene des »Faust«, die Goethe kurz vor seinem Tode, wahrscheinlich 1830, verfasste, behandelt er das menschliche Geschick des Erhaltenbleibens und gleichzeitigen Sichauflösens. Es erscheinen die Seligen Knaben, die gleich nach der Geburt gestorben sind, Gretchen und die schmerzensreiche Mutter. Faust, der soviel Unheil anrichtete und soviel Schmerzen verursachte, wird erlöst:

> Gerettet ist das edle Glied
> Der Geisterwelt vom Bösen,
> Wer immer strebend sich bemüht,
> Den können wir erlösen.
> (Vs. 11934–11937)

In dieser Hinsicht war auch die Beziehung Goethes zu seiner Mutter schmerzensreich und erlösend. Beide konnten die jedem Menschen aufgegebenen Schmerzen bewältigen, die Mutter durch ihre tätige Vitalität und der Sohn durch sein Werk. Goethe war in der Lage, sich in seinen Werken immer wieder mit den liebevollen wie bedrohlichen Aspekten seiner Mutter auseinanderzusetzen und letztlich ein gutes inneres Bild dieser Beziehung zu erschaffen, das auch mit dem Schicksal des Geborenwerdens und Sterbenmüssens versöhnt. Dies ist ein wesentlicher Aspekt des Schlusschors des »Faust«:

> Alles Vergängliche
> Ist nur ein Gleichnis;
> Das Unzulängliche
> Hier wird's Ereignis;

Das Unbeschreibliche,
Hier ist's getan;
Das Ewig-Weibliche
Zieht uns hinan.
(Vs. 12104–12111)

Der Vater

Goethes Vater, Johann Caspar, wurde 1710 als Sohn eines erfolgreichen Schneiders geboren, der ihm ein großes, durch Heirat beträchtlich gesteigertes Vermögen hinterließ. Nach einem Jurastudium an den Universitäten Gießen und Leipzig ging er mit 25 Jahren an das Reichskammergericht in Wetzlar und promovierte drei Jahre später. Die anschließende dreijährige Bildungsreise nach Italien und Frankreich prägte ihn für sein Leben. Nach Frankfurt zurückgekehrt, beschäftigten ihn die dort stattfindenden Kaiserkrönungen. Vom bayrischen Kaiser Karl VII., der im März 1742 gekrönt wurde, erwarb er für 313 Gulden den Titel eines »Wirklichen Kaiserlichen Rates«. Dieser Titel war jedoch für Johann Caspar eher schädlich, nachdem sich das Blatt gewendet hatte und der Habsburger Franz I. 1745 zum deutschen Kaiser gewählt wurde. Selbst sein Angebot, sich für ein Amt ohne Bezahlung zur Verfügung zu stellen, wurde abgelehnt. So zog er sich mit 32 Jahren ins Privatleben zurück und betätigte sich als Kunstliebhaber, Sammler und Mäzen. Seinem fortbestehenden Wunsch nach gesellschaftlicher Anerkennung entsprach, dass sich der 38-Jährige eine Gattin aus besten Kreisen wählte: die 17 Jahre alte Tochter des einflussreichen und vermögenden Schultheißen der Stadt Frankfurt.

Seine eigene berufliche Randstellung kompensierte Johann Caspar Goethe mit pädagogischem Eifer. So hielt er seine Frau zu regelmäßigem Schreiben, Klavierspielen und Singen an und sie musste Italienisch lernen. Nachdem die Kinder geboren waren, blieb Catharina Elisabeth jedoch von den Bemühungen ihres Ehemanns verschont, weil er jetzt seine erzieherische Leidenschaft auf seine Kinder richten konnte.

Johann Caspar Goethe unterrichtete seine Kinder Johann Wolfgang und Cornelia zunächst selbst. Nur während eines aufwändigen Hausumbaus wurden die Kinder in eine öffentliche Schule geschickt, in der Johann Wolfgang als Fünfjähriger Unterricht im Lesen, Schreiben und Rechnen erhielt. Hier traf er auf einen raueren Umgangston als zu Hause und sein großes, vielleicht auch an Arroganz grenzendes Selbstbewusstsein führte zu manchem Streit.

Überhaupt hatte der kleine Goethe zu seinen Altersgenossen ein schwieriges Verhältnis. Von Bettina von Arnim wissen wir, dass er sich oft altklug gab, und es fiel auf, wie gravitätisch er einherschritt. Er protzte mit seinem Großvater Textor, der dem Frankfurter Magistrat vorstand, und wurde deswegen von seinen Spielkameraden gehänselt.

Nach der kurzen Zeit in einer öffentlichen Schule übernahm der Vater wieder den Unterricht und führte die Geschwister in das Lateinische und Italienische ein. Daneben gab er den Kindern verschiedenste Anregungen, wie es seine große Bibliothek aus Kompendien und Atlanten erlaubte. Später unterrichteten mehrere Hauslehrer Johann Wolfgang in den alten Sprachen Griechisch, Latein und Hebräisch. Sein Vater machte ihn mit Englisch, Französisch und Naturwissenschaften vertraut und die vielfältigen Anregungen fielen bei dem lebhaften und interessierten Jungen auf fruchtbaren Boden. Goethe schreibt rückblickend: »Es ist ein frommer Wunsch aller Väter, das, was ihnen selbst abgegangen, an den Söhnen realisiert zu sehen, so ohngefähr, als wenn man zum zweitenmal lebte und die Erfahrungen des ersten Lebenslaufes nun erst recht nutzen wollte [...] Meinem Vater war sein Lebensgang bis dahin ziemlich nach Wunsch gelungen; ich sollte denselben Weg gehen, aber bequemer und weiter [...] Die Sprachformen und Wendungen fasste ich leicht; so auch entwickelte ich mir schnell, was in dem Begriff einer Sache lag [...] Solche Aufsätze waren es jedoch, die meinem Vater besondre Freude machten, und wegen deren er mich mit manchen für einen Knaben bedeutenden Geldgeschenken belohnte« (HA 9, S. 31 ff.).

Wir sehen, dass Johann Caspar im Sohn Erwartungen erfüllt sehen wollte, die er in seinem eigenen Leben nicht realisieren konnte. Dabei ist bemerkenswert, dass er das Talent des Sohnes frühzeitig erkannte und relativ neidlos mit eigenen Ambitionen zurücktrat. Nach dessen Studienabschluss nahm Johann Caspar seinem Sohn viel von der juristischen Alltagsarbeit ab, damit dieser seinen literarischen Neigungen nachgehen konnte.

Das Verhältnis des jungen Goethe zu seinem Vater war von Gehorsam und Unterordnung geprägt. Besonders zärtlich und innig schien es nicht gewesen zu sein, obwohl er offenbar nicht unter der Strenge des Vaters litt. Er konnte die Strukturen, die der Vater ihm vorgab, für seine emotionale und intellektuelle Entfaltung gut nutzen. Goethe meinte eher, dass des Vaters Strenge und Unnahbarkeit die Entwicklung der Schwester beeinträchtigte.

Offene Konflikte mit dem Vater gab es erst, nachdem Goethe als 19-jähriger Student aus Leipzig in das Elternhaus zurückkehrte, ohne sein Studium abgeschlossen zu haben. Der Vater wurde ärgerlich und wollte, dass der »Kränkling« nicht zu Hause gepflegt, sondern in ein Sanatorium verbracht werde. Nach seiner Genesung wurde auch Goethe selbst das Leben im Vaterhause zu eng. Er schrieb rückblickend auf das Jahr 1770: »Im Frühjahr fühlte ich meine Gesundheit, noch mehr aber meinen jugendlichen Mut wieder hergestellt, und sehnte mich abermals aus meinem väterlichen Hause, obgleich aus ganz andern Ursachen als das erstemal: denn es waren mir diese hübschen Zimmer und Räume, wo ich so viel gelitten hatte, unerfreulich geworden, und mit dem Vater selbst konnte sich kein angenehmes Verhältnis anknüpfen; ich konnte ihm nicht ganz verzeihen, dass er, bei Rezidiven meiner Krankheit und bei dem langsamen Genesen, mehr Ungeduld als billig sehen lassen, ja dass er, anstatt durch Nachsicht mich zu trösten, sich oft auf eine grausame Weise über das, was in keines Menschen Hand lag, geäußert, als wenn es nur vom Willen abhinge. Aber auch er ward auf mancherlei Weise durch mich verletzt und beleidigt« (HA 9, S. 355).

Man mag diese Beschreibungen einerseits als Ausdruck einer beiderseitigen Enttäuschung auffassen, andererseits jedoch auch als Ausdruck einer natürlichen Abstoßung zwischen Vater und Sohn. Später wurde das Verhältnis zwar wieder freundlicher, blieb aber sachlich und nüchtern.

Dementsprechend finden sich in Goethes Werken nur wenige Stellen, die die Vaterthematik berühren. Im Vergleich mit seinem Freund Schiller, der zum Beispiel in seinen großen Dramen »Kabale und Liebe«, »Die Räuber« und »Don Carlos« Konflikte zwischen Vätern und Söhnen ins Zentrum stellt, bleiben die Väter in Goethes Werken blass und stehen im Hintergrund. Die Vater-Sohn-Thematik wird zum Beispiel im »Götz von Berlichingen« erwähnt, aber kaum problematisiert. Im »Faust« wird der Vater nur am Rande als »dunkler Ehrenmann« erwähnt. Als Vater des Euphorion erscheint Faust selbst stolz, aber ohne innere Beziehung.

Möglicherweise findet die weitgehend konfliktfreie, aber emotional nicht zu enge Beziehung zum Vater ihre Resonanz in Freundschaften zu älteren Männern. Die Freundschaft mit dem elf Jahre älteren Hofmeister Behrisch gab Goethe in seiner von psychischen Krisen erschütterten Studentenzeit in Leipzig Halt und ermunterte ihn zu ersten eigenen Dichtungen. Er konnte sich seinem Freund ohne Neid und Rivalität anvertrauen und seine Ratschläge annehmen. In Straßburg akzeptierte er Herder als Vorbild und Mentor und er konnte die Zuwendung seines acht Jahre älteren Freundes und Gönners Merck in einer höchst bedeutsamen Schaffensphase in den Jahren 1773 und 1774 für sich nutzen. Goethe ließ sich von Merck, der wie Behrisch und Herder beruflich und gesellschaftlich bereits gefestigt war, als väterlichem Mentor beraten, unterstützen und führen. Dies war Goethes persönlicher und künstlerischer Entwicklung höchst förderlich. In »Dichtung und Wahrheit« schreibt er anerkennend, dass Merck »auf mein Leben den größten Einfluß gehabt« hat (HA 9, S. 505).

Goethe hatte die Fähigkeit, von älteren Männern zu lernen, ohne sich in Autoritätskonflikte zu verstricken. Vielleicht trug hierzu die Beziehung zu seinem Vater bei, in der die Positionen schon seit der Kindheit bestimmt waren: Der Vater unterstützte im Sohn die Verwirklichung eigener Wünsche an das Leben und der Sohn fühlte sich getragen und positiv gespiegelt, ohne dass sich beide zu nah und ähnlich wurden. Am Vater kann man anerkennen, dass er das Talent des Sohnes früh erkannte, neidlos förderte und seine relative Bedeutungslosigkeit für Goethes dichterisches Werk gelassen hinnahm.

Die Schwester

Mit seiner fünfzehn Monate jüngeren Schwester Cornelia verband Goethe von früher Kindheit an ein innigeres Verhältnis als mit dem Vater. Das Geschwisterpaar war seit seiner Kindheit unzertrennlich. Bettina von Arnim berichtet Folgendes: »Zu der kleinen Schwester hatte er, da sie noch in der Wiege lag, schon die zärtlichste Zuneigung, er trug ihr alles zu und wollte sie allein nähren und pflegen und war eifersüchtig, wenn man sie aus der Wiege nahm, in der er sie beherrschte« (1835, S. 378).

Bei aller Vorsicht, die bei Bettinas Schilderungen angebracht ist, wird hier ein Zug deutlich, der auch andere Beziehungen charakterisieren sollte: Unbekümmert, je nach Wertung auch unverschämt, bemächtigte er sich der Personen in seiner Umgebung, ob sie nun Cornelia oder später Friederike Brion, Charlotte Buff und Charlotte von Stein hießen. Goethe selbst beschreibt in einer Skizze, die er später aus seiner Autobiographie strich, seine frühe Beziehung zu Cornelia folgendermaßen: »[...] die kleine Schwester liebte er schon zärtlich, als sie noch in der Wiege lag, und er pflegte heimlich Brod in der Tasche zu tragen, das er dem Kinde in den Mund stopfte, wenn es schrie; wollte man es nehmen, so ward er zornig, so wie er überhaupt mehr zum Zürnen als zum Weinen zu bringen war« (WA, Bd. I, 29, S. 234).

So schien Goethe ein kleiner Besserwisser gewesen zu sein, der mit Wut reagierte, wenn man ihm seine Grenzen zeigte. Kurt Robert Eissler (1963) erklärt das sorgende und altruistische Verhalten des kleinen Goethe als in sein Gegenteil verkehrten Neid auf die Schwester. Des Weiteren sieht er in der Selbsterhöhung zum Versorger des Kindes eine Kompensation der narzisstischen Verletzung, nicht mehr der einzige Liebling seiner Mutter zu sein. Wie später beim Tod seines Bruders Hermann Jakob identifiziere er sich mit den Erwachsenen und setze sich durch seine Aktivitäten über seine Ohnmacht hinweg. Er verhalte sich so, als sei Cornelia sein eigenes Baby.

Diese Identifikation mit den Eltern ist eine mehr oder weniger plausible psychoanalytische Phantasie. Sicher ist jedoch, dass Goethe von früher Kindheit an eine Besitz ergreifende Einstellung zu seiner Umgebung entwickelte. Nicht nur die Schwester betrachtete er als sein Eigentum, auch viele seiner späteren Freundinnen eignete er sich rücksichtslos in seiner Phantasie an. Goethe erschien in dieser Hinsicht oft unverschämt und aufdringlich. Auf der anderen Seite ist sein bedenkenloses Zugehen auf Personen eine besondere Fähigkeit gewesen, die ihm über viele Krisen hinweghalf. Ähnlich freizügig ergriff er mit seiner Phantasie die unbelebte Natur, betrachtete sie als sein Eigentum und seine Trösterin. Dies war möglicherweise eine der Bedingungen seines Schöpfertums.

Goethe erlebte Cornelia als Magneten, der während seiner gesamten Kindheit auf ihn wirkte, und auch in der Jugend blieben sie sich die wichtigsten Vertrauenspersonen: »Sie, nur ein Jahr jünger als ich, hatte mein ganzes bewusstes Leben mit mir herangelebt und sich dadurch mit mir aufs innigste verbunden. Zu diesen natürlichen Anlässen gesellte sich noch ein aus unsrer häuslichen Lage hervorgehender Drang; ein zwar liebevoller und wohlgesinnter, aber ernster Vater [...]; dagegen die Mutter fast noch ein Kind, welche erst mit und in ihren beiden Ältesten zum Bewusstsein heranwuchs [...] Unter diesen Umständen war es natürlich, dass Bruder und Schwester sich fest aneinander schlossen [...] Da aber die Stunden der Eingezogenheit und Mühe sehr lang und weit waren gegen die Augenblicke der Erholung und des Vergnügens, besonders für meine Schwester, die das Haus niemals auf so lange Zeit als ich verlassen konnte, so ward ihr Bedürfnis, sich mit mir zu unterhalten, noch durch die Sehnsucht geschärft, mit der sie mich in die Ferne begleitete« (HA 9, S. 228).

Goethes Beschreibung Cornelias, die er mehr als zwei Jahrzehnte nach ihrem Tod verfasste, ist von einer tiefen Zuneigung geprägt, der den Blick für ihre Nachteile aber nicht trüben konnte: »Die Züge ihres Gesichts, weder bedeutend noch schön, sprachen von einem Wesen, das weder mit sich einig war, noch werden könnte. Ihr Augen waren nicht die schönsten, die ich jemals sah, aber die tiefsten, hinter denen man am meisten erwartete, und, wenn sie irgend eine Neigung, eine Liebe ausdrückten, einen Glanz hatten ohnegleichen« (HA 9, S. 229).

Goethes erotische Beziehung zu Cornelia wurde besonders von Eissler (1963) eingehend analysiert. Geheimnisvoll ist in dieser Hinsicht folgende Stelle aus Goethes Autobiographie: »Wie sie nun die allgemeine Duldung des Guten, Menschlichen, mit allen Wunderlichkeiten, wenn es nur nicht ins Verkehrte ging, mit mir gemein hatte, so brauchte nichts Eigentümliches, wodurch irgend ein Naturell ausgezeichnet war, sich vor ihr zu verbergen, oder sich vor ihr zu genieren; weswegen unsere Geselligkeiten, wie wir schon früher gesehn, immer mannigfaltig, frei, artig, wenn auch gleich manchmal ans Kühne heran, sich bewegen mochten. Die Gewohnheit, mit jungen Frauenzimmern anständig und verbindlich umzugehn, ohne dass sogleich eine entscheidende Beschränkung und Aneignung erfolgt wäre, hatte ich nur ihr zu danken« (HA 10, S. 132 f.).

An einer anderen Stelle spricht Goethe von »jenem Erstaunen beim Erwachen sinnlicher Triebe, die sich in geistige Formen, geistige Bedürfnisse, die sich in sinnliche Gestalten einkleiden [...] Betrachtungen darüber, die uns eher verdüstern als aufklären [...] Irrungen und Wirrungen, die daraus entspringen« und das alles »teilten und bestanden die Geschwister Hand in Hand, und wurden über die seltsamen Zustände um desto weniger aufgeklärt, als die heilige Scheu der nahen Verwandtschaft sie, indem sie sich einander mehr nähern, ins Klare treten wollten, nur immer gewaltiger auseinander hielt« (HA 9, S. 228).

Die Auffassung, dass Goethe an diesen Stellen mit der sexuellen Anziehung durch Cornelia rang, kann man weder bestätigen noch widerlegen. Aber der Begriff des Inzests, den Eissler für die Beziehung zwischen Cornelia und Johann Wolfgang wählt, erscheint überzogen. Natürlich schwingen in Goethes Empfindungen wie in vielen Geschwisterbeziehungen erotische Komponenten mit. Wesentlich bedeutsamer als das erotische Moment war jedoch die tiefe geschwisterliche Bindung an Cornelia, die Goethe über viele Jahre hinweg emotional stabilisierte und künstlerisch inspirierte. Die Beziehung zu Cornelia blieb auch eng, nachdem Goethe sich von der Familie getrennt hatte, um in Leipzig zu studieren. Seine Briefe enthüllen, dass Cornelia auch in dieser Zeit seine wichtigste Vertrauens- und Bezugsperson blieb und er schrieb ihr mitunter täglich. Goethes Wortwahl enthüllt eine außerordentlich große Verbundenheit: »Liebes Schwestergen. Es wäre unbillig, wenn ich nicht auch an dich dencken wollte. Id est es wäre die größte Ungerechtigkeit, die jemals ein Student, seit der Zeit, da Adams Kinder auf die Universität gehen, begangen hätte; wenn ich an dich zu schreiben unterließe [...] Sei überzeugt, mein Engel, dass es mir hier so gut geht, wie ich es mir nicht besser wünschen könnte« (FA 28, S. 15 ff.).

Cornelia schien ihrerseits Goethe alles anzuvertrauen und fühlte sich ihm weiterhin eng verbunden. Goethe wurde zwar zu ihrem brieflichen Lehrmeister, doch dies konnte ihre emotionale Nähe kaum stören. Er antwortet auf einen Brief Cornelias im Mai 1777 Folgendes: »Ich bin ganz überwältigt von deinem Brief, Deinen Schriften, Deiner Art zu denken [...] Glaube nicht, daß ich schmeicheln will; der enthusiastische Ton, den ich anstimmen musste, nachdem ich diese Unterhaltung in Form eines Briefes gelesen hatte, entspringt wahrhaften Gefühlen meines Herzens, das seit langer Zeit nicht so viel wahre Freude gefühlt hat, als durch den Anblick seiner Schwester, die sich so sehr vervollkommnet hat [...] Ich danke Gott, meine Schwester, Leipzig kann mir kein einziges Mädchen bieten, das mit dir auch nur verglichen werden könnte« (FA 28, S. 639).

Cornelia wurde jedoch, im Gegensatz zu ihrer Mutter, in der Adoleszenz und als junge Erwachsene zunehmend scheu und verschlossen. Goethe machte die restriktive Erziehung seitens des Vaters mit verantwortlich für diese Entwicklung. Ungewöhnlich für seine Zeit bedauerte er, dass der Vater seiner Schwester zu wenig Freiraum gab, um ihre Persönlichkeit zu entwickeln. Nach seiner Rückkehr aus der fast dreijährigen Leipziger Studienzeit im Jahre 1768 war Goethe über die Entwicklung seiner Schwester bedrückt: »Meine Schwester war und blieb ein indefinibles Wesen, das sonderbare Gemisch von Strenge und Weichheit, von Eigensinn und Nachgiebigkeit [...] So hatte sie auf eine Weise, die mir fürchterlich erschien, ihre Härte gegen den Vater gewendet, dem sie nicht verzieh, daß er ihr diese drei Jahre lang so manche unschuldige Freude verhindert oder vergällt, und von dessen guten und trefflichen Eigenschaften sie auch ganz und gar keine anerkennen wollte. Sie tat alles, was er befahl oder anordnete, aber auf die unliebsamste Weise von der Welt. Sie tat es in der hergebrachten Ordnung, aber auch nichts drüber und nichts drunter. Aus Liebe und Gefälligkeit bequemte sie sich zu nichts, so daß dies eins der ersten Dinge war, über die sich meine Mutter im geheimen Gespräch mit mir beklagte. Da nun aber meine Schwester so liebebedürftig war, als irgend ein menschliches Wesen; so wendete sie nun ihre Neigung ganz auf mich« (HA 9, S. 337 f.).

Die Härte in Cornelias Wesen schrieb Goethe der väterlichen Strenge zu. Cornelias Schwierigkeit, ihrem Verlobten und späteren Ehemann mit unbefangener Zuneigung und Erotik zu begegnen, mag aber auch mit der engen geschwisterlichen Bindung zusammenhängen: »[...] in ihrem Wesen lag nicht die mindeste Sinnlichkeit. Sie war neben mir heraufgewachsen und wünschte ihr Leben in dieser geschwisterlichen Harmonie fortzusetzen und zuzubringen« (HA 10, S. 132).

Räumliche Umgebung

Für Goethes persönliche Entwicklung war auch seine räumliche Umgebung bedeutsam. Das verwinkelte Haus bot ihm einerseits Schutz und andererseits Nahrung für seine Phantasie. Es lag am Rande der Frankfurter Altstadt. Eine turmartige Treppe führte zu den Zimmern. Der weitläufige Hausflur, durch ein hölzernes Gitter von der Straße getrennt, war ihm der liebste Aufenthaltsraum. Hier saßen in der warmen Jahreszeit die Frauen bei ihrer Arbeit und besprachen sich miteinander. An diesem Ort kam der kleine Johann Wolfgang mit den Nachbarskindern in Berührung. Eine besondere Bedeutung hat für Goethe folgende Kindheitserinnerung: Er spielte am Nachmittag im Hausflur mit Geschirr, und als es ihm zu langweilig wurde, warf er einen Topf auf die Straße. Die drei gegenüber wohnenden Brüder von Ochsenstein erfreuten sich an diesem Spiel und ermunterten ihn, weiteres zerbrechliches Geschirr auf die Straße zu werfen. Unter ihren Anfeuerungsrufen:»Noch mehr, noch mehr!« schleuderte Goethe auch das Alltagsgeschirr der Familie auf das Pflaster. Freud (1917) deutet diese Kindheitsszene als Ausdruck einer Auseinandersetzung mit der Geburt des drei Jahre jüngeren Bruders Hermann Jakob. Die Erbitterung des Kindes über die Ankunft eines Konkurrenten habe sich durch das Werfen von Gegenständen und andere Wutreaktionen Luft gemacht. Goethe habe um seine Position als unbestrittener Liebling der Mutter gebangt. Eine alternative Sichtweise wäre, dass er sich theatralischer Inszenierungen bediente, um seinen emotionalen Aufruhr zu bewältigen. Wir werden darauf zurückkommen.

Die Hinterseite des Hauses bescherte eine angenehme Aussicht über die Nachbargärten. Der Heranwachsende hielt sich gern im Gartenzimmer auf. Man blickte über eine fruchtbare Ebene und Goethe konnte sich an den Sonnenuntergängen nicht satt sehen. Dieser Ort, von dem aus er die Nachbarn in ihren Gärten und die Kinder spielen sah, erregte frühzeitig in ihm ein Gefühl von Einsamkeit und Sehnsucht. Das Haus selbst erschien ihm düster. Die Kinder wurden früh daran gewöhnt, allein zu schlafen, und wenn sie nachts ihr Zimmer verließen, um zu den Eltern oder Bediensteten zu schleichen, wurden sie vom Vater erschreckt und in ihre Zimmer verwiesen. Die Mutter war einfühlsamer und versprach eine morgendliche Belohnung, wenn die Kinder ihre nächtliche Furcht selbständig überwanden.

Die Stiche römischer Ansichten, zum Beispiel der Piazza del Popolo oder des Petersdoms, die der Vater im Hause angebracht hatte, fesselten die Aufmerksamkeit des kleinen Goethe. Die Vorliebe des Vaters für die italienische Sprache und das gesamte Land hinterließ tiefe Spuren. Er lernte beispielsweise aus eigenem Antrieb italienische Lieder auswendig, die der heitere italienische Sprachmeister Giovinazzi, von der Mutter am Klavier begleitet, im Hause Goethe zum Besten gab.

Die Großmutter Cornelia Goethe, die mit den Erinnerungen an das Haus am Hirschgraben eng verbunden war, hatte für Goethes Sicherheits- und Bindungsgefühl eine große Bedeutung. Sie hatte das Haus nach dem Tode ihres Mannes erworben und lebte hier mit der Familie bis zu ihrem Tod im Jahre 1754. Die Kinder pflegten bei ihr zu spielen und Goethe erinnerte sie als sanfte, freundliche und wohlwollende Frau.

Einen bleibenden Eindruck hinterließ ein Puppenspiel, dessen Geschenk Goethe seiner Großmutter dankte, in Wahrheit erhielt er es jedoch vom Vater (Boyle, 1991). Johann Wolfgang war begeistert, seine Phantasien inszenieren zu können, und das Puppenspiel sollte ihn zeitlebens beschäftigen. Es war ein Vermächtnis der Großmutter, denn sie starb kurze Zeit nach dem Weihnachtsabend, an dem es ihrem Enkel geschenkt wurde.

Erziehung und Ausbildung

Die Rolle des Vaters für Goethes Erziehung und Ausbildung wurde bereits beleuchtet. Bei dessen Unterweisungen spielte das heute oft missachtete Auswendiglernen eine besondere Rolle. Schon im Alter von drei bis vier Jahren wurden die Kinder dazu angehalten, kleine Gedichte aufzusagen und, selbstverständlich, Lieder zu lernen. Augenscheinlich war die Freude am Auswendiglernen bald so groß, dass Johann Wolfgang eigenständig Gedichte und Schauspielstücke aus dem Kopf hersagte. Er wurde dafür sehr gelobt, doch scheint die Anerkennung nicht die einzige Triebfeder seines Fleißes gewesen zu sein. Der Grund für seinen Eifer war möglicherweise die Freude an der Erschaffung einer inneren Welt, die ihm über Einsamkeit und trübe Stunden hinweghalf: »So war mein junges Gehirn schnell genug mit einer Masse von Bildern und Begebenheiten, von wunderbaren Gestalten und Ereignissen angefüllt, und ich konnte niemals Langeweile haben, in dem ich mich immerfort beschäftigte, diesen Erwerb zu verarbeiten, zu wiederholen, wieder hervorzubringen« (HA 9, S. 35).

Bildhaftes Denken und Phantasieren begleitete Goethe von früher Kindheit an und bescherte ihm persönliche Kontinuität und Stabilität, auf die er in späteren Krisenzeiten zurückgreifen konnte. Insgesamt war das pädagogische Angebot, das er erhielt, sehr vielfältig. Nicht nur, dass er früh dazu angehalten wurde, diszipliniert Sprachen zu lernen, es wurden auch Körperübungen wie Reiten und Fechten gepflegt. Ein Zeichenlehrer unterrichtete ihn in Porträt- und Landschaftszeichnung und er erhielt Tanz- und Klavierunterricht. Letzteres wurde jedoch bald wieder aufgegeben und er blieb steif und ungelenk (Boyle, 1991).

Goethe war als Dichter kein Wunderkind. Die ersten Schreibversuche waren kindlich und brav, Gedichte, wie sie von Hunderten vor und nach ihm verfasst wurden. Er sandte seinen Großeltern zum Jahresbeginn 1757 als »treugehorsamster Enkel« ein Gedicht, bei dem ihm möglicherweise der Vater die Hand führte:

»Erhabner Großpapa!
Ein Neues Jahr erscheint,
Drum muß ich meine Pflicht und Schuldigkeit entrichten,
Die Ehrfurcht heißt mich hier aus reinem Herzen dichten,
So schlecht es aber ist, so gut ist es gemeint [...]

Erhabne Großmama!
Des Jahres erster Tag
Erweckt in meiner Brust ein zärtliches Empfinden
Und heißt mich ebenfalls Sie jetzo anzubinden
Mit Versen, die vielleicht kein Kenner lesen mag [...]«
    (HA 1, S. 7)

Hier zeigt sich noch kein Genie, und doch waren die handwerklichen Fingerübungen von Bedeutung. Wie Mozart früh die Technik des Musizierens lernte, Picasso sich akribisch im Zeichnen übte und Einstein schon im Vorschulalter über die Bewegung der Kompassnadel sinnierte, so übte sich Goethe hier mit sieben Jahren in einem Metier, das ihn zeitlebens begleiten sollte.

Auch fünf Jahre später klang es nicht anders, obwohl Goethe sich jetzt schon als klassisch gebildeter Jüngling zeigte:

»Großeltern, da dies Jahr heut seinen Anfang nimmt,
So nehmt auch dieses an, das ich vor Euch bestimmt,
Und ob Apollo schon mir nicht geneigt gewesen,
So würdiget es doch nur einmal durchzulesen [...]«
    (HA 1, S. 8)

Er war jetzt immerhin schon 13 Jahre alt. Wir werden sehen, dass authentische Dichtungen erst entstanden, nachdem die Stürme des Lebens sein hier noch unschuldiges Ich erschüttert hatten.

Das Alte und Neue Testament lernte Goethe durch tägliche Bibellektüre im Kreise der Familie und den regelmäßigen Kirchgang gut kennen. Auch hierbei zeigte er ein ausgezeichnetes Gedächtnis und übte sich darin, die sonntäglichen Predigten wortgetreu auswendig zu lernen. Die Gestalten der Bibel regten ihn 1764 zu seiner ersten anspruchsvolleren Dichtung an, den »Poetischen Gedanken über die Höllenfahrt Jesu Christi«. Das Gedicht des 15-Jährigen zeigt, dass er sich mit religiösen Themen auseinandersetzte, Versmaß und Reim geduldig übte und die Formensprache seiner Epoche beherrschen lernte. Dieses Jugendwerk wird bestimmt von den Vorstellungen des orthodoxen Protestantismus seiner Zeit. Es schildert die im Neuen Testament nur kurz angedeutete Höllenfahrt Jesu Christi. Christus erscheint als heldenhafter Sohn Gottes und zorniger Rächer an bösen Mächten:

> »Er eilt, umgeben von Gewittern;
> Als Richter kommt er und als Held.
> Er geht und alle Sterne zittern.
> Die Sonne bebt. Es bebt die Welt.«
> (HA 1, S. 9)

Christus kommt, um die Hölle zu zerstören, die sich ihrem zornigen Richter nicht entziehen kann. Der »zertretne Drache [...] knirscht vor Wut«. Die großen Scharen, die mit Satan »gleichen Lasters waren«, werden von der Herrlichkeit Gottes überwältigt. Christus steigt zu den Verführten herab und erlöst die Gläubigen. Die in Sünde Verharrenden sind aber für immer verdammt und verloren:

> »Ihr lebtet in dem Sünden-Schlafe.
> Nun quält euch die gerechte Strafe,
> Ihr fühlt Mein schreckliches Gericht.«
> (HA 1, S. 13)

Goethe reflektiert möglicherweise in diesem Gedicht auch das Ringen mit seinen eigenen Lastern. Kurz zuvor lernte er im Kreise seiner Freunde eine junge Frau kennen, die seine erotischen Begierden weckte. Diese Begegnung erlebte er aus verschiedenen Gründen, die noch geschildert werden, als »Sündenfall«. Das Gedicht bleibt jedoch sehr konventionell und findet noch nicht den persönlichen Ausdruck, den wir in späteren Gedichten finden werden. Seine Auseinandersetzung mit dem Sündenfall ist in Strophenform, Wortwahl und Stilart von Vorgängern wie Johann Andreas Cramer und Adolf Schlegel geprägt. Hinter spätbarocker Bilderpracht wird das individuelle Selbst des Dichters noch nicht in dem Maße spürbar wie in den Gedichten der Leipziger Zeit. Dennoch klingt, wenn auch leise, die individuelle Betroffenheit Goethes an. Gundolfs entwertendes Urteil geht zu weit: »Es fehlt jede eigene Gesinnung, jeder eigene Nachdruck, jeder eigene Glaube darin: es ist ein reines Virtuosenstück« (Gundolf, 1916, S. 37).

Das persönliche Ringen mit dem Glauben, mit Sünde, Leid und Erlösung wird durchaus spürbar und Goethe scheint mit dem Gedicht zu einem ersten Ausdruck seiner konflikthaften Auseinandersetzung mit der Religion gefunden zu haben. Richtig ist jedoch an der Kritik Gundolfs, dass Goethe am Ende der Frankfurter Kindheit und Jugend noch keine eigene schöpferische Sprache gefunden hatte.

Emotionale Erschütterungen und Krankheiten

Im November 1755 ereignete sich ein gewaltiges Erdbeben in Lissabon, das über ganz Europa einen ungeheuren Schrecken verbreitete. Goethe nahm an den Berichten über die Katastrophe lebhaften Anteil und sein kindlicher Glaube an einen gütigen Gott geriet ins Wanken. Rückblickend schrieb er, Gott habe »sich keineswegs väterlich bewiesen« (HA 9, S. 31).

Die Verunsicherung führte jedoch nicht einfach zu Zweifel oder gar Abkehr von Religion und Welt, sondern zu verstärkten Versuchen, die Ereignisse um ihn herum zu verstehen. Das Bedürfnis, äußere Ereignisse in einen Zusammenhang mit seinen inneren Erfahrungen zu bringen, sollte wie ein roter Faden Goethes gesamtes Leben und Werk durchziehen.

Eine zweite bedeutsame Erschütterung war der Siebenjährige Krieg. Dieser 1756 zwischen Preußen und Österreich ausgebrochene militärische Konflikt hatte unmittelbare Auswirkungen auf Goethes Familie. Der Großvater mütterlicherseits stand auf der Seite des kaiserlichen Österreich, während Goethes Vater Anhänger des Preußenkönigs Friedrich des Großen war. Es kam zu einem Bruch zwischen den Familien; Goethe war bestürzt über parteiische Ungerechtigkeiten und begann über politische Fragen nachzudenken.

Auch seine Kinderkrankheiten konfrontierten Goethe mit der Tatsache der Anfälligkeit des Menschseins. Masern und Windpocken machten ihm sehr zu schaffen und die echten Pocken bereiteten ihm ein langes Leiden, was seinen Hang zum Nachdenken verstärkte: »Weder von Masern, noch Windblattern, und wie die Quälgeister der Jugend heißen mögen, blieb ich verschont, und jedesmal versicherte man mir, es wäre ein Glück, daß dieses Übel nun für immer vorüber sei; aber leider drohte schon wieder ein anderes im Hintergrund und rückte heran. Alle diese Dinge vermehrten meinen Hang zum Nachdenken, und da ich, um das Peinliche der Ungeduld von mir zu entfernen, mich schon öfter im Ausdauern geübt hatte, so schienen mir die Tugenden, welche ich an den Stoikern hatte rühmen hören, höchst nachahmenswert, um so mehr, als durch die christliche Duldungslehre ein Ähnliches empfohlen wurde« (HA 9, S. 37).

Eine Pockenerkrankung bescherte Goethe großes Leid und die Spuren führten dazu, dass eine Tante bei ihren Besuchen wiederholt ausrief: »Pfui Teufel! Vetter, wie garstig ist Er geworden!« (HA 9, S. 36).

Besonders wurde Goethe jedoch durch den Tod der nachgeborenen Geschwister erschüttert. Seine Mutter gebar sechs weitere Kinder, doch nur seine Schwester Cornelia überlebte ihre Kindheit. Zwei Jahre nach Cornelia kam Hermann Jakob zur Welt. Er wurde sieben Jahre alt. Die 1754 geborene Schwester Catharina Elisabeth starb in ihrem zweiten Lebensjahr und 1756 wurde ein Kind tot geboren. Auch die ein Jahr später geborene Johanna Maria und der 1760 geborene Georg Adolf starben mit ein und zwei Jahren.

Wenn wir in »Dichtung und Wahrheit« eine idyllische Zeichnung seiner Kindheit und der Frohnatur der Mutter erhalten, so ist dies allenfalls die halbe Wahrheit: Der Tod von fünf weiteren Kindern muss bei Catharina Elisabeth Spuren hinterlassen haben. Wir wissen kaum etwas darüber, wie die junge Mutter mit diesen tragischen Ereignissen umgegangen ist und welchen Einfluss das Sterben der nachgeborenen Geschwister auf Johann Wolfgang hatte. Die Beschreibungen in Goethes Autobiographie sind spärlich, aber wir verfügen in seinen Dichtungen über Hinweise, dass das Motiv des Kindstods ihn sein Leben lang nicht los ließ. In »Dichtung und Wahrheit«

findet das Thema nur folgende Erwähnung: »Bei Gelegenheit dieses Familienleidens will ich auch noch eines Bruders gedenken, welcher, um drei Jahre jünger als ich, gleichfalls von jener Ansteckung ergriffen wurde und nicht wenig davon litt. Er war von zarter Natur, still und eigensinnig, und wir hatten niemals kein eigentliches Verhältnis zusammen. Auch überlebte er kaum die Kinderjahre. Unter mehreren nachgebornen Geschwistern, die gleichfalls nicht lange am Leben blieben, erinnere ich mich nur eines sehr schönen und angenehmen Mädchens, die aber auch bald verschwand, da wir denn nach Verlauf einiger Jahre, ich und meine Schwester, uns allein übrig sahen, und nur um so inniger und liebevoller verbanden« (HA 9, S. 37f.).

Zwei Bewältigungsformen von traurigen Ereignissen sollten für Goethes Leben charakteristisch werden: einerseits Rückzug, intellektuelle Beschäftigung und Selbstversenkung, die gefühllos erscheinen konnten, andererseits die Suche nach Alternativen, in diesem Fall die überlebende Schwester Cornelia. Ähnlich ging er mit den Krankheiten um: Unbehagen und Schmerz ertrug Goethe einerseits geduldig und suchte gleichzeitig alternative Beschäftigungen wie Lesen, Denken und Phantasieren.

Besonders bedeutsam schien für ihn und seine Familie der Tod des drei Jahre jüngeren Bruders Hermann Jakob gewesen zu sein. Man ging zwar in Zeiten hoher Kindersterblichkeit mit dem Tod der Kinder anders um als heutzutage, doch Goethes Mutter hatte sicher gehofft, gebangt und gelitten, insbesondere weil das Kind längere Zeit krank gewesen war. Dies muss auch den zehnjährigen Johann Wolfgang berührt haben und er bemühte sich durch Lernen und Phantasieren Inseln in seinem Selbst zu erschaffen, die ihm halfen, traurige Erfahrungen zu bewältigen. Bettina von Arnim beschrieb Goethes Reaktion auf Hermann Jakobs Tod folgendermaßen: »Sonderbar fiel es der Mutter auf, daß er bei dem Tod seines jüngern Bruders Jacob, der sein Spielkamerad war, keine Träne vergoß, er schien vielmehr eine Art Ärger über die Klagen der Eltern und Geschwister zu haben; da die Mutter nun später den Trotzigen fragte, ob er den Bruder nicht lieb gehabt habe, lief er in seine Kammer, brachte unter dem Bett hervor eine Menge Papiere, die mit Lektionen und Geschichtchen beschrieben waren, er sagte ihr, daß er dies alles gemacht habe, um es dem Bruder zu lehren« (1835, S. 379).

Wir sehen hier, wie schon der kleine Goethe versuchte, Gefühle von Trauer und Verzweiflung intellektuell zu bewältigen. In kindlicher Naivität trachtet er danach, durch Lernen, Lehren und Schreiben das Schicksal zu wenden. Hier entstand eine Bewältigungsform von tragischen Ereignissen, die Goethes gesamtes Leben prägen sollte. Sigmund Freud betonte die feindlichen Aspekte von Goethes Reaktionen auf den Tod des Bruders und rückte vermeintliche Rivalitäts- und Triumphgefühle von Johann Wolfgang in den Mittelpunkt. Die unbewusste Logik lautete nach Freud folgendermaßen: »Ich bin ein Glückskind gewesen; das Schicksal hat mich am Leben erhalten, obwohl ich für tot zur Welt gekommen bin. Meinen Bruder aber hat es beseitigt, so dass ich die Liebe der Mutter nicht mit ihm zu teilen brauchte« (1917, S. 26).

Der Verlust der Geschwister schien Goethe jedoch eher zu betrüben und zu ängstigen. Mütter und Frauen wurden für ihn nicht nur zu sorgenden und verwöhnenden, sondern auch zu gefährlichen Wesen. Nur bei seiner Schwester fühlte er sich sicher und bewältigte mit ihr gemeinsam den Tod der Geschwister.

Die Gemeinsamkeiten mit der Schwester waren auch ein Schutz gegen die Strenge des Vaters. Mit ihr konnte er Geheimnisse haben und sich über den Vater lustig machen. Auch die Ängste angesichts des geisteskranken Balthasar Johann David Clauer, der im Hause Goethes betreut wurde, konnte Goethe mit Cornelia teilen. Der Vater hatte den aus »Anstrengung und Dünkel blödsinnig« gewordenen Clauer in sein Haus aufgenommen. Er aß zwar nicht am gemeinsamen Tisch, aber lebte im Haus und war somit ständig anwesend. Er wurde als Abschreiber beschäftigt und ging dem erst elfjährigen Goethe in dieser Funktion zur Hand. Später schrieben Goethe und Cornelia nach Diktaten des Vaters die Krankheitsprotokolle und die Vormundschaftsberichte über Clauer an die Behörden. Die Beschäftigung mit Clauer mag ihn angeregt haben, sich bis ins hohe Alter mit Geisteskrankheiten zu befassen. Als Student war er in Straßburg mit dem zunehmend psychotisch werdenden Dichter Lenz konfrontiert, in seiner Weimarer Zeit unterstützte er den psychisch kranken Plessing und im Wilhelm-Meister-Projekt porträtierte er in der Gestalt des Harfner einen schwer Gemüts- und Geisteskranken. Goethe entwickelte im Wilhelm-Meister-Projekt praxisnahe Behandlungsstrategien, die auch heute noch von Aktualität sind und auf die wir im entsprechenden Kapitel zurückkommen werden.

Die erste Liebe: Gretchen

Wie das Ende seiner Kindheit mutet Goethes Begegnung mit einer 16-Jährigen an, die er in seinem 13. Lebensjahr im Freundeskreis kennenlernte. Gretchen war die Erste, in die sich der pubertierende Junge verliebte, und die Erinnerung an dieses Erlebnis sollte ihn bis ins hohe Alter begleiten: »Die Gestalt dieses Mädchens verfolgte mich von dem Augenblick an auf allen Wegen und Stegen: es war der erste bleibende Eindruck, den ein weibliches Wesen auf mich gemacht hatte« (HA 9, S. 167).

Seine Gewohnheit, für Freunde Liebesbriefe zu schreiben, setzte er jetzt für sich selbst ein, und eine lebenslange Neigung, Liebesbeziehungen idealisierend zu überhöhen, wird schon hier deutlich sichtbar: »Die ersten Liebesneigungen einer unverdorbenen Jugend nehmen durchaus eine geistige Wendung. Die Natur scheint zu wollen, dass ein Geschlecht in dem andern das Gute und Schöne sinnlich gewahr werde. Und so war auch mir durch den Anblick dieses Mädchens, durch meine Neigung zu ihr, eine neue Welt des Schönen und Vortrefflichen aufgegangen« (HA 9, S. 170).

Goethe wollte Gretchen aber nicht nur in Gedichten idealisieren, sondern suchte auch den sexuellen Kontakt zu ihr. Seine Angebetete lehnte aber jede Art von körperlicher Berührung ab. Man verbrachte im Freundeskreis viele Abende, tauschte freundliche Worte, vielleicht auch verliebte Blicke, aber Goethe wurde von der drei Jahre älteren Freundin nicht ernst genommen und sogar verspottet. Trost fand er wieder einmal bei der Schwester: »So wie Vertraute, denen man ein Liebesverständnis offenbart, durch aufrichtige Teilnahme wirklich Mitliebende werden, ja zu Rivalen heranwachsen und die Neigung zuletzt wohl auf sich selbst hinziehen, so war es mit uns Geschwistern: denn indem mein Verhältnis zu Gretchen zerriß tröstete mich meine Schwester um desto ernstlicher, als sie heimlich die Zufriedenheit empfand, eine Nebenbuhlerin losgeworden zu seyn; und so mußte auch ich mit einer stillen Halbschadenfreude empfinden [...], daß ich der einzige sei, der sie wahrhaft liebe, sie kenne und sie verehre« (HA 9, S. 230). Goethe ermahnte sich aber, dass »die Vertrauenden sich nicht in Liebende umwandeln durften« (HA 9, S. 230).

Eines Tages wurden kriminelle Handlungen entdeckt, in die der Freundeskreis, zu dem auch Gretchen gehörte, verwickelt war. Goethes

Vater war außer sich vor Ärger und verbannte Johann Wolfgang mehrere Tage in sein Zimmer. Nach der Vernehmung entwickelte er Schuldgefühle, dass er über seine Freunde etwas Falsches gesagt haben könnte, und er erklärte, dass er sich etwas antun würde, wenn seinen Freunden Unrecht geschähe: »Alle diese Vorstellungen drängten sich lebhaft hinter einander vor meiner Seele, schärften und spornten meinen Schmerz, so daß ich mir vor Jammer nicht zu helfen wußte, mich die Länge lang auf die Erde warf, und den Fußboden mit meinen Tränen benetzte« (HA 9, S. 213).

Dies klingt reichlich hysterisch und in »Dichtung und Wahrheit« bleibt im Dunkeln, worum es sich eigentlich handelte. Aber Goethe war sichtlich erschüttert und von Mutter und Schwester nicht zu bewegen, sein Zimmer zu verlassen, auch nachdem der Vater den Arrest aufgehoben hatte: »Ich empfand nun keine Zufriedenheit, als im Wiederkäuen meines Elends und in der tausendfachen imaginären Vervielfältigung desselben« (HA 9, S. 215).

Diese »imaginäre Vervielfältigung« wird uns noch häufiger in Goethes Leben begegnen. Er verbrachte in einem Wechsel von Erregung und Ermattung seine Tage und Nächte. Man befürchtete, er würde sich etwas antun, und stellte einen jungen Mann an, der ihm als täglicher Begleiter dienen sollte. Letztlich wurde Goethe körperlich krank und begann sich »den seltsamsten Roman von traurigen Ereignissen und einer unvermeidlich tragischen Katastrophe selbstquälerisch auszumalen« (HA 9, S. 216).

Nachdem er erfuhr, dass seine nächsten Freunde mit einem leichten Verweis entlassen wurden und Gretchen Frankfurt verlassen hatte und wieder in ihre Heimat gezogen war, stellte sich Erleichterung ein: »[...] ich versicherte hastig meinen Freund, daß nun alles abgetan sei! Auch sprach ich nicht mehr von ihr, nannte ihren Namen nicht mehr; doch konnte ich die böse Gewohnheit nicht lassen, an sie zu denken, mir ihre Gestalt, ihr Wesen, ihr Betragen zu vergegenwärtigen, das mir denn nun freilich jetzt in ganz anderem Lichte erschien. Ich fand es unerträglich, daß ein Mädchen höchstens ein paar Jahre älter als ich, mich für ein Kind halten sollte, der ich doch für einen ganz gescheuten und geschickten Jungen zu gelten glaubte. Nun kam mir ihr kaltes abstoßendes Wesen, das mich sonst so angereizt hatte, ganz widerlich vor; die Familiaritäten, die sie sich gegen mich erlaubte, mir aber zu erwidern nicht gestattete, waren mir ganz verhaßt« (HA 9, S. 219).

Hier spricht ein enttäuschter und gekränkter Liebhaber, was nicht weiter bemerkenswert wäre. Wir sehen aber auch einen Zug in diesem Liebesverhältnis, der für Goethe charakteristisch werden sollte: Er lässt sich mit seinem ganzen Wesen auf die Geliebte ein, idealisiert sie maßlos, um sich ebenso entschlossen wieder abzuwenden und aus seiner Niederlage etwas zu gewinnen: Stoff für seine Dichtungen. Er zieht schöpferische Energie aus Enttäuschung und Zurückweisung und setzt diese in schriftstellerische Arbeit um. Frauen wie Gretchen und später Käthchen Schönkopf, Friederike Brion, Charlotte Buff, Frau von Stein, Marianne Willemer und Ulrike von Levetzow werden zum Projektionsschirm für Gefühle und Ideen. Er spiegelt sich in ihnen, nimmt die Empfindungen seiner Geliebten auf und kehrt bereichert zu sich zurück. Der Philosoph Hans-Georg Gadamer hat ein wirkliches Gespräch als ein »über sich hinaus sein, mit dem anderen denken und ein auf sich zurückkommen als auf einen anderen« (1986, S. 369) charakterisiert. Diese Form der Beziehung wählte Goethe schon früh in seinen Liebesbeziehungen.

Ein weiteres Mittel Goethes, Liebesverhältnisse ideell zu überhöhen, war deren Verbindung mit historisch bedeutsamen Ereignissen. Im Falle Gretchens verflocht Goethe diese Liebschaft mit den Krönungsfeierlichkeiten Josephs II. zum deutschen König, die 1764 in Frankfurt stattfanden. Durch solche Verknüpfungen konnte er persönliche Erlebnisse mit Bedeutung aufladen, um sich nicht gar zu kläglich zu fühlen. Über seine Dramatisierung eigener Emotionen kann man sich ärgern und Goethe übersteigerten Narzissmus vorwerfen. Ihm selbst hat die Strategie des Bedeutsammachens geholfen.

Die Gretchen-Episode bleibt bis heute rätselhaft. Was ist wirklich vorgefallen? War Goethe in kleine kriminelle Aktivitäten verwickelt und kam es zu sexuellen Handlungen im Freundeskreis, wie Eissler (1963) vermutet? Was auch immer geschehen ist, während und nach der Gretchen-Episode war Goethe nachhaltig verstört, doch sein Lern- und Arbeitseifer waren ungebrochen. Bei allen Beschämungen ging er beharrlich seiner Lektüre nach, führte philosophische Gespräche und vertiefte seine Kenntnisse, so als könnten die Widrigkeiten des Lebens dem Kern seines Selbst nichts anhaben: »Was mich betrifft, so hatte ich auch wohl im Sinne, etwas Außerordentliches hervorzubringen; worin es aber bestehen könne, wollte mir nicht deutlich werden« (HA 9, S. 163).

In der Zeit nach der Gretchen-Episode taten Goethes lange Wanderungen ihr Übriges. Er stabilisierte sich und sein emotionaler Aufruhr legte sich wieder. Es dauerte jedoch lange Zeit, bis er sich hinreichend sicher fühlte, das Elterhaus verlassen zu können, um in Leipzig Rechtswissenschaften zu studieren.

Leipziger Studentenkrise 1765–1768 (Käthchen)

Auf Drängen des Vaters begann Goethe im Oktober 1765 sein Jurastudium in Leipzig. Ihn selbst hatte es mehr zur klassischen Philologie und Geschichte hingezogen, doch der Vater setzte sich durch. Die Abreise nach Leipzig erlebte er jedoch als Befreiung: »Die heimliche Freude eines Gefangenen, wenn er seine Ketten abgelöst und die Kerkergitter bald durchgefeilt hat, kann nicht größer sein, als die meine war, indem ich die Tage schwinden und den Oktober herannahen sah« (HA 9, S. 241).

Die Universität Leipzig genoss einen hervorragenden Ruf und die Stadt war im Vergleich zur alten Reichsstadt Frankfurt mondän. Während in der sächsischen Residenzstadt Dresden höfischer Prunk gepflegt wurde, hatte sich in Leipzig ein wohlhabendes Bürgertum etabliert. Die Universitätsprofessoren betrachtete man mit Ehrfurcht und sie gehörten zu den führenden gesellschaftlichen Schichten.

Goethe wollte in dieser Welt groß auftreten und war gekränkt, als man ihn wegen seiner antiquierten Garderobe verspottete. Auch seine Umgangsformen erschwerten den Eintritt in die galante Welt und sein Freund Horn mokierte sich in einem Brief: »Von unserem Goethe zu reden! – der ist noch immer der stolze Phantast, der er war, als ich herkam. Wenn Du ihn nur sähst, du würdest entweder vor Zorn rasend werden, oder vor Lachen bersten müssen [...] Alle seine Sitten und sein jetziges Betragen sind Himmel weit von seiner vorigen Aufführung unterschieden. Er ist bei seinem Stolze auch ein Stutzer, und alle seine Kleider, so schön sie auch sind, sind von so einem närrischen Gout, der sich auf der ganzen Akademie auszeichnet« (zit. n. Höfer, 1999, S. 18).

Immerhin mangelte es Goethe nicht an Selbstbewusstsein und er war entschlossen, sich einen Platz in der Leipziger Welt zu erobern. Bald musste er jedoch peinliche Niederlagen erleiden. Das Verhältnis zu seinem Mentor, dem Staatsrechtler Johann Gottlob Böhme, trübte sich nach der freundlichen Aufnahme bald ein. Böhme lehnte die philologischen und literarischen Interessen seines Schützlings vehement ab und Goethe reagierte mit Rückzug. Die juristischen Veranstaltungen langweilten ihn und er besuchte gegen den Willen

Böhmes Poetik-Vorlesungen. Hier war er zunächst begeistert und die Briefe an seine Schwester berichten oft ausgelassen und überschwänglich von seinen poetischen Neigungen.

Goethes Stimmung verdüsterte sich jedoch bald und er gestand der Schwester, dass er sich häufig depresiv fühle. Am Abend des ersten Ostertags 1766 schreibt er an seine Schwester:»Oft werde ich zum Melancholiker. Ich weiß nicht woher es kommt. Dann sehe ich jeden mit starrer Miene wie eine Eule an […] und dann überfällt eine Dunkelheit meine Seele, eine Dunkelheit, so undurchdringlich wie der Oktobernebel« (FA 28, S. 603 f.).

Goethe fügt dem Brief »Ein kleines Gedicht über mein mangelndes Selbstvertrauen« bei, in dem er seine »Melancholie« und die »Nebel des Zweifels« beklagt. In solchen Phasen könne er nicht einen »Funken von Wert« in sich entdecken. Nach kurzer Zeit werden die Briefe aber wieder heiterer. Im Mai 1766 hält er fest:»Oft Schwester, bin ich guter Laune. In sehr guter Laune! Dann besuche ich hübsche Frauen und hübsche Mädchen […] ich bin fleißig, ich bin fröhlich, und ich bin glücklich. Leb wohl« (FA 28, S. 604).

Im September 1776 ist er wieder verstimmt und führt seine Selbstzweifel auf Liebesenttäuschungen zurück:»Ebenfalls bin ich von meiner närrischen Annahme, ein Dichter zu sein, abgekommen, und ich mache beinahe kaum mehr Verse … Wenn ich eine Schöne hätte, würde mich Cupido vielleicht mehr und besser singen lassen« (FA 28, S. 624).

Die Monate nach diesem Brief waren tatsächlich reich an Enttäuschungen. Goethes schriftstellerische Versuche machten keine Fortschritte und die Poetikvorlesungen zermürbten ihn. Die starren Regeln ließen ihm wenig Raum, das auszudrücken, was sein Herz bewegte. Er begann an seinem literarischen Talent zu zweifeln und berichtete einem Freund, dem Hofmeister Ernst Wolfgang Behrisch, dass er sich beim Schreiben wie ein Wurm im Staube fühle, der den Adler der Poesie in unerreichbarer Höhe betrachte.

Die Freundschaft mit dem elf Jahre älteren Behrisch gab Goethe einen gewissen Halt. In ihm fand er einen wohlwollenden Begleiter, der sich sowohl für seine poetischen Versuche als auch seine persönlichen Sorgen interessierte. Goethe vertraute Behrisch seine Verse an und dieser stellte sie zu einem kleinen Band von 19 Gedichten zusammen. Ermutigt durch Behrisch fand Goethe Worte für sein Sehnen nach einer Geliebten. Er hatte sich zum Objekt seiner Begierde

Anna Katharina Schönkopf, die Tochter eines Gastwirts, bei dem er regelmäßig mittags einkehrte, ausersehen. In den »Gedichten an Annette« findet er für sein erotisches Verlangen folgende Worte:

Die Nacht

Gern verlass' ich diese Hütte,
Meiner Schönen Aufenthalt,
Und durchstreich mit leisem Tritte
Diesen ausgestorbnen Wald.
Luna bricht die Nacht der Eichen,
Zephirs melden ihren Lauf,
Und die Birken streun mit Neigen
Ihr den süßten Weihrauch auf.

Schauer, der das Herze fühlen,
Der die Seele schmelzen macht,
Wandelt im Gebüsch im Kühlen.
Welche schöne, süße Nacht!
Freude! Wollust! Kaum zu fassen!
Und doch wollt' ich, Himmel, dir
Tausend deiner Nächte lassen,
Gäb' mein Mädchen eine mir.
(HA 1, S. 18)

Wie in den anderen »Gedichten an Annette« verwendet Goethe die konventionelle Bildersprache der Anakreontik, die in der deutschen Literatur seit 1740 mit Begeisterung verwandt wurde. Die anakreontischen Dichtungen huldigten einem verfeinerten Lebensgefühl, das sich um die Themen Liebe, Natur und freundschaftliche Geselligkeit rankte. Der Frühstil des jungen Goethe war von diesem konventionellen Dichten geprägt. Und dennoch regt sich in »Die Nacht« schon ein sehr persönlicher, eigener Ton. Das lyrische Ich als fiktiver Sprecher bringt Goethes subjektive Erfahrungen zur Sprache, ohne mit seiner Person deckungsgleich zu sein.

Ich werde im Folgenden zusätzlich zu den bekannten literaturwissenschaftlichen Termini wie lyrisches Ich, Ich-Erzähler et cetera den Begriff des »poetischen Selbst« einführen. Er soll dazu dienen, den psychologischen Akzent meiner Interpretationen zu betonen, und wird sich im Laufe der späteren Gedichtinterpretationen entfalten.

In der modernen Psychologie und Psychoanalyse hat sich der Begriff des Selbst durchgesetzt, um eine Ganzheit von Empfindungen und Erfahrungen zu bezeichnen, die über das klassische Freud'sche

Strukturmodell von Es, Ich und Über-Ich hinausgeht (Kohut, 1976). Das Selbst umfasst nicht nur bewusste, sondern auch unbewusste Prozesse und körperliche Vorgänge, die zum Beispiel als Stimmung oder Selbstgefühl bewusst werden können. Es enthält auch den Niederschlag von Beziehungserfahrungen eines Individuums und ist damit intersubjektiv konstituiert. Es eignet sich als vermittelnder Begriff von philosophischen, soziologischen, psychologischen und neurobiologischen Forschungen (Fuchs, 2007).

Das Zusammenspiel von geistigen, sozialen, psychischen und körperlichen Faktoren ist von elementarer Bedeutung für die Kohärenz des Selbst, die als Angelpunkt psychischer Gesundheit angesehen wird. Empirische Untersuchungen haben die Bedeutung des Kohärenzgefühls für Entwicklung und Stabilität des Selbst bestätigt. Das Kohärenzgefühl ist aber keine statische Größe, sondern muss immer wieder aktiv hergestellt werden, um salutogenetisch, das heißt gesundheitsfördernd, wirksam zu sein (Antonovsky, 1997). Dazu gehört, dass sich das Selbst in seiner Tätigkeit reflektiert und bestätigt fühlt. Man nennt dies in der modernen Psychologie Selbstwirksamkeit (Bandura, 1997).

Poetisch würde ich ein Selbst nennen, das sich im Sinne der griechischen Auffassung von »poiein« (machen, gestalten, schöpferisch tätig sein) in einem kreativen Prozess der Selbstfindung und Selbstverwirklichung befindet. Goethes Dichtungen erfüllen aus psychologischer Sicht genau diese Funktion, ein kohärentes und wirksames Selbst poetisch zu erzeugen. Die Dichtung macht zunächst ungestaltete Sinneseindrücke, körperliche Empfindungen, bewusste und unbewusste Beziehungserfahrungen erlebbar und damit erst wirklich. In der poetischen Gestaltung vergegenständlicht sich das Selbst und wird damit zu dem, was es zunächst nur potentiell war. Zur vollen Entfaltung gelangt das poetische Selbst, wenn es von anderen wahrgenommen, beantwortet und anerkannt wird. Wir werden an vielen Stellen sehen, dass die poetische Selbstverwirklichung Goethe über viele Lebenskrisen hinweghalf.

Im Gedicht »Die Nacht« ist psychologisch bemerkenswert, dass das poetische Selbst seine verliebten Regungen erst in der Einsamkeit, nachdem es die Geliebte verlassen hat, wahrnimmt. Das poetische Selbst verlässt den anheimelnden Ort der Hütte, um allein im ausgestorbenen Wald zu entdecken, was es empfindet. Die Mondgöttin Luna und der Frühlingsgott Zephyr sind ihm die traditionellen Begleiter, doch kann es sich des Schauers der Nacht zunächst nicht erwehren. Es gelingt ihm jedoch, das Beängstigende seiner Verliebtheit, die dunkle Nacht seiner Gefühle, durch einen »poetischen Triumph« zu überwinden. Den »Schauer, der das Herzen fühlen« macht, verwandelt Goethe zur »schönen süßen Nacht«. Das poetische Selbst spricht übermütig von Freude und Wollust und verspottet die übermächtigen Kräfte des Himmels mit einer kecken Pointe.

Die Wirklichkeit war schwieriger. Käthchen Schönkopf hatte Goethe wohl den einen oder anderen freundlichen, vielleicht auch verheißungsvollen Blick zugeworfen. Aber zu einer wirklichen erotischen Beziehung kam es nie. Vielleicht benötigte Goethe den Abstand, um seinen Empfindungen einen umso leidenschaftlicheren Ausdruck verleihen zu können. Goethe entfaltete in seinem Inneren eine exaltierte Gefühlswelt, die nicht der äußeren Realität entsprach. Käthchen Schönkopf konnte letztendlich mit dem überschwänglich Verliebten wenig anfangen und war über dessen Eifersuchtsszenen dermaßen verärgert, dass sie sich bald weigerte, auch nur oberflächlichen Kontakt mit ihm zu pflegen. Goethe war in seinem Innersten schwer erschüttert: »Allein es war zu spät! ich hatte sie wirklich verloren, und die Tollheit, mit der ich meinen Fehler an mir selbst rächte, indem ich auf mancherlei unsinnige Weise in meine physische Natur stürmte, um der sittlichen etwas zu Leide zu tun, hat sehr viel zu den körperlichen Übeln beigetragen, unter denen ich einige der besten Jahre meines Lebens verlor; ja, ich wäre vielleicht an diesem Verlust völlig zugrunde gegangen, hätte sich nicht hier das poetische Talent mit seinen Heilkräften besonders hülfreich erwiesen« (HA 9, S. 284).

Man kann Goethes Verliebtheit als verstiegene Adoleszentenliebe belächeln. Dabei würde man übersehen, dass diese wie auch spätere Liebesbeziehungen der Lösung innerer Spannungen diente. Goethe benötigte ein Gegenüber, um seine Wünsche und Sehnsüchte, ja seine Persönlichkeit als kohärent zu erleben. Seine Angebeteten dienten ihm dazu, sich über sich selbst und seine Stellung in der Welt zu vergewissern. Dabei musste es eine »entfernte Geliebte« sein. Im März 1768 schreibt Goethe dementsprechend an Behrisch: »Ich kann leben ohne sie zu sehen, nie, ohne sie zu lieben […] Höre Behrisch ich kann, ich will das Mägden nie verlassen, und doch muss ich fort, doch will ich fort« (FA 28, S. 122).

Bemerkenswert ist dabei neben dem Beziehungsmuster der »entfernten Geliebten«, das Goethes Liebschaften durchziehen sollte, die Abtretung der Geliebten an einen Anderen: »Sie soll nie die Schmerzen fühlen, mich in den Armen einer andern zu sehen, biß ich die Schmerzen gefühlt habe, sie in den Armen eines andern zu sehen« (FA 28, S. 122).

Diese Schilderung berührt eigentümlich. Warum möchte Goethe seine Geliebte in den Armen eines Anderen sehen und dabei seine eigenen Schmerzen lustvoll auskosten? Man ist geneigt zu vermuten, dass er diese selbstquälerische Lust benötigt, um schöpferisch zu arbeiten. Eine zweite Idee zielt auf Goethes Wunsch, seine und die Gefühle anderer zu beherrschen. Wenn Käthchen sich in der Wirklichkeit als von ihm unabhängig zeigt, so will er ihre Gefühle und Aktivitäten doch von innen heraus verstehen. Auf dem Weg der Verdoppelung in seiner Phantasie sucht er seine beschämende Zurückweisung zu bewältigen. Dieser Weg, reales Leid durch imaginäre Vervielfältigung zu meistern, sollte für ihn charakteristisch werden.

Bemerkenswert für Goethes Entwicklung war auch die eigenartige Dreierbeziehung mit Käthchen Schönkopf und Behrisch, in die er sich in der Leipziger Zeit verstrickte. Behrisch war sein wichtigster Vertrauter geworden, den er in all seine Empfindungen gegenüber Käthchen, in den Briefen Nette genannt, einweihte. In seinem Brief vom 26. April 1768 schüttet er Behrisch sein Herz aus: »Siehe ich habe dich noch so lieb als ich dich hatte, und Netten noch so lieb als ich sie hatte, mehr noch beyde wenn ich die Wahrheit sagen soll, denn stärcker ist eine Leidenschaft wenn sie ruhiger ist, und so ist meine. O Behrisch ich habe angefangen zu leben! [...] Genug sey dirs, Nette, ich, wir haben uns getrennt, wir sind glücklich [...] Sie ist das beste liebenswürdigste Mädgen, nun kann ich dir schwören daß ich nie aufhören werde, das für sie zu fühlen was das Glück meines Lebens macht [...] Behrisch wir leben in dem angenehmsten Umgange, wie du und sie; keine Vertraulichkeit mehr, nicht ein Wort von Liebe mehr, und so vergnügt, so glücklich, Behrisch sie ist ein Engel [...] Ich liebe sie noch, so sehr, Gott so sehr. O dass du hier wärest, dass du mich trösten, dass du mich lieben könntest« (FA 28, S. 122 f.).

Dieser Brief Goethes wirkt höchst erregt und auf den ersten Blick verwirrt. Solche und ähnliche Briefe haben manche Autoren am Geisteszustand Goethes zweifeln lassen. Von dem Psychiater Lange-

Eichbaum (1928) wurden manisch-depressive Phasen und von dem Psychiater und Psychoanalytiker Eissler (1963) sogar schizophrene Episoden diagnostiziert. Auf das Kapitel zu Goethes »gesunder Krankheit« vorgreifend ist dazu Folgendes zu sagen: Während Goethes gesamtem Leben ist es nie zu typischen manischen Phasen gekommen, allerdings litt er unter depressiven Verstimmungszuständen, die sein Fühlen, Denken und Verhalten beeinflussten. Diese melancholischen Phasen standen jeweils in Zusammenhang mit enttäuschenden Erlebnissen und verliefen nicht so eigengesetzlich wie primär biologisch bedingte Depressionen. An keiner Stelle findet sich ein für schizophrene Psychosen charakteristisches Symptom, von denen in Goethes Zeit schon einige bekannt waren und zum Beispiel bei Hölderlin von Freunden beschrieben wurden (s. Peters, 1982). Weder Stimmenhören noch schizophrene Denkstörungen oder wahnhafte Erlebensweisen wurden bei Goethe jemals berichtet. Wir werden auf diese Fragen im entsprechenden Kapitel des zweiten Teils dieses Buchs zurückkommen.

Im Hinblick auf den zitierten emotional erregten und höchst ambivalenten Brief ist zu sagen, dass er eher Ausdruck einer adoleszenten Reifungskrise ist als einer psychischen Erkrankung. Goethe scheint sich bewusst in einen Taumel von Gefühlen zu begeben, um darin Ausdruck für diffuse und unbewusste Regungen zu finden. Dies gelingt ihm nur bruchstückhaft, die Ambivalenz seiner Empfindungen bleibt unaufgelöst. Dies bereitet ihm erhebliche psychische Leiden, doch sind diese als Geburtsschmerzen der Selbstwerdung Voraussetzungen seiner schöpferischen Tätigkeit. In dem verwirrenden Wechselbad seiner Gefühle entstehen nun Gedichte, die erstmals ganz eigene, authentische Schöpfungen sind. Dies wird an den »Oden an Behrisch« sichtbar, die Goethe anlässlich von Behrischs Umzug nach Dessau schreibt. In der dritten Ode, die als Beispiel dienen soll, schildert er seinen Schmerz über die anstehende Trennung von seinem Freund:

Dritte Ode

Sei gefühllos!
Ein leichtbewegtes Herz
Ist ein elend Gut
Auf der wankenden Erde.

Behrisch, des Frühlings Lächeln
Erheitre deine Stirne nie,
Nie trübt sie dann mit Verdruß
Des Winters stürmischer Ernst.

Lehne dich nie an des Mädchens
Sorgenverwiegende Brust,
Nie auf des Freundes
Elendtragenden Arm.

Schon versammelt
Von der Klippenwarte
Der Neid auf dich
Den ganzen luchsgleichen Blick,

Dehnt die Klauen,
Stürzt und schlägt
Hinterlistig sie
Dir in die Schultern.

Stark sind die magern Arme,
wie Panther-Arme,
Er schüttelt dich
Und reißt dich los.

Tod ist Trennung,
Dreifacher Tod
Trennung ohne Hoffnung
Wiederzusehn.

Gerne verließest du
Dieses gehasste Land,
Hielte dich nicht Freundschaft
Mit Blumenfesseln an mir.

Zerreiß sie! Ich klage nicht.
Kein edler Freund
Hält den Mitgefangnen,
der fliehn kann, zurück.

Der Gedanke
Von des Freundes Freiheit
Ist ihm Freiheit
Im Kerker.

Du gehst, ich bleibe.
Aber schon drehen
Des letzten Jahres Flügelspeichen
Sich um die rauchende Achse.

Ich zähle die Schläge
Des donnernden Rads,
Segne den letzten,
Da springen die Riegel, frei bin ich wie du.
(HA 1, S. 23 f.)

Hier ist nichts mehr von einer idyllischen Schäferwelt der anakreontischen Dichtung zu spüren. Goethe ist emotional erschüttert und scheint einem Geschehen unterworfen, das er bewusst nicht steuern kann. Zwar ist ein noch leicht pathetischer Ton zu vernehmen, doch gesuchter Witz und mühsames Sich-zur-Schau-Stellen sind persönlicher Betroffenheit gewichen.

Angesichts der Trennung von seinem Freund Behrisch ruft das poetische Selbst in verzweifeltem Protest: »Sei gefühllos!« Ein Ausruf, der auch den Leser sofort einbezieht. Bringt unser »leichtbewegtes Herz« nicht mehr Schmerzen als Glück, erinnern uns lebhafte Gefühle nicht zu sehr an die »wankende Erde«, auf der wir stehen? Goethe berät Behrisch und sich selbst, wie mit Erschütterungen und Kränkungen umzugehen ist. In manchen Situationen müssen wir unsere Gefühle vor der Welt verschließen, um das Leiden an ihr erträglich zu halten. Die Freuden des »Frühlings Lächeln« sind doch immer überschattet vom »Verdruß des Winters«. So haben wir uns auch in mancher »sorgenverwiegender Brust« getäuscht, so haben wir den »luchsgleichen Blick« des Neids kennengelernt. Dieser Neid ist hinterlistig und mächtig, wie »Panther-Arme« hält er uns fest.

Der »Tod ist Trennung«. Goethe nimmt uns mit auf die Reise in die Hoffnungslosigkeit: »Gerne verließest du dieses gehasste Land«, doch die Freundschaft hält seinen Freund gefesselt. Das poetische Selbst ruft ihm zu, dass er die »Blumenfesseln« zerreißen soll, denn des »Freundes Freiheit« lässt es selbst auch eine Befreiung aus der eigenen Verzweiflung erhoffen. Das Leben geht jedoch weiter, es dreht »sich um die rauchende Achse«, bis »die Riegel springen« und das poetische Selbst eine neue Freiheit erworben hat.

Goethe weist in seinem Gedicht drei Wege, um aus Einsamkeit und Verzweiflung herauszufinden: Einlassen auf Gefühle und freundschaftliche Bindungen sowie künstlerische Arbeit. Diese Bewältigungsformen, die Goethe zu kultivieren begann, waren in der Leipziger Zeit aber noch labil. Er wurde nach der Zurückweisung durch Käthchen immer verzweifelter, so als wäre ihm seine psychische Existenzgrundlage entzogen. Wir wissen nicht, wie ernsthaft seine Selbsttötungsgedanken in dieser Zeit gewesen sind, vermuten jedoch, dass er ohne seine selbsttherapeutischen Prinzipien ernsthaft gefährdet gewesen wäre. Durch das Einlassen auf seine widersprüchlichen Gefühle und Gedanken, die Mitteilung derselben an Vertrauenspersonen und ihre Gestaltung in der Phantasie konnte er seine Krise, zumindest teilweise, bewältigen.

In seiner Verwirrung öffnete sich Goethe dem Unsagbaren, fand Menschen, die ihm zuhörten und ihn beantworteten, und nutzte seine seit der Kindheit praktizierte Strategie, alles, was ihn quälte, in ein Bild oder ein Gedicht zu verwandeln, um dadurch die äußeren Dinge zu klären und sich im Innern zu beruhigen. Dass dies keine Spielereien waren, zeigt ein Brief Goethes an Behrisch aus dem November 1767: »Abends um sieben Uhr. Ha, Behrisch, da ist einer von den Augenblicken! Du bist weg, und das Papier ist nur eine kalte Zuflucht gegen deine Arme. O Gott, Gott. – Laß mich nur erst wieder zu mir kommen. Behrisch, verflucht sei die Liebe. O, sähst du mich, sähst den Elenden, wie er rast, der nicht weiß, gegen wen er rasen soll – du würdest jammern. Freund, Freund! Warum hab' ich nur einen? – Um 8 Uhr. Mein Blut läuft stiller, ich werde ruhiger mit dir reden können. Ob vernünftig, das weiß Gott. Nein, nicht vernünftig. Wie könnte ein Toller vernünftig reden? [...] Meine Geliebte! Ah, sie wird's ewig sein. Sieh, Behrisch, in dem Augenblicke, da sie mich rasen macht, fühl ich's. Gott, Gott, warum muß ich so lieben [...] Diesen Abend schicke ich hinunter, um mir etwas holen zu lassen. Meine Magd kommt und bringt mir die Nachricht, dass sie mit ihrer Mutter in der Komödie sei. Eben hatte das Fieber mich mit seinem Froste geschüttelt, und bei dieser Nachricht wird mein ganzes Blut zu Feuer. Ha, in der Komödie, zu der Zeit, da sie weiß, dass ihr Geliebter krank ist. Gott, das war arg. Aber ich verzeih's ihr [...] Ich hab den ganzen Abend vergebens zu weinen versucht, meine Zähne schlagen aneinander [...] Ich glaube, ich tränke Gift von ihrer Hand. Verzeih mir, Freund! Ich schreibe wahrlich im Fieber« (FA 28, S. 106 ff.).

Goethe fühlte sich nicht nur zurückgewiesen, gekränkt und einsam, sondern befand sich über mehrere Monate in einem Ausnahmezustand. Seine Briefe zeigen, wie tief er sich auf seine schmerzlichen Gefühle einließ und diese im Gespräch mit Behrisch und sich selbst zu bewältigen suchte. Auch in seinen Gedichten fand er Ausdruck für seine Verzweiflung:

Am Flusse

Verfließet, vielgeliebte Lieder,
Zum Meere der Vergessenheit!
Kein Knabe sing entzückt euch wieder,
Kein Mädchen in der Blütenzeit.

Ihr sanget nur von meiner Lieben;
Nun spricht sie meiner Treue Hohn.
Ihr wart ins Wasser eingeschrieben,
So fließt denn auch mit ihm davon.
(FA 1, S. 849)

Hier ist die Hoffnung ganz gewichen. Die »vielgeliebten Lieder« gehören der Vergangenheit an. Der »entzückte Knabe« und das »Mädchen in der Blütenzeit« sind entschwunden. Die Liebe war »ins Wasser eingeschrieben« und ist jetzt verflossen. Und dennoch geht von diesem Gedicht etwas Tröstliches aus, so als würde man sich im Kreislauf der Natur geborgen fühlen. Dieser eigentümliche Trost könnte darin begründet sein, dass Goethe erstens eine zunächst ganz diffuse Bedrückung zulässt und wahrnimmt; zweitens seine Verzweiflung einem Freund, einem Leser und sich selbst mitteilt und drittens die Verzweiflung durch ihre Gestaltung überwindet. Man könnte von einem »poetischen Triumph« sprechen, der aus emotionalen Turbulenzen seine Dynamik gewinnt und diese künstlerisch bewältigt.

Rückkehr ins Elternhaus 1768–1770 (Cornelia)

Verdruß, anstatt eines rüstigen, tätigen Sohns [...] einen Kränkling zu finden,
der noch mehr an der Seele als am Körper zu leiden schien.
(HA 9, S. 338)

Der labile Gesundheitszustand Goethes verschlechterte sich im Sommer des Jahres 1768 zusehends. Im Juli erlitt er einen Blutsturz, wahrscheinlich handelte es sich um eine tuberkulöse Erkrankung. Von den Leipziger Freunden wurde er mehrere Wochen lang gepflegt, bis er an seinem 19. Geburtstag die Heimreise nach Frankfurt antrat.

Im September 1768 schreibt er aus Frankfurt an seinen Freund Langer: »Meine Herzensangelegenheiten! Was die für eine Tour genommen? Wenn ich es selbst wüsste, so wollte ich es Ihnen sagen; aber ich begreife mich selbst nicht. So kalt ruhig, wie man nur am Morgen beym Erwachen nach einer wohldurchschlaffnen Nacht seyn kann, ist jetzo meine Seele, still, ohne Verlangen, ohne Schmerz, ohne Freude, und ohne Erinnerung [...] Ich weiß dass ich Euch liebe; und doch kann ich es nicht fühlen, ich muß mir es erst sagen. Und so geht mir's mit allem. Meine Liebe, diese unglückliche Leidenschafft, die mich zuviel, zuviel gekostet hat, als dass ich sie je vergessen sollte, ist verscharrt, tief in mein Gedächtniß begraben, kalte Zerstreuung drüber geworfen, ich dencke manchmal daran, ganz gleichgültig [...] Zu sonderbar sind meine übrigen Umstände, als dass ich jetzt da ich bloß aus Pflicht und nicht aus Freundschafft schreibe, denn ich schwöre Ihnen das schreiben sogar wird mir sauer« (FA 28, S. 124 f.).

Goethe schildert in diesem Brief typisch depressive Symptome: Er steht seinen Gefühlen unbeteiligt und empfindungslos gegenüber, fühlt sich lust- und antriebslos. Selbst die alltäglichen Gewohnheiten wie das Schreiben von Briefen fallen ihm unsäglich schwer. Er fühlt sich gekränkt und hoffnungslos. Im Gegensatz zu Patienten mit ausgeprägten Depressionen bleibt er aber produktiv. An Käthchen Schönkopf schreibt er im November: »Was ich für eine Figur gespielt habe, das weiß ich am besten, und was meine Briefe für eine spielen, das kann ich mir vorstellen. Wenn man sich erinnert, wie's andern gegangen ist, so kann man ohne Wahrsager Geist rathen, wie's einem gehen wird; Ich binn's zufrieden, es ist das gewöhnliche Schicksal der Verstorbenen, dass Überbliebene und Nachkommende auf ihrem Grabe tanzen« (FA 28, S. 131).

Bemerkenswert ist, dass Goethe sich nicht beschämt zurückzieht, sondern in seinen Briefen eine, wenn auch sarkastische, Distanz zu sich selbst gewinnt. Dies ist ein wesentlicher Schritt, depressive Verstimmungen zu überwinden, der Patienten in einer schweren depressiven Krankheitsphase in der Regel nicht gelingt.

Goethes Vater war bei der Ankunft in Frankfurt sehr enttäuscht, statt des erfolgreichen Sohnes den »Kränkling zu finden, der noch mehr an der Seele als am Körper zu leiden schien«. Mutter und Schwester empfingen ihn jedoch herzlich und machten ihm seine Leidenszeit erträglich. Besonders Cornelia blühte auf, weil sie nach ihres Bruders Wegzug vom strengen Vater in ihrem persönlichen Aktionsradius sehr beschnitten worden war: »Meine Schwester gesellte sich gleich zu mir [...] Mein Vater hatte nach meiner Abreise seine ganze didaktische Liebhaberei der Schwester zugewendet, und ihr bei einem völlig geschlossenen, durch den Frieden gesicherten und selbst von Mietleuten geräumten Hause fast alle Mittel abgeschnitten, sich auswärts einigermaßen umzutun und zu erholen« (HA 9, S. 337).

Goethe genoss die Zuwendung seiner Mutter und Schwester, in deren Alltag wieder etwas mehr Leben gekommen war. Man unterhielt sich mit langen Gesprächen, Vorlesen und Rezitieren. Seine körperliche Erkrankung dauerte einige Monate und es kam zu mehreren Rückfällen. Man musste mit Goethes Tod rechnen und dies verstärkte seinen Hang, sich mit metaphysischen Dingen zu beschäftigen. Durch Susanna von Klettenberg, eine Base und Freundin der Familie, die selbst seit der Kindheit zart und gebrechlich war, fand er Anschluss an einen pietistischen Zirkel, der sich aus der harten Wirklichkeit in Innerlichkeit, Empfindsamkeit und Frömmigkeit zurückgezogen hatte: »Heiterkeit und Gemütsruhe verließen sie niemals. Sie betrachtete ihre Krankheit als einen notwendigen Bestandteil ihres vorübergehenden irdischen Seins; sie litt mit der größten Geduld, und in schmerzlosen Intervallen war sie lebhaft und gesprächig« (HA 9, S. 339).

Goethe fand in den Gesprächen mit Frau von Klettenberg, die zum Vorbild der »schönen Seele« im »Wilhelm Meister« werden sollte, und ihrem Kreis Resonanz für seine religiösen Fragen. Schon früh war sein Vertrauen in die Güte Gottes durch das verheerende Erdbeben von Lissabon erschüttert worden. Er blieb aber seiner Kirche verbunden und in der Krankheitszeit vertiefte sich seine religiöse Sinnsuche. Im Januar 1769 schreibt er an Langer: »Es ist viel mit mir vorgegangen; ich habe gelitten, und bin wieder frey, meiner Seele war diese Calcination sehr nütze, meine relativen Umstände haben sich auch dadurch gebessert, und wenn mein Cörper, wie sie behaupten, auch jetzo wahre Hoffnung, zur Besserung haben kann, weil sich die nächste Ursache meiner Krankheiten entdeckt hat; so weiß ich keinen glücklichern Vorfall, in meinem Leben als diesen schröcklichen [...] Mich hat der Heiland endlich erhascht, ich lief ihm zu lang und zu geschwind, da kriegt er mich bei den Haaren [...] Ich binn manchmal hübsch ruhig darüber, manchmal wenn ich stille ganz stille binn, und alles Gute fühle was aus der ewigen Quelle auf mich geflossen ist. Wenn wir auch noch so lange irre gehen, wir beyde, am Ende wird's doch werden« (FA 28, S. 148).

Im Rahmen der religiösen Zusammenkünfte fand er Ausdruck und Trost für seine Leiden. Er las die Bibel mit neuen Augen und seine Mutter tröstete ihn mit biblischen Botschaften. Er erholte sich langsam von seiner Krankheit und nutzte seinen Rückzug, um sich weiter zu bilden. Dennoch war die lange Zeit der Rekonvaleszenz nicht leicht und noch im April 1769 wurde sein ungesundes Aussehen und seine Lethargie beschrieben. Auch die familiäre Atmosphäre war schwierig geworden. Sein Großvater Textor hatte in einer Ratsversammlung im August 1768 einen schweren Schlaganfall erlitten und dämmerte halbbewusst und gelähmt bis zu seinem Tod im Jahre 1771 dahin. Die Konflikte der jetzt 17-jährigen Cornelia mit dem überstrengen Vater spitzten sich zu. Auch die Beziehung Goethes zu seinem Vater verdunkelte sich zusehends. In der retrospektiven Beschreibung dieser Zeit sind erstmals kritische Töne gegenüber seinem Vater zu vernehmen: »Persönlich war mein Vater in ziemlicher Behaglichkeit. Er befand sich wohl, brachte einen großen Teil des Tags mit dem Unterrichte meiner Schwester zu, schrieb an seiner Reisebeschreibung, und stimmte seine Laute länger, als er darauf spielte [...] Meine Mutter, von Natur lebhaft und heiter, brachte unter diesen Umständen sehr langweilige Tage zu« (HA 9, S. 338).

Möglicherweise ängstigte Johann Caspar auch die Krankheit seines Sohnes, denn er hatte seine beiden Brüder im Alter von 19 und 23 Jahren durch tödliche Krankheiten verloren. Es scheint, dass er auch aus Angst und nicht nur aus Ungeduld und gekränkter Eitelkeit auf die Krankheit seines Sohns ablehnend reagierte. Ungeduld, Ablehnung und Angst sollten auch den späteren Umgang Johann Wolfgangs mit Krankheiten charakterisieren.

Trotz aller Bedrückungen blieb Goethe aber produktiv. Er beendete das Schäferspiel »Die Laune des Verliebten«, in dem er sich mit seiner Leidenschaft und Eifersucht auseinandersetzte. Das einaktige Stück in Versen hatte er in Leipzig begonnen und lange daran gearbeitet. Bereits im Oktober 1767 hatte er an Cornelia geschrieben: »Ich arbeite nun schon acht Monate daran, aber es will noch nicht parieren; ich lasse mich nicht dauern, ganze Situationen zwei-, dreimal zu bearbeiten, weil ich hoffen kann, daß es ein gutes Stückchen mit der Zeit werden kann, da es sorgfältig nach der Natur kopiert ist« (HA 4, S. 470).

In »Die Laune des Verliebten« porträtiert sich Goethe in der Figur des jugendlichen Liebhabers Eridon, der seine Freundin Amine mit seiner Eifersucht quält und nur durch eine Intrige geheilt werden kann. »Die Laune des Verliebten« ist ein typisches Beispiel, wie Goethe seine kränkenden Beziehungen zu jungen Frauen verarbeitete. Er vertieft sich in seine Empfindungen, stellt sich seine Erlebnisse bildhaft vor und findet dadurch zu sich selbst.: »Nichts gibt uns mehr Aufschluß über uns selbst, als wenn wir das, was vor einigen Jahren von uns ausgegangen ist, wieder vor uns sehen, so dass wir uns selbst nunmehr als Gegenstand betrachten können« (HA 9, S. 345).

Anfang 1769 beendete Goethe die erste Fassung des Lustspiels »Die Mitschuldigen«. Hier schildert er den adligen Libertin Alcest, der Sophie, die Tochter eines Gastwirtes, wiedersieht. Sophie ist jetzt mit Söller verheiratet, doch es kommt zu einem Stelldichein mit Alcest. Bevor es zu spät ist, kann sich Sophie den Armen Alcestes entwinden. Zwischenzeitlich schleicht sich der Gastwirt in Alcestes Raum, um seine Korrespondenz zu lesen, weil er meint, dass Alcest ein bedeutender Mann sei. Söller, der sich von Sophie und Alcest betrogen glaubt, stiehlt Alcestes Geld. Der Diebstahlverdacht fällt am folgenden Tag auf den Wirt, doch Söller enthüllt die Wahrheit. Am Ende vergeben sich die Beteiligten im Gefühl, alle mitschuldig geworden zu sein.

Der Goethe-Forscher Erich Trunz meint, dass in der Farce »Die Mitschuldigen« kaum noch autobiographische Züge zu erkennen seien

(HA 4, S. 474 f.). Demgegenüber sieht der Goethe-Biograph Boyle Konflikte aus der Leipziger Zeit in dem Lustspiel reflektiert (1991, S. 87). Letzterer vermutet, dass Goethe sich für seine persönliche Niederlage in Leipzig rächen wollte. Entsprechend dieser Interpretation entwirft Goethe das Bild des Gasthauses der Schönkopfs mit dem engstirnigen Vater und seiner unglücklich verheirateten Tochter Sophie, die Züge von Käthchen Schönkopf trägt. Der respektable Dr. Kanne, den Käthchen 1770 ehelichte, wird in der Figur des Söller persifliert. Goethe selbst identifiziert sich mit Alcest. Seine unerfüllte Liebe zu Sophie ist eine Wiederholung der Liebe zu Käthchen und der Angst vor einer verbindlichen Beziehung. In der zweiten Version des Lustspiels, die Goethe nach seiner Frankfurter Leidenszeit verfasste, nimmt der Gastwirt Züge von Goethes Vater an und die Farce wirkt weniger als verächtliche Rache für die Leipziger Schmach denn als eine verzagte Reflexion der eigenen Liebesunfähigkeit.

Nach seiner langen Krankheit erschien 1769 anonym Goethes erster Lyrikband, die »Neuen Lieder«. Zu diesem Zeitpunkt hatte er sowohl seine körperliche Krankheit als auch seine psychische Krise fast überwunden. In dem Gedicht »An den Mond« sehen wir, dass Goethe eine ganz persönliche Sprache für seine Empfindungen gefunden hat.

An den Mond

Schwester von dem ersten Licht,
Bild der Zärtlichkeit in Trauer,
Nebel schwimmt mit Silberschauer
Um dein reizendes Gesicht.
Deines leisen Fußes Lauf
Weckt aus tagverschloßnen Höhlen
Traurig abgeschiedne Seelen,
Mich, und nächt'ge Vögel auf.

Forschend übersieht dein Blick
Eine großgemeßne Weite.
Hebe mich an deine Seite,
Gib der Schwärmerei dies Glück!
Und in wollustvoller Ruh
Säh' der weitverschlagne Ritter
Durch das gläserne Gegitter
Seines Mädchens Nächte zu.

Dämmrung, wo die Wollust throhnt,
Schwimmt um ihre runden Glieder.
Trunken sinkt mein Blick hernieder –
Was verhüllt man wohl dem Mond!
Doch was das für Wünsche sind!
Voll Begierde zu genießen,
So da droben hängen müssen –
Ei, da schieltest du dich blind!
(HA 1, S. 20)

Das poetische Selbst wirkt in diesem Gedicht ruhig und gelassen,
spielerisch und humorvoll. Das Gedicht enthält zwar noch anakreontische Stilmittel wie die Anrede des Mondes als »Schwester von dem
ersten Licht« und das Thema des »weitverschlagenen Ritters«, doch
findet Goethe einen ganz eigenen, unverwechselbaren Ausdruck. Die
beschriebene Natur ist nicht mehr nur anakreontische Staffage, sondern wird zum individuellen Erlebnisraum. Der Mond als Schwester
der Sonne wird wie eine Geliebte behandelt. Sie vermittelt ein »Bild
der Zärtlichkeit«, verfügt über ein »reizendes Gesicht« und eines »leisen Fußes Lauf«. Dies ist schon ganz goethisch, indem das Objektive
subjektiv empfunden und gestaltet wird.

Die »Schwester von dem ersten Licht« ruft mit ihrem »reizenden
Gesicht« eine erotische Atmosphäre hervor, in der sich viele Erinnerungsbilder verdichten. Unter anderem wird das Bild der Schwester
Cornelia evoziert, die in ihm erotische Empfindungen, »nächt'ge Vögel«, geweckt haben mag. Im Gedicht werden die subjektiven Erinnerungen nun objektiviert und der Dichter zeichnet ein verklärtes Bild
der erotischen Nacht. Die Bedrückungen und Ängste, die Goethe so
lange quälten, sind noch spürbar, doch sie werden verklärt zu schwär-
merischem »Silberschauer«.

Die erotische, aber auch ängstliche Stimmung der »traurig ab-
geschiednen Seelen« verwandelt sich zu Beginn der zweiten Strophe
in eine abgeklärte, ja distanzierte Haltung. »Forschend« identifiziert
sich das poetische Selbst mit dem Mond, der unbeteiligt eine »großgemeßne Weite« überblickt. Das poetische Selbst betrachtet auch
sich selbst von außen, als Phantasten, der ohne jede Hoffnung bittet: »Gib der Schwärmerei dies Glück!« In der sicheren Distanz poetischer Anschauung kann es von »wollustvoller Ruh«, Ritteraben-
teuern und glücklicher Heimkehr träumen. Die Sehnsucht nach
seines »Mädchens Nächten« ist nicht klagsam, weil sie sich nicht er-

füllen kann. Nein, sie wird im poetischen Triumph lustvoll ausge-kostet.

Zu Beginn der dritten Strophe, wo die Wollust um die »runden Glieder« der Angebeteten »schwimmt«, erwacht das poetische Selbst und »trunken sinkt mein Blick hernieder«. Fragend blickt es wieder nach oben, um Auskunft zu erhalten, was man »wohl dem Mond« verhülle? In einem erneuten Aufschwung erhebt es sich über seine Sehnsucht: »Was das wohl für Wünsche sind!« Es distanziert sich da-mit von seinem Gefühl und bewältigt die Ernüchterung seiner eige-nen unerfüllten Sehnsüchte, »voll Begierde zu genießen«, indem es sie dem Mond zuschreibt und anschließend verspottet: »So da droben hängen müssen – Ei, da schieltest du dich blind!«

Das poetische Selbst hat damit seine Reise durch hoffnungsvolles Bangen und erträumte Erfüllung mit humorvoller Resignation abge-schlossen. Durch die poetische Darstellung wird aus der Niederlage ein Sieg. Dabei hilft ihm die ironische Selbstdistanz: Es identifiziert sich einerseits mit dem Mond, der die erotischen Sehnsüchten be-trachten, aber nicht erreichen kann. Das poetische Selbst kann ande-rerseits triumphieren, weil es mit seinen Wünschen spielen kann.

»An den Mond« illustriert eine Fähigkeit Goethes, die sein ge-samtes Leben charakterisiert: Er konnte sich in Schwärmereien ver-lieren, sich von Stimmungen und Phantasien umfangen lassen und doch ganz alltäglich bleiben. Viele nahmen ihm seinen Sinn fürs Konventionelle übel, manche fühlten sich dadurch abgestoßen. Die psychologische Botschaft könnte aber folgende sein: Um sich in krea-tive Phantasien zu vertiefen, benötigt man klare, ja konventionelle Strukturen. Möglicherweise konnte Goethe die Leipziger Zeit nur deswegen kreativ bewältigen und überleben, weil er konventionelle Strukturen akzeptieren und nutzen konnte. Dies begann mit der Pflege der vom Vater gebahnten persönlichen Beziehungen und endete bei seiner kontinuierlichen Arbeit, die er auch fortsetzte, wenn er große Beängstigung empfand und »zwischen ausgelassener Lustigkeit und melancholischem Unbehagen« schwankte. Die Aufrechterhaltung von persönlichen Beziehungen bei gleichzeitigem Betreten von emo-tionalem Neuland, das geduldige Lernen traditioneller Stilmittel bei schrittweiser Entdeckung einer ganz eigenen Sprache ist Goethes kreatives Modell. Dieses Wechselspiel von konventionellem Üben und originellem Entdecken begegnet uns bei zahlreichen kreativen

Persönlichkeiten, ob sie nun Mozart, Picasso, Einstein oder García Marquéz heißen (s. Holm-Hadulla, 2007).

Die poetische Gestaltung und Mitteilung von Erlebnissen und ihr Beantwortetwerden durch vertraute Personen trug sicherlich dazu bei, dass Goethe sich in Frankfurt von seiner psychischen Krise und körperlichen Erkrankung erholte. Im Frühjahr 1770 war er dann wieder so weit, erneut in die Fremde gehen zu können.

Flucht vor der Liebe: Straßburg 1770–1771 (Friederike)

> *Wie herrlich leuchtet*
> *Mir die Natur!*
> *Wie glänzt die Sonne!*
> *Wie lacht die Flur!*
> *(HA 1, S. 30)*

Im schönen Frühling des Jahres 1770 traf Goethe in Straßburg ein und war sofort begeistert. Vom Turm des Münsters betrachtete er die elsässische Landschaft, die ihm wie ein Paradies erschien: »Und so sah ich denn von der Plattform die schöne Gegend vor mir [...] so wird man das Entzücken begreifen, mit dem ich mein Schicksal segnete, das mir für einige Zeit einen so schönen Wohnplatz bestimmt hatte [...] Ein solcher Anblick in ein neues Land, in welchem wir uns eine Zeitlang aufhalten sollten, hat noch das Eigne, so Angenehme als Ahndungsvolle, dass das Ganze wie eine unbeschriebene Tafel vor uns liegt. Noch sind keine Leiden und Freuden, die sich auf uns beziehen, darauf verzeichnet [...] aber eine Ahndung dessen, was kommen wird, beunruhigt schon das junge Herz« (HA 9, S. 356 f.).

Goethe lernte sogleich interessante Persönlichkeiten kennen und besuchte medizinische, geschichtliche und philosophische Vorlesungen. Seine juristischen Studien trieb er voran und fand auch die Zeit zum kreativen Schreiben.

Schon im September 1770 legte er zwei mündliche Prüfungen erfolgreich ab und begann an seiner Dissertation zu arbeiten. Er fand Anschluss an einen Kreis von Studenten, die sich regelmäßig zu Tisch trafen. Mit dem 48-jährigen Juristen Salzmann verband ihn rasch ein enges Vertrauensverhältnis. Der Mediziner Weyland, mit dem Goethe Ausritte ins Elsass unternahm, verstärkte sein Interesse an medizinischen Themen. Es kostete ihn allerdings einige Überwindung, seine Neugier an Sezierkursen stillen zu können.

Neben Geselligkeit, Schreiben und Phantasieren pflegte Goethe weitere selbsttherapeutische Unternehmungen. Von seiner psychischen Krise war noch eine gewisse Reizbarkeit übrig geblieben und er versuchte deswegen an sich zu arbeiten. Sein empfindliches Gehör sollte sich durch Reizexposition an das abendliche Trommeln der Stadtwache gewöhnen, was aber nicht gelang. Erfolgreicher war Goethes Kampf gegen seine Höhenangst: Durch häufiges Besteigen des Straßburger Münsters und schrittweise Annäherung an die Balustrade des Turms gelang es ihm tatsächlich, sich von dieser Phobie zu befreien: »Dergleichen Angst und Qual wiederholte ich so oft, bis der Eindruck mir ganz gleichgültig ward, und ich habe nachher bei Bergreisen und geologischen Studien, bei großen Bauten, wo ich mit den Zimmerleuten um die Wette über die freiliegenden Balken und über die Gesimse der Gebäude herlief, ja in Rom, wo man eben dergleichen Wagstücke ausüben muß, um bedeutende Kunstwerke näher zu sehen, von jenen Vorübungen großen Vorteil gezogen« (HA 9, S. 374).

Neben der Selbstbehandlung seiner Höhenangst unternahm Goethe nächtliche Spaziergänge durch Friedhöfe, um seine Furcht vor Dunkelheit und Einsamkeit zu bekämpfen.

Von großer Bedeutung waren die Zusammenkünfte mit dem fünf Jahre älteren Johann Gottfried Herder, der zu dieser Zeit schon ein anerkannter Schriftsteller war. Goethe war von Herders Scharfsinn und Selbstbewusstsein begeistert und besuchte ihn während dessen achtmonatigem Aufenthalt in Straßburg beinahe täglich. Er nahm lebhaften Anteil an der Entstehung von Herders »Abhandlung über den Ursprung der Sprache«, aus der er wesentliche Anregungen für sein eigenes Verständnis gewann. Dabei ging es um eine unmittelbare Sprache, die Seelisches natürlich und unverfälscht ausdrücken sollte.

Goethe konnte Herder als Autorität akzeptieren und zeigte sich gelehrig. Herder wiederum unterstützte Goethes literarische Hoffnungen und hochfahrende Pläne. Die folgende altdeutsche Redensart sollte zu einer wichtigen Maxime von Goethe werden: »Was man in der Jugend wünscht, hat man im Alter genug!« (HA 9, S. 386). Dies meint, dass auch unrealistisch erscheinende Wünsche Ausdruck von Fähigkeiten sein können, die im Individuum schlummern. Auf dem weiteren Lebensweg können sich die zunächst nur geahnten Potentiale durch Fleiß und Phantasie realisieren.

Getrieben von heiterer Lebenslust unterbrach Goethe oft und gerne seine Studien und gelehrten Gespräche. So ließ er beispielsweise kaum eine Gelegenheit zum Tanzen aus. Um seine Technik zu verbessern, engagierte er einen Tanzlehrer und war stolz, dessen Beifall zu erhalten. Der Tanzlehrer hatte zwei Töchter und Goethe gefiel die Jüngere ausnehmend gut. Man tanzte zusammen, las sich vor und die ältere der Schwestern verliebte sich in Goethe. Die Neigung trieb ihn zur jüngeren Emilie, das Mitleid zur älteren Lucinde. Emilie schlug eine Trennung vor, um Lucindes Leiden durch die häufigen Besuch nicht zu verstärken. Bei der Verabschiedung kam es zu einer heftigen Eifersuchtsszene zwischen Emilie und Lucinde. Dabei fasste Lucinde Goethes Kopf, küsste ihn auf den Mund und sprach:»Ich weiß, dass ich Sie verloren habe; ich mache keine weiteren Ansprüche auf Sie. Aber du sollst ihn auch nicht haben, Schwester! [...] fürchte meine Verwünschung. Unglück über Unglück für immer und immer auf diejenige, die zum ersten Male nach mir diese Lippen küsst! Wage es nun wieder mit ihm anzubinden; ich weiß der Himmel erhört mich diesmal. Und Sie, mein Herr, eilen Sie nun, eilen Sie, was Sie können!« (HA 9, S. 397).

Goethe war betroffen und hielt sich in der nächsten Zeit von Liebeleien fern. Im Herbst 1770 lernte er jedoch auf einem Ausritt die Pfarrersfamilie Brion in Sesenheim kennen. Schon bei der ersten Begegnung schien er sich in die zweitälteste der drei Pfarrerstöchter verliebt zu haben:»In diesem Augenblick trat sie wirklich in die Türe; und da ging wahrlich an diesem ländlichen Himmel ein allerliebster Stern auf [...] Schlank und leicht, als wenn sie nichts an sich zu tragen hätte, schritt sie, und beinahe schien für die gewaltigen blonden Zöpfe des niedlichen Köpfchens der Hals zu zart. Aus heiteren blauen Augen blickte sie umher [...] und so hatte ich das Vergnügen, sie beim ersten Blick auf einmal in ihrer ganzen Anmut und Lieblichkeit zu sehn und zu erkennen« (HA 9, S. 433).

Die 18-jährige Friederike war tatsächlich unbefangen und erwiderte Goethes Zuneigung. Er besuchte sie, so oft er konnte, und man verbrachte bis zum Sommer 1771 glückliche Monate. Goethe verspürte eine ihm bislang nicht bekannte poetische Schaffenskraft und die Sesenheimer Lieder entstanden. Zum berühmtesten dieser Lieder gehört neben dem volksliedhaften »Heideröslein« das »Maifest«, das Goethe später »Mailied« nannte.

Maifest

Wie herrlich leuchtet
Mir die Natur!
Wie glänzt die Sonne!
Wie lacht die Flur!

Es dringen Blüten
Aus jedem Zweig
Und tausend Stimmen
Aus dem Gesträuch

Und Freud und Wonne
Aus jeder Brust.
O Erd', o Sonne,
O Glück, o Lust,

O Lieb', o Liebe,
So golden schön
Wie Morgenwolken
Auf jenen Höhn,

Du segnest herrlich
Das frische Feld,
Im Blütendampfe
Die volle Welt!

O Mädchen, Mädchen,
Wie lieb' ich dich!
Wie blinkt dein Auge,
Wie liebst du mich!

So liebt die Lerche
Gesang und Luft,
Und Morgenwolken
Den Himmelsduft,

Wie ich dich liebe
Mit warmem Blut,
Die du mir Jugend
Und Freud und Mut

Zu neuen Liedern
Und Tänzen gibst.
Sei ewig glücklich,
Wie du mich liebst.
(HA 1, S. 30 f.)

Mit Begeisterung muss man dieses Gedicht lesen, so wie es wahrscheinlich an einem Maimorgen des Jahres 1771 geschrieben wurde:
»Wie herrlich leuchtet mir die Natur!« Drei Ausrufezeichen in den
ersten vier Versen unterstreichen die gehobene Stimmung. Die
Natur leuchtet, glänzt und lacht. Dies ist schon ganz Goethe, wie er
die Natur mit seinem Gefühl erfüllt, sich in ihr spiegelt, sie durch-

dringt und von ihr durchdrungen wird. Die Natur selbst spricht zum begeisterten Jüngling. »Freud und Wonne« werden nicht mehr im Subjekt verortet, sondern erfüllen überpersönlich die gesamte Lebenswelt.

In der vierten Strophe tritt die Liebe, »so golden schön« aus der Enge eines individuellen Gefühls heraus und breitet sich wie »Morgenwolken« zwischen den Menschen aus. Glück und Lust verschmelzen mit der »vollen Welt«.

Aus dieser Stimmung von Lust und Begeisterung »blickt dein Auge« und erwidert die Liebe, so wie die Lerche »Gesang und Luft« liebt. »Jugend und Freud und Mut« werden dem poetischen Selbst durch die Liebende verliehen und dankerfüllt ruft es aus: »Sei ewig glücklich«, allerdings »Wie du mich liebst.«

Im »Maifest« findet sich eine unglaubliche Verdichtung von Stimmungen und Bildern aber auch psychologischen Einsichten. Das poetische Selbst erscheint recht unverfroren, wenn es seiner Geliebten Glück wünscht unter der Voraussetzung, dass sie ihm Mut, poetische Schaffenskraft und Liebe schenkt. Tatsächlich wähnt es sich im Zentrum des Universums.

Dieser Überschwang hielt nicht lange an. Das leidenschaftliche Verhältnis zu Friederike begann Goethe bald zu beunruhigen und auch sein sonstiges Leben in Straßburg wendete sich. Seine Dissertation wurde nicht angenommen und es reichte nur zum Lizenziaten der Rechte. Die beginnende psychische Erkrankung seines Dichterfreundes Lenz stimmte ihn nachdenklich. Er beschäftigte sich mit dem Märchen von der schönen Melusine, das er auch im Hause Brion vortrug. Darin darf der Ehemann seine Frau samstagabends nicht sehen, weil sie dann eine hässliche Gestalt annimmt und mit einem schlangenähnlichen Schwanz ausgestattet ist. Das Märchen vermittelt eine düstere und bedrückende Atmosphäre, die in Goethe Resonanz fand. Insofern zeigt das »Maifest« nur die euphorische Seite seines damaligen Befindens. Seine Ängste vor einer engen Bindung, Selbstzweifel und Verstimmungszustände waren erheblich. In den Briefen an Salzmann spricht er von tiefer Beunruhigung, ohne dass ein Grund fassbar wäre. Die Geschichte von der »Schönen Melusine« und seine Gedichte, beispielsweise »Ein grauer, trüber Morgen«, später »An Friederike Brion« betitelt, erklären aber seine Verstimmungen:

Ein grauer, trüber Morgen

Ein grauer, trüber Morgen
Bedeckt mein liebes Feld,
Im Nebel tief verborgen
Liegt um mich her die Welt.
O liebliche Friederike,
Dürft ich nach Dir zurück!
In einem deiner Blicke
Liegt Sonnenschein und Glück.

Der Baum, in dessen Rinde
Mein Nam bei deinem steht,
Wird bleich vom rauhen Winde,
Der jede Lust verweht.
Der Wiesen grüner Schimmer
Wird trüb wie mein Gesicht,
Sie sehen die Sonne nimmer,
Und ich Friederiken nicht.

Bald geh ich in die Reben
Und herbste Trauben ein;
Umher ist *alles* Leben,
Es strudelt neuer Wein.
Doch in der öden Laube,
Ach, denk ich, wär *sie* hier!
Ich brächt ihr diese Traube,
Und *sie* – was gäb *sie* mir?
(FA 1, S. 102)

Im Vergleich mit dem »Maifest« ist die Stimmung deutlich trüber,
obwohl dieses Gedicht höchstens drei Monate später entstanden sein
kann. Wieder dient die Natur als Spiegelbild der inneren Verfassung
des poetischen Selbst. »Ein grauer, trüber Morgen« verheißt nichts
Gutes und das poetische Selbst spricht von vergangener Liebe. »Sonnenschein und Glück«, die Friederike ihm bedeutete, sind nicht mehr
erreichbar. Beider Namen, ihre Gemeinschaft, verblassen und »jede Lust
verweht«. Das poetische Selbst wird hoffnungslos und »trüb wie mein
Gesicht«. Die Zeit der Reife ist gekommen und »umher ist alles Leben«.
Doch das poetische Selbst spürt Öde und glaubt nicht mehr, dass die
Begegnung mit Friederike irgendeine Änderung herbeiführen könnte.
»Und *sie* – was gäb sie mir?« klingt nicht schnöde, sondern hoffnungslos.

Was ist geschehen? Tempo und Elan des »Maifests« sind gewichen,
das Gedicht kommt langsam daher. Die Farben sind matt und der

Rhythmus schleppend. Wie ein Beobachter steht das poetische Selbst dem Leben gegenüber, er selbst fühlt sich vom herbstlichen Treiben der Ernte abgeschnitten.

In der Wirklichkeit wandte sich Goethe fluchtartig von Friederike ab, wobei ihm die Motive seiner Abkehr verborgen blieben. Er sprach von Stimmungsschwankungen, die ihm nicht erklärlich waren. Emotionale Schwankungen von »himmelhoch jauchzend« bis »zu Tode betrübt« durchziehen Goethes Leben wie ein roter Faden. Es ist bekannt, dass solche Veränderungen unabhängig von äußeren Anlässen vorkommen können. Äußere Ereignisse spielen die Rolle von Auslösern, die Ursachen sind aber woanders, zum Beispiel in biologischen Schwankungen, zu suchen. Bedeutsame und weniger bedeutsame Ereignisse werden dann fälschlicherweise herangezogen, um die affektiven Schwankungen zu erklären. Für Goethe würde das bedeuten, dass er in einer Hochstimmung eine Liebschaft suchte, die er in einer depressiven Schwankung wieder verlassen musste.

Eine zweite Vermutung über Goethes plötzlichen Rückzug von Friederike bezieht sich auf seine Angst vor verbindlichen Beziehungen. Diese könnte in seiner damals noch sehr starken Bindung an sein Elternhaus und seine Schwester sowie in einer sexuellen Unreife begründet sein. Goethe konnte über alle Geheimnisse des Eros kühn schwadronieren, schreckte jedoch vor einer wirklichen und sexuellen Begegnung mit einer Frau zurück.

Drittens könnte der schroffe Rückzug von Friederike im beginnenden Künstlertum Goethes begründet sein. Er mag gespürt haben, dass in dieser Zeit Rastlosigkeit und Einsamkeit Bedingungen seiner Schöpferkraft waren. Er musste möglicherweise eine tiefere Verzweiflung erleben und auskosten, um wirklich produktiv zu sein. Wichtige Hinweise gibt zu dieser Frage ein weiteres Gedicht aus der Straßburger Zeit:

Willkommen und Abschied

Es schlug mein Herz. Geschwind, zu Pferde!
Und fort, wild wie ein Held zur Schlacht.
Der Abend wiegte schon die Erde,
Und an den Bergen hing die Nacht.
Schon stund im Nebelkleid die Eiche,
Wie ein getürmter Riese da,
Wo Finsternis aus dem Gesträuche
Mit hundert schwarzen Augen sah.

Der Mond von einem Wolkenhügel
Sah schläfrig aus dem Duft hervor,
Die Winde schwangen leise Flügel,
Umsausten schauerlich mein Ohr.
Die Nacht schuf tausend Ungeheuer,
Doch tausendfacher war mein Mut,
Mein Geist war ein verzehrend Feuer,
Mein ganzes Herz zerfloß in Glut.

Ich sah dich, und die milde Freude
Floß aus dem süßen Blick auf mich.
Ganz war mein Herz an deiner Seite,
Und jeder Atemzug für dich.
Ein rosenfarbnes Frühlingswetter
Lag auf dem lieblichen Gesicht,
Und Zärtlichkeit für mich, ihr Götter,
Ich hofft' es, ich verdient' es nicht.

Der Abschied, wie bedrängt, wie trübe!
Aus deinen Blicken sprach dein Herz.
In deinen Küssen welche Liebe,
O welche Wonne, welcher Schmerz!
Du gingst, ich stund und sah zur Erden
Und sah dir nach mit nassem Blick.
Und doch, welch Glück, geliebt zu werden,
Und lieben, Götter, welch ein Glück!
　　　(HA 1, S. 27 f.)

Dieses Gedicht aus dem Jahre 1771 schildert zunächst den Weg zur Geliebten. Es beginnt mit der körperlichen Erregung, symbolisiert durch das schlagende Herz und einen aggressiven Aufbruch: »Und fort, wild wie ein Held zur Schlacht«. In der Fassung von 1789 ersetzt Goethe den zweiten Vers durch das wesentlich mildere »Es war getan fast eh gedacht«. Der heldische Schlachtruf hat ihm wohl nicht gefallen. Nach dem furiosen Auftakt macht sich eine stillere Stimmung bemerkbar, in der die Erde »gewiegt« wird. Dann erschreckt die Nacht mit bedrohlichen Phantasmen, die das poetische Selbst »mit hundert schwarzen Augen« verfolgen.

Der Mond ist nicht mehr die »Schwester von dem ersten Licht«, sondern sieht »schläfrig« aus und die Naturgewalten werden als feindlich erlebt. Die Winde sind »schauerlich« und die Nacht schafft »tausend Ungeheuer«. Am Ende der zweiten Strophe antwortet das poetische Selbst auf die Bedrohung durch die tausend Ungeheuer allerdings mit frischem und fröhlichem Mut und seine Erregung, das »Feuer« in seinen »Adern« und die »Glut« in seinem »Herzen«, übertönen seine Ängste.

In der dritten Strophe begrüßt ihn die Geliebte mit »milder Freude« und die Schrecknisse der Nacht weichen dem »rosenfarbnen Frühlingswetter« der Zärtlichkeit der Geliebten. Wovor flieht Goethe? Das poetische Selbst findet eine eindeutige, wenngleich, zumindest bei oberflächlicher Betrachtung, seltsame Antwort: »Aus deinen Blicken sprach dein Herz« und »In deinen Küssen welche Liebe«. Dies bedeutet, dass die aufkeimende Liebe als Bedrohung erlebt wird. Sie veranlasst das poetische Selbst wie den realen Goethe zur Flucht. Es ist jedoch eine Flucht als Triumph. Er nimmt die Liebe mit, fühlt sich inspiriert und gestärkt: »Und doch, welch Glück, geliebt zu werden, Und lieben, Götter, welch ein Glück!«

Das Gedicht illustriert erneut, wie Goethe mit leidvollen und auch beschämenden Erfahrungen umzugehen gelernt hat: Er verwandelt sie in den bereits beschriebenen poetischen Triumph. Dies mag als unsympathische und egoistische Lebensstrategie erscheinen. Deutlich wird jedoch, dass Goethes schnöde erscheinendes Verhalten für ihn der einzige Weg war, seine tiefreichenden Ängste zu bewältigen. Dies wird durch einen Traum verdeutlicht, der sich nach einem Tanzabend mit Friederike einstellte: »Ich sehe Lucinden, wie sie, nach dem heftigen Kusse, leidenschaftlich von mir zurücktritt, mit glühender Wange, mit funkelnden Augen jene Verwünschung ausspricht, wodurch nur ihre Schwester bedroht werden soll, und womit sie unwissend fremde Schuldlose bedroht. Ich sehe Friederiken gegen ihr über stehn, erstarrt von dem Anblick, bleich und die Folgen jener Verwünschung fühlend, von der sie nichts weiß. Ich finde mich in der Mitte, so wenig imstande die geistigen Wirkungen jenes Abenteuers abzulehnen, als jenen Unglück weissagenden Kuß zu vermeiden. Die zarte Gesundheit Friederikens schien den gedrohten Unfall zu beschleunigen, und nun kam mir ihre Liebe zu mir recht unselig vor; ich wünschte über alle Berge zu sein« (HA 9, S. 460 f.).

Am Morgen nach dem Traum wurde Goethe gepeinigt von einer fast abergläubischen Angst, Friederike durch seine erotische Annäherung schaden zu können. In diesen Aberglauben mischte sich jedoch auch ein erhebliches Maß an narzisstischer Selbstüberhöhung: »Was aber noch Schmerzlicheres für mich im Hintergrunde lag, will ich nicht verhehlen. Ein gewisser Dünkel unterhielt bei mir jenen Aberglauben: meine Lippen – geweiht oder verwünscht – kamen mir bedeutender vor als sonst, und mit nicht geringer Selbstgefälligkeit war ich mir meines enthaltsamen Betragens bewußt, indem ich mir manche unschuldige Freude versagte, teils um jenen magischen Vorzug zu bewahren, teils um ein harmloses Wesen nicht zu verletzen, wenn ich ihn aufgäbe. Nunmehr aber war alles verloren und unwiederbringlich; ich war in einen gemeinen Zustand zurückgekehrt, ich glaubte das liebste Wesen verletzt, ihr unwiederbringlich geschadet zu haben; und so war jene Verwünschung, anstatt dass ich sie hätte loswerden sollen, von meinen Lippen in mein Herz zurückgeschlagen [...] Der Anblick Friederikes, das Gefühl ihrer Liebe, die Heiterkeit der Umgebung, alles machte mir Vorwürfe, daß ich in der Mitte der glücklichsten Tage so traurige Nachtvögel bei mir beherbergen mögen; ich glaubte sie auf ewig verscheucht zu haben« (HA 9, S. 461).

Goethe hat Friederike tatsächlich nicht gut getan. Beim Abschied war sie sprachlos und verzweifelt. Bald darauf wurde sie körperlich krank. In einem Brief an Frau von Stein bekannte Goethe acht Jahre später: »Ich musste sie in einem Augenblick verlassen, wo es ihr fast das Leben kostete« (FA 29, S. 193). Noch lange Zeit nach der Trennung führte Friederike ein sehr zurückgezogenes Leben und blieb zeitlebens unverheiratet. Einer Schwester soll sie einmal gestanden haben, dass, wer von Goethe geliebt worden sei, keinen anderen lieben könne.

Es soll Goethe nicht entschuldigen, dass er die Trennung von Friederike zur Bewältigung seiner Ängste und für seine kreative Entwicklung benötigte. In den bisher betrachteten Gedichten wurde deutlich, dass er liebevolle Gefühle vorwiegend in Abwesenheit seiner Geliebten erlebte. Dann konnte er ihr Bild in seinem seelischen Binnenraum dichterisch neu erschaffen und seinen erotischen Sehnsüchten freien Lauf lassen. Aber dies ist möglicherweise ein Aspekt jeder Kunst, dass sie in der Abwesenheit die Anwesenheit erschafft. Und deswegen leiden die Partner von kreativen Menschen so häufig, möchten ihre Beziehungen aber dennoch nicht gegen einen stabilen Gleichmut eintauschen. Goethe war sich immerhin seiner Schuld bewusst: »Die Antwort Friederikens auf einen schriftlichen Abschied zerriß mir das Herz. Es war dieselbe Hand, derselbe Sinn, dasselbe Gefühl, die sich zu mir, die sich an mir herangebildet hatten. Ich fühlte nun erst den Verlust, den sie erlitt, und sah keine Möglichkeit ihn zu ersetzen, ja nur ihn zu lindern. Sie war mir ganz gegenwärtig; stets empfand ich, daß sie mir fehlte, und, was das Schlimmste war, ich konnte mir mein Unglück nicht verzeihen. Gretchen hatte man mir genommen, Annette mich verlassen, hier war ich zum ersten Mal schuldig; ich hatte das schönste Herz in seinem Tiefsten verwundet, und so war die Epoche einer düsteren Reue, bei dem Mangel einer gewohnten erquicklichen Liebe, höchst peinlich, ja unerträglich« (HA 9, S. 520).

Wenn wir zu unserer Frage zurückkehren, was den Umschwung in der Straßburger Zeit bewirkte, können wir Folgendes zusammenfassen: Alles deutet darauf hin, dass Goethe unter eigengesetzlichen Stimmungsschwankungen litt, die sich an äußere Ereignisse anhefteten. Wissenschaftliche Untersuchungen haben ergeben, dass solche Stimmungsschwankungen bei Dichtern dreimal so häufig sind wie bei der Durchschnittsbevölkerung (Andreasen, 2005). Weitere Studien zeigen, dass manche Dichter schwierige Beziehungen geradezu inszenieren und es hat den Anschein, als würden ihnen emotionale Turbulenzen Material und Energie für poetisches Schaffen verleihen (Runco u. Richards, 1996). Wir werden diese Aspekte weiter im Auge behalten.

Frankfurter Refugium 1771–1772 (Cornelia)

Hast mir gegossen
Ins früh welkende Herz
Doppeltes Leben [...]
(HA 1, S. 87)

Goethe war bei seiner Rückkehr aus Straßburg in besserer Verfassung als am Ende seiner Leipziger Studienzeit. Er befand sich aber immer noch in einem labilen Gleichgewicht und »in seinem Wesen zeigte sich doch etwas Überspanntes, welches nicht völlig auf geistige Gesundheit deutete« (HA 9, S. 503).

Am 28. August 1771, seinem 22. Geburtstag, beantragte er in Frankfurt die Zulassung als Rechtsanwalt. Juristische Streitigkeiten begeisterten ihn jedoch wenig und er war dankbar, dass er durch die Mitarbeit seines Vaters die Anwaltstätigkeit als Nebenbeschäftigung betreiben konnte. Stattdessen widmete er sich seiner künstlerischen Arbeit. Er las weiterhin sehr viel und begeisterte sich besonders für Shakespeare. Unterschwellig hielten ihn jedoch die Schuldgefühle gegenüber Friederike weiterhin gefangen und er griff auf sein mittlerweile bewährtes Therapeutikum zurück, die künstlerische Arbeit: »Aber zu der Zeit, als der Schmerz über Friederikens Lage mich beängstigte, suchte ich, nach meiner alten Art, abermals Hilfe bei der Dichtkunst. Ich setzte die hergebrachte poetische Beichte wieder fort, um durch diese selbstquälerische Büßung einer inneren Absolution würdig zu werden. Die beiden Marien in ›Götz von Berlichingen‹ und ›Clavigo‹ und die beiden schlechten Figuren, die ihre Liebhaber spielen, möchten wohl Resultate solcher reuigen Betrachtungen gewesen sein« (HA 9, S. 521 f.).

Etwas mehr als einen Monat nach seiner Zulassung als Anwalt begann Goethe unter dem wohlwollenden Drängen seiner Schwester das Schauspiel »Götz von Berlichingen« zu verfassen. In nur sechs Wochen schrieb er das historische Drama, nach mehrfacher Überarbeitung erschien es 1773 und wurde mit Begeisterung aufgenommen.

Das Stück spielt im Jahre 1517, kurz nachdem Luther die Reformation eingeläutet hatte. Götz von Berlichingen, eine historisch belegte Figur, ist bei Goethe ein Kämpfer für Recht und Freiheit. Er vertritt die Sache der Bedrängten und wehrt sich gegen die Einverleibung seines kleinen Herrschaftsgebiets in die Diözese von Bamberg. In seiner Ungebundenheit ist er allerdings zum Untergang bestimmt und kann die Zeichen der Zeit nicht richtig deuten. Er schließt sich gutgläubig der Bauernrevolte an, um Gewalt zu vermeiden. Dabei unterschätzt er jedoch die anarchische Gewalt des Mobs, die er nicht kontrollieren kann. Schuldig geworden, wird er seiner Würden beraubt und in sein Schloss verbannt.

Das Schauspiel enthält eine Fülle historischer, politischer, sozialer und juristischer Themen (s. z.B. Staiger, 1952 und Borchmeyer, 1999a). Es ist jedoch auch unter psychologischen Gesichtspunkten interessant. Da fällt zunächst neben der Titelfigur ein weiterer Protagonist ins Auge: Adelbert von Weislingen. Er ist wie Götz ein kaiserlicher Ritter und mit ihm seit seiner Kindheit befreundet. Durch seinen Eintritt in den Dienst des bischöflichen Hofs von Bamberg bricht er jedoch die Freundschaft. Er verliert dadurch seine Unabhängigkeit, gewinnt jedoch an politischem Einfluss. Er erhält den kaiserlichen Auftrag, Götz zur Ordnung zu rufen. Angestiftet zu diesem Treuebruch wird er durch Adelheid, einer Femme fatale am Bamberger Hof. Götz gelingt es zunächst, Weislingen zur ritterlichen Unabhängigkeit zurückzuführen, und er verlobt ihn mit seiner Schwester Marie. Adelheid entfremdet jedoch Weislingen von Marie und veranlasst ihn, sie selbst zu heiraten. Sie wird seiner jedoch bald überdrüssig, verführt einen von Götzens Ritterfreunden und einen von Weislingens Knappen. Letzteren bringt sie dazu, Weislingen schließlich zu vergiften.

In Gestalt und Schicksal des treulosen Weislingen verarbeitete Goethe seine eigene Treulosigkeit gegenüber Friederike Brion. Als er Salzmann bat, eine Kopie des publizierten Schauspiels nach Sesenheim zu schicken, kommentiert er, dass die »arme Friederike« etwas getröstet sein werde, wenn der »treulose Weislingen« vergiftet werde.

Götz repräsentiert die Standhaftigkeit angesichts der Versuchung opportunistischer Treulosigkeit, während Weislingen ihr nachgibt. Mit diesen Alternativen rang Goethe in vielfältigen Situationen. In »Dichtung und Wahrheit« gesteht er, dass die Weislingen-Geschichte so umfangreich wurde, weil er sich selbst beim Schreiben in Adelheid verliebte, obwohl sie die Inkarnation der Intrigantin darstellt. Boyle (1991) meint, dass Goethe anders als Götz und Weislingen im Verfassen des Schauspiels seine Identität bewahren konnte, weil er den Schlingen Adelheids als einer Karikatur von Friederike entkommen konnte. Für Boyle enthält »Götz von Berlichingen« zwei Dramen mit zwei Helden und zwei möglichen Rollen, mit denen sich Goethe konfrontiert sah: Retter von Deutschlands ältesten und besten Traditionen und wankelmütiger Gefühlsmensch, unfähig, seine Aufgabe zu erfüllen, und Verräter seiner Aufgaben, seiner Freunde und seiner selbst.

Im Dezember 1771 lernte Goethe den acht Jahre älteren Hofbeamten Johann Heinrich Merck kennen. Er sollte auf Goethes Leben einen noch größeren Einfluss ausüben als Herder. Merck unterstütze beispielsweise hartnäckig die Publikation des »Götz von Berlichingen«. Goethes Entscheidung, eine literarische Laufbahn statt der juristischen einzuschlagen, wurde von Merck sehr befördert. Merck selbst gab eine Zeitschrift heraus, in der Werke der zeitgenössischen Philosophie und Literatur besprochen wurden. Die »Frankfurter Gelehrten Anzeigen« entwickelten sich zum Forum des Sturm und Drang, »jene berühmte, berufene und verrufene Literaturepoche, in welcher eine Masse junger genialer Männer, mit aller Mutigkeit und aller Anmaßung, wie nur einer solchen Jahreszeit eigen sein mag, hervorbrachen, durch Anwendung ihrer Kräfte manche Freude, manches Gute, durch den Mißbrauch derselben manchen Verdruß und manches Übel stifteten« (HA 9, S. 520).

Häufig reiste Goethe zu Merck nach Darmstadt, wo sich ein Kreis von »Empfindsamen« gebildet hatte. Man unternahm gemeinsame Waldspaziergänge, es zirkulierten sentimentale Briefe und Goethe verfasste für die Damen Gedichte. Er scheute sich jedoch davor, eine nähere Verbindung einzugehen: »Mein Herz war ungerührt und unbeschäftigt: ich vermied gewissenhaft alles nähere Verhältnis zu Frauenzimmern, und so blieb mir verborgen, daß mich Unaufmerksamen und Unwissenden ein liebevoller Genius heimlich umschwebe. Eine zarte und liebenswürdige Frau hegte im stillen eine Neigung zu mir, die ich nicht gewahrte, und mich eben deswegen in ihrer wohltätigen Gesellschaft desto heiterer und anmutiger zeigte. Erst mehrere Jahre nachher, ja erst nach ihrem Tode, erfuhr ich das geheime himmlische Lieben, auf eine Weise, die mich erschüttern musste; aber ich war schuldlos und konnte ein schuldloses Wesen rein und redlich betrauern, und um so schöner, als die Entdeckung gerade in eine Epoche fiel, wo ich, ganz ohne Leidenschaft, mir und meinen geistigen Neigungen zu leben das Glück hatte« (HA 9, S. 521).

Wir sehen, wie viel Abstand Goethe in dieser Zeit noch brauchte und wie wichtig ihm das Moratorium, die Zeit des Wartens, war. Im elterlichen Hause fühlte er sich beschützt und auf seinen langen Wanderungen fand er zu sich selbst. Seine schwelenden Schuldgefühle setzte er in ein praktisches Interesse für seine Mitmenschen um: «Aber der Mensch will leben; daher nahm ich aufrichtigen Teil an andern, ich suchte ihre Verlegenheit zu entwirren, und, was sich trennen wollte, zu verbinden, damit es ihnen nicht ergehen möchte wie mir. Man pflegte mich daher den Vertrauten zu nennen« (HA 9, S. 520 f.).

Neben seiner künstlerischen Arbeit und dem lebendigen Interesse an menschlichen Begegnungen vergaß Goethe aber auch seine anderen Gesundheitsstrategien nicht, allen voran körperliche Aktivitäten. Im Frühjahr 1772 legte er weite Strecken von Frankfurt bis Darmstadt und Bad Homburg zu Fuß zurück. Er fühlte sich körperlich gesund und kraftvoll, zog sich aber von näheren Beziehungen weiterhin zurück und gefiel sich in der Rolle des einsamen Wanderers:

Pilgers Morgenlied

An Lila

Morgennebel, Lila,
Hüllen deinen Turn um.
Soll ich ihn zum
Letzten Mal nicht sehn!
Doch mir schweben
Tausend Bilder
Seliger Erinnerung
Heilig warm ums Herz.
Wie er so stand,
Zeuge meiner Wonne,
Als zum ersten Mal
Du dem Fremdling
Ängstlich liebevoll
Begegnetest
Und mit einem Mal
Ew'ge Flammen
In die Seel' ihm warfst! –
Zische, Nord,
Tausend-schlangenzüngig
Mir ums Haupt!

Beugen sollst du's nicht!
Beugen magst du
Kind'scher Zweige Haupt,
Von der Sonne
Muttergegenwart geschieden.

Allgegenwärt'ge Liebe,
Durchglühst mich!
Beutst dem Wetter die Stirn,
Gefahren die Brust!
Hast mir gegossen
Ins früh welkende Herz
Doppeltes Leben,
Freude, zu leben,
Und Mut!
(HA 1, S. 86 f.)

Das »Morgenlied« ist wieder einmal ein Abschiedsgedicht. Es ist auf dem Weg von Frankfurt nach Wetzlar, der über Bad Homburg führte, gedichtet. Der »Turn« ist der Turm des Schlosses, in dem Lila, eine seiner Freundinnen aus dem Kreis der Empfindsamen, lebte. Das poetische Selbst tröstet sich in seinem Abschiedsschmerz mit »Bildern seliger Erinnerung«. Die Erinnerungsbilder, die es ihm »heilig warm ums Herz« werden lassen, sind sein eigener Schatz und nicht mehr von einer Freundin abhängig, auch wenn sie ihm »liebevoll begegnete«. Die Freundin hat eher eine neue Zuversicht ausgelöst, »ew'ge Flammen«, die ihm in raueren Zeiten, wenn der »Nordwind zischt«, Standhaftigkeit verleihen. Das poetische Selbst fühlt sich bestärkt zu leben, auch wenn es »von der Sonne Muttergegenwart geschieden ist«.

In der zweiten Strophe spricht das poetische Selbst euphorisch von der »allgegenwärt'gen Liebe«. Es scheint sich von den Eltern, der Schwester und der gerade angesprochenen Freundin unabhängig zu machen und in einem größeren Ganzen Halt und Kohärenz zu finden. Der schwärmerische Ton scheint allerdings die »Gefahren der Brust« zu übertönen und die Verzagtheit des »früh welkenden Herzens«. Am eigenen Schopf zieht sich das poetische Selbst ins Leben: »Und Mut!« klingt wie eine Beschwörung angesichts der Leiden, die Goethe unmittelbar bevorstanden.

Leidenschaft und Entsagung: Wetzlar 1772 (Charlotte)

> *Wenn einst nach überstandenen Lebens Müh und Schmerzen,*
> *Das Glück dir Ruh und Wonnetage giebt,*
> *Vergiß nicht den, der – ach! Von ganzem Herzen,*
> *Dich, und mit dir geliebt.*
> (zit. n. Boyle, 1991, S. 133)

Im Mai 1772 traf Goethe in der freien Reichsstadt Wetzlar ein, wo er, einer Empfehlung des Vaters folgend, als Rechtspraktikant seine juristischen Kenntnisse vertiefen wollte. Das dortige Reichskammergericht war in einem desolaten Zustand. Man sprach von fast 20.000 unerledigten Verfahren und von Bestechungsfällen unter den Richtern. Goethe verspürte keine Neigung, sich näher auf die aussichtslose Arbeit einzulassen: »Da ich mir alle diese älteren und neueren Zustände möglichst vergegenwärtigt hatte, konnte ich mir von meinem Wetzlarschen Aufenthalt unmöglich viel Freude versprechen [...] das alles zusammen machte das traurigste Bild und konnte nicht anreizen, tiefer in ein Geschäft einzugehen, das, an sich selbst verwickelt, nun gar durch Untaten so verworren schien« (HA 9, S. 531).

Goethe machte sich lieber auf die Suche nach anregender Gesellschaft und fand Anschluss an einen »Orden des Übergangs«, den er jedoch nicht so recht ernst nehmen konnte. Die bald geknüpften persönlichen Freundschaften waren ihm dennoch wichtig und sollten ihn lange begleiten: »[...] und als ich daher meine Frankfurter und Darmstädter Umgebung vermisste, war es mir höchst lieb, Gottern gefunden zu haben, der sich mit aufrichtiger Neigung an mich schloß, und dem ich ein herzliches Wohlwollen erwiderte [...] Dadurch kam ich mit jenen in einige Berührung, die sich, jung und talentvoll, zusammenhielten, und nachher so viel und mannigfaltig wirkten [...] In einem solchen, sich immer mehr erweiternden deutschen Dichterkreise entwickelte sich zugleich, mit so mannigfaltigen poetischen Verdiensten, auch noch ein anderer Sinn, dem ich keinen ganz eigentlichen Namen zu geben wüsste. Man könnte ihn das Bedürfnis nach Unabhängigkeit nennen, welches immer im Frieden entspringt, und gerade da, wo man eigentlich nicht abhängig ist [...] Man will nichts über sich dulden: wir wollen nicht beengt sein, niemand soll beengt sein, und dies zarte ja kranke Gefühl erscheint in schönen Seelen unter der Form der Gerechtigkeit« (HA 9, S. 533 f.).

Goethe hatte, wie geschildert, zum Philosophieren und Diskutieren reichlich Gelegenheit und lernte neben dem Schriftsteller Gotter den Juristen und Schriftsteller Friedrich August von Goué und andere Kollegen kennen. Gelegentlich traf er auch den Legationssekretär Carl Wilhelm Jerusalem, der ihm schon in Leipzig begegnet war. Zwei Wochen nach seinem Eintrag in die Liste der Reichspraktikanten am 25. Mai 1772 erblickte er auf einem Ball die 18-jährige Charlotte Buff und lernte ihren Verlobten, den Gesandtschaftssekretär Johann Christian Kestner, kennen. Goethe fühlte sich von Lotte sogleich angezogen und besuchte sie schon am nächsten Tag in ihrem Haus, wo sie ihren elf Geschwistern die im Jahr zuvor verstorbene Mutter ersetzte.

Der Umstand, dass Lotte bereits verlobt war, schreckte Goethe in keiner Weise ab. Man gewinnt eher den Eindruck, dass die »Sehnsucht auf ein Unerreichbares« seine Leidenschaft nur anfeuerte. So konnte er sich auch mit Charlottes Verlobtem anfreunden. In der Sicherheit des »entfernten Geliebten« konnte er sich seinen Schwärmereien hingeben, ohne eine nähere Beziehung fürchten zu müssen: »Der neue Ankömmling, völlig frei von allen Banden, sorglos in der Gegenwart eines Mädchens, das, schon versagt, den gefälligsten Dienst nicht als Bewerbung auslegen und sich desto eher daran erfreuen konnte, ließ sich ruhig gehen, war aber bald dergestalt eingesponnen und gefesselt, und zugleich von dem jungen Paare so zutraulich und freundlich behandelt, daß er sich selbst nicht mehr kannte. So lebten sie, den herrlichen Sommer hin, eine echt deutsche Idylle, wozu das fruchtbare Land, die Prosa, und eine reine Neigung die Poesie hergab« (HA 9, S. 543).

Die Zuneigung zu Lotte und ihrem Verlobten beruhte auf Gegenseitigkeit. Trotz seiner Wertschätzung ärgerte sich Kestner jedoch bald über Goethe. Er schrieb Ende Juni 1772 in sein Tagebuch: »Nachher und wie ich meine Arbeit getan, geh' ich zu meinem Mädchen, ich finde den Dr. Goethe da [...] Er liebt sie, und ob er gleich ein Philosoph und mir gut ist, sieht er mich nicht gerne kommen, um mit meinem Mädchen vergnügt zu sein. Und ich, ob ich ihm gleich recht gut bin so sehe ich doch auch nicht gern, dass er bei meinem Mädchen allein bleiben und sie unterhalten soll« (HA 6, S. 517).

Die Situation wurde zunehmend peinlich und Goethe sah ein, dass aus einer Tändelei Leidenschaft geworden war, die keine Aussicht auf Erfüllung hatte. In diese Zeit fiel die Mitteilung, dass sein Freund Schlosser plane, Cornelia zu heiraten: »Schlosser entdeckte mir, daß er erst in ein freundschaftliches, dann in ein näheres Verhältnis zu meiner Schwester gekommen sei, und daß er sich nach einer baldigen Anstellung umsehe, um sich mit ihr zu verbinden. Diese Erklärung machte mich einigermaßen betroffen, ob ich sie gleich in meiner Schwester Briefen schon längst hätte finden können; aber wir gehen leicht über das hinweg, was die gute Meinung, die wir von uns selbst hegen, verletzen könnte, und ich bemerkte nun erst, daß ich wirklich auf meine Schwester eifersüchtig sei: eine Empfindung, die ich mir um so weniger verbarg, als seit meiner Rückkehr von Straßburg unser Verhältnis noch viel inniger geworden war [...] Ich mußte mich nun wohl darein ergeben, und meinem Freunde sein Glück gönnen, indem ich mir jedoch mit Selbstvertrauen zu sagen nicht unterließ, daß, wenn der Bruder nicht abwesend gewesen wäre, es mit dem Freunde so weit nicht hätte gedeihen können« (HA 10, S. 551 f.).

Goethe geriet in einen inneren Aufruhr angesichts der anstehenden Trennung von seiner Schwester und den fehlenden Perspektiven seiner Liebe zu Lotte. Es quälte ihn zunehmend, dass er von realen Liebesverhältnissen ausgeschlossen war. Kestner schrieb in sein Tagebuch, dass Goethe voll Unmut sei und seltsame Phantasien entwickeln würde. Nachdem ihm Lotte »gepredigt« habe, dass er auf nichts als Freundschaft hoffen dürfe, sei er »sehr nieder geschlagen« gewesen. Kestner dokumentiert ein Gespräch, das düstere Themen von Abschiednehmen und Tod umkreist: »Er, Lottchen und ich hatten ein merkwürdiges Gespräch von dem Zustand nach diesem Leben, vom Weggehen und Wiederkommen [...] Wir machten miteinander aus, wer zuerst von uns stürb, sollte, wenn er könnte, den Lebenden Nachricht von dem Zustande jenes Lebens geben. Goethe wurde ganz niedergeschlagen« (HA 6, S. 518).

Am Morgen nach diesem Gespräch floh Goethe Hals über Kopf aus Wetzlar und hinterließ Kestner am 10. September 1772 folgende Nachricht: »Er ist fort Kestner wenn Sie diesen Zettel kriegen, er ist fort. Geben Sie Lottchen innliegenden Zettel. Ich war sehr gefasst aber euer Gespräch hat mich aus einander gerissen. Ich kann Ihnen in dem

Augenblick nichts sagen als, leben Sie wohl. Wäre ich einen Augenblick länger bey euch geblieben, ich hätte nicht gehalten. Nun binn ich allein, und morgen geh ich. O mein armer Kopf« (FA 28, S. 259).

Ähnlich eruptiv schrieb Goethe am gleichen Tag an Lotte: »Ich binn nun allein, und darf weinen, ich lasse euch glücklich, und gehe nicht aus euern Herzen. Und sehe euch wieder, aber nicht morgen ist nimmer. Sagen sie meinen Buben er ist fort. Ich mag nicht weiter« (FA 28, S. 259).

Lotte las den Zettel mit Tränen in den Augen und äußerte, dass sie nach Goethes Abreise nur von ihm sprächen und nichts anderes tun könnten, als an ihn zu denken. Wie Friederike in Sesenheim verließ auch Goethe Lotte urplötzlich und hinterließ Ratlosigkeit und Trauer. Kestner spürte die innere Zerrissenheit Goethes und war erstaunt, »wie die Liebe so gar wunderliche Geschöpfe selbst aus den stärksten und sonst für sich selbständigen Menschen machen kann. Meistens dauerte er mich, und es entstanden bei mir innerlich Kämpfe, da ich auf der einen Seite dachte, ich möchte nicht imstande sein, Lottchen so glücklich zu machen als er, auf der andern aber den Gedanken nicht ausstehen konnte, sie zu verlieren« (HA 6, S. 519).

Hier lässt sich vermuten, dass eine Verbindung Goethes mit Lotte durchaus denkbar gewesen wäre und er deswegen so abrupt fliehen musste. Da er Lotte mit Kestner in einer guten Verbindung glaubte, hatte er kaum Schuldgefühle wegen seiner plötzlichen Abreise. Er widmete sich ganz seinem eigenen Leiden und ging wieder auf Wanderschaft:

Wandrers Sturmlied

Wen du nicht verlässest, Genius,
Nicht der Regen, nicht der Sturm
Haucht ihm Schauer übers Herz.
[...]
Weh! Weh! Innre Wärme,
Seelenwärme
[...]
Armes Herz –
Dort auf dem Hügel,
Himmlische Macht,
Nur so viel Glut,
Dort meine Hütte,
Dort hin zu waten.
     (HA 1, S. 33 ff.)

In tiefer Not ruft das poetische Selbst seinen Genius an, um es vor Einsamkeit und Verzweiflung zu retten. Goethe ist wieder einmal innerlich zerrissen und kann nur in der künstlerischen Arbeit zu sich kommen. Erst sehr viel später wird er eine gewisse innere Ausgeglichenheit finden. Die ersehnte »Hütte« war noch weit entfernt. Rückblickend schreibt er an seinen Freund Zelter: »Beseh' ich es recht genau, so ist es allein das Talent, das in mir steckt, was durch alle die Zustände durchhilft, die mir nicht gemäß sind und in die ich mich durch falsche Richtung, Zufall und Verschränkung verwickelt sehe« (HA 1, S. 476).

Goethe sehnte sich einerseits nach einer verbindlichen Beziehung und einem Zuhause. Andererseits musste er aus inneren Gründen auf seiner Lebensreise weiter gehen. Eine lange Wanderschaft stand ihm bevor und er konnte nur wie im Gedicht »Der Wandrer«, das Anfang 1772 entstanden ist, von einem glücklichen Ende träumen:

Der Wandrer

Gott segne dich, junge Frau,
Und den säugenden Knaben
An deiner Brust!
Laß mich an der Felsenwand hier
In des Ulmenbaums Schatten
Meine Bürde werfen,
Neben dir ausruhn.
[…]
Leb wohl! –
O leite meinen Gang
Natur, den Fremdlingsreisetritt,
Den über Gräber
Heiliger Vergangenheit
Ich wandle.
[…]
Und kehr' ich dann
Am Abend heim
Zur Hütte, vergoldet
Vom letzten Sonnenstrahl,
Laß mich empfangen solch ein Weib,
Den Knaben auf dem Arm.
    (HA 1, S. 36 ff.)

Bemerkenswert ist, dass der suchende und einsame Goethe nicht neidisch und bitter wurde. Seine Enttäuschungen bewirkten weder Anklagen noch Apathie. Die Beziehung zu Kestner blieb herzlich entsprechend der zu Beginn dieses Kapitels zitierten Widmung, dass er nicht den vergessen solle, der »von ganzem Herzen, Dich, und mit dir geliebt«.

Auch Kestner blieb trotz der Rivalität, die er Goethe gegenüber spürte, neidlos und großzügig. Im Herbst 1772 schrieb er nach seiner Abreise an einen Studienfreund, dass Goethe Genie und lebhafte Einbildungskraft besäße. Er sei ein Mensch von Charakter und liebe die Kinder. Kestner blieb dem Dichter geradezu zärtlich verbunden. Der briefliche Verkehr zwischen ihnen zeigt eine große Intimität und Goethe verspürte keinerlei Scheu, von Kestners Verlobter zu schwärmen. So lautet es Ende September 1772 in einem Brief an Kestner: »Lotte hat nicht von mir geträumt. Das nehm ich sehr übel, und will dass sie diese Nacht von mir träumen soll [...] Und – ob ich um sie gewesen binn mit Leib und Seel! Und von ihr geträumt habe Tag und Nacht [...] Gute Nacht. Das sagt ich auch eben an Lottes Schattenbild« (FA 28, S. 263).

Auf seinem Rückweg von Wetzlar nach Frankfurt besuchte Goethe das Ehepaar La Roche in Ehrenbreitstein, wo er auch wieder mit Merck zusammentraf. Sophie von La Roche stand dem Darmstädter Kreis der Empfindsamen nahe und hatte gerade einen Briefroman verfasst. In ihrer 16-jährigen Tochter Maximiliane fand Goethe sofort ein neues Objekt seiner Begierde und sein bedenklicher Gemütszustand beruhigte sich wieder. Später kommentierte er dies großzügig: »Es ist eine sehr angenehme Empfindung, wenn sich eine neue Leidenschaft in uns zu regen anfängt, ehe die alte noch ganz verklungen ist« (HA 9, S. 561).

Natürlich war auch Maximiliane anderweitig gebunden. Ihr Bräutigam hatte jedoch weniger Verständnis für Goethe als Kestner und verwies ihn entschlossen des Hauses. Goethe war am Boden zerstört und schrieb an Kestner, dass er im Wechselbad von Hoffnungen und Enttäuschungen mit Selbstmordgedanken spiele. Jahre später beschrieb er seine Melancholie und seinen Lebensüberdruss folgendermaßen: «Jener Ekel vor dem Leben hat seine physischen und seine sittlichen Ursachen, jene wollen wir dem Arzt, diese dem Moralisten zu erforschen überlassen [...] Nichts aber veranlaßt mehr diesen Überdruß, als die Wiederkehr der Liebe« (HA 9, S. 578). Im Schmerz über seine enttäuschte Leidenschaft traf Goethe im Herbst 1772 erneut in Frankfurt ein.

Frankfurter Geniezeit 1772–1775 (Lili)

> *Hier sitz' ich, forme Menschen*
> *Nach meinem Bilde,*
> *Ein Geschlecht, das mir gleich sei,*
> *Zu leiden, weinen [...]*
> *(HA 1, S. 46)*

Nach nur viermonatigem Aufenthalt in Wetzlar war Goethe nach Hause zurückgekehrt. Inmitten seiner Liebesenttäuschung und dem Mangel an beruflichen Aussichten begann die produktivste Zeit seines Lebens. Goethe ergriff Themen und Stoffe, die sein gesamtes dichterisches Werk prägen sollten, vom »Werther« bis zum »Faust«. Dabei schien ihn die Routinearbeit als Anwalt eher zu stabilisieren als zu stören: »In dem ich nun alles, was von Talent, Liebhaberei oder sonst irgendeiner Neigung in mir leben mochte, auszubilden, zu nähren und zu unterhalten suchte, verwendete ich eine gute Zeit des Tages, nach dem Wunsch meines Vaters, auf die Advokatur [...] und so war mir dieses Geschäft eine um so angenehmere Unterhaltung, als es mich dem Vater näher brachte, der, mit meinem Benehmen in diesem Punkte völlig zufrieden, allem übrigen, was ich trieb, gerne nachsah« (HA 9, S. 565).

Es gelang ihm erneut, neben der konzentrierten Arbeit das zweite Mittel gegen seine verzweifelten Stimmungen einzusetzen: verlässliche emotionale Bindungen. Auch wenn das Verhältnis zum Vater nicht ungetrübt war, konnten sich doch beide förderlich sein und die Hilfe des anderen akzeptieren. Auch die Mutter blieb angesichts der Turbulenzen ihres »Hätschelhans« heiter, gelassen und stabil. Cornelia war ihm eine vertraute Gesprächspartnerin, die ihn beständig zur Fortsetzung seiner Arbeit, beispielsweise am »Götz von Berlichingen«, animierte: »Ich hatte mich davon, so wie ich vorwärts ging, mit meiner Schwester umständlich unterhalten, die an solchen Dingen mit Geist und Gemüt teilnahm, und ich erneuerte die Unterhaltung so oft, ohne nur irgend zum Werke zu schreiten, daß sie zuletzt ungeduldig und wohlwollend dringend bat, mich nur nicht immer mit Worten in die Luft zu ergehn, sondern endlich einmal das, was mir so gegenwärtig wäre, auf das Papier festzubringen. Durch diesen Antrieb bestimmt, fing ich eines Morgens zu schreiben an, ohne daß ich einen Entwurf oder Plan vorher aufgesetzt hätte. Ich schrieb die ersten Szenen, und abends wurden sie Cornelien vorgelesen. Sie schenkte ihnen vielen Beifall, doch nur bedingt, indem sie zweifelte, daß ich so fortfahren würde, ja äußerte sogar einen entschiedenen Unglauben an meiner Beharrlichkeit. Dieses reizte mich nur umso mehr, ich fuhr den nächsten Tag fort, und so den dritten; die Hoffnung wuchs bei den täglichen Mitteilungen, auch mir ward alles von Schritt zu Schritt lebendiger« (HA 9, S. 570).

Goethes Mitteilungsbedürfnis war seiner Arbeit sehr zuträglich. Zustimmung inspirierte ihn und durch Kritik ließ er sich nicht entmutigen. Er genoss Mercks Anerkennung des Manuskripts vom »Götz von Berlichingen« und überging humorvoll den beißenden Spott Herders, der den »Götz« sogar mit Schmähgedichten bedachte.

Interessant ist auch Goethes Umgang mit der für Schriftsteller oft so quälenden Einsamkeit beim kreativen Schreiben: »Gewöhnt, am liebsten seine Zeit in Gesellschaft zuzubringen, verwandelte er auch das einsame Denken zur geselligen Unterhaltung, und zwar auf folgende Weise. Er pflegte nämlich, wenn er sich allein sah, irgend eine Person seiner Bekanntschaft im Geiste zu sich zu rufen. Er bat sie, nieder zu sitzen, ging an ihr auf und ab, blieb vor ihr stehen, und verhandelte mit ihr den Gegenstand, der ihm eben im Sinne lag« (HA 9, S. 576).

Während dieser Schaffensphase riss die Verbindung mit Lotte und ihrem Bräutigam nicht ab. Aus Frankfurt schrieb Goethe mitunter mehrmals in der Woche an Kestner, vor dem er keine Seelenregung zu verheimlichen schien. Nach wie vor schilderte er detailliert seine Empfindungen für Lotte: »Ich pflege viel von ihr zu erzählen da denn die Leute Lächlen und argwöhnen es mögte meine Geliebte seyn [...] Gestern Abend lieber Kestner unterhielt ich mich eine Stunde mit Lotten und euch in der Dämmerung darüber wards Nacht, ich wollte zur Tühr hinaustappen, und kam einen Schritt zuweit rechts, tappte Papier – es war Lottens Silhouette, es war doch eine angenehme Empfindung; ich gab ihr den besten Abend und ging« (FA 28, S. 274 ff.).

Im April 1773 schreibt Goethe: »Die Nacht fliesst nun in den Abend und der arme Goethe behilft sich wie immer [...] Also Herr Kestner und Madame Kestner Gute Nacht [...] Ich würde auch hier geschlossen haben wenn ich was bessers im Bett erwartete als meinen lieben Bruder (Schlaf). Sieh doch mein Bett da, so steril stehts wie ein Sandfeld [...] das weis ich aber, dass unser Herr Gott ein sehr kaltblütiger Mann seyn muss der euch die Lotte lässt« (FA 28, S. 299 f.).

Goethe trieb hier einerseits ein kokettes Spiel mit der Dreiecksbeziehung zu Charlotte und Kestner. Andererseits war es ihm bitterernst: Er litt unter seiner Einsamkeit und den Veränderungen in seiner Umgebung. Besonders die anstehende Heirat seiner Schwester, aber auch die Vermählung von Caroline Flachsland mit seinem Freund und Mentor Herder setzten ihm schwer zu. Er gestand Kestner seine Verzweiflung: »Meine arme Existenz starrt zum öden Fels. Diesen Sommer geht alles. Merck mit dem Hofe nach Berlin, sein Weib in die Schweiz, meine Schwester, die Flachsland, ihr, alles. Und ich binn allein. Wenn ich kein Weib nehme oder mich erhänge, so sagt ich habe das Leben recht lieb, oder was, das mir mehr Ehre macht, wenn ihr wollt« (FA 28, S. 303 f.).

Je einsamer er wurde, desto mehr klammerte er sich an die Beziehung zu Lotte und Kestner. Dies veränderte sich auch nicht, nachdem das Paar im Juni 1773 in das entfernte Hannover umgezogen war. Seine Briefe blieben intim, flehend und von einer schwärmerischen Erotik: »Heute Nacht hat mirs von Lotten wunderlich geträumt. Ich führte sie am Arm durch die Allee, und alle Leute blieben stehn und sahn sie an [...] Und sah mich an mit den Augen, ihr wisst ia wies ist wenn sie einen ansieht [...] O Lotte sagt ich zu ihr, Lotte dass sie nur nicht erfahren, dass du eines anderen Frau bist« (FA 28, S. 309 f.).

Erneut drängt sich der Eindruck auf, dass Goethe sich seinen erotischen Wünschen in Träumen und Schwärmereien besser hingeben konnte als in der Realität. Wichtiger erscheint jedoch, dass die »entfernten Geliebten« wesentliche Momente von Goethes Schaffenskraft darstellten. Der gerade zitierte Brief an Kestner, der die Zusendung der ersten Buchausgabe des »Götz von Berlichingen« begleitete, fährt folgendermaßen fort: »Und so träum ich denn und gängle durchs Leben, führe garstige Prozesse schreibe Dramata, und Romanen und dergleichen. Zeichne und poussire und treibe es so geschwind es gehen will. Und ihr seyd geseegnet wie der Mann der den Herrn fürchtet. Von mir sagen die Leute der Fluch Cains läge auf mir. Keinen Bruder hab ich erschlagen! Und ich dencke die Leute sind Narren. Da hast du lieber Kestner ein Stück Arbeit das lies deinem Weiblein vor« (FA 28, S. 310).

Seine Werke wurden zu Goethes bevorzugten Mitteln, mit geliebten Menschen in Verbindung zu bleiben. Im Juli 1773 teilt er Kestner mit: »Ich binn recht fleissig und wenns glück gut ist kriegt ihr bald wieder was, auf eine andre Manier. Ich wollt Lotte wäre nicht gleichgültig gegen mein Drama [...] Heut vorm Jahr wars doch anders, ich wollt schwören in dieser Stunde vorm Jahr sass ich bey Lotten. Ich bearbeite meine Situation zum Schauspiel zum Trutz Gottes und der Menschen« (FA 28, S. 314).

Mit dem Schauspiel ist »Prometheus« gemeint, in dem Goethe sich mit seinem Schöpfertum auseinandersetzte. In der mythologischen Gestalt des Prometheus fand er ein Sinnbild für den gegen das Schicksal und die Götter aufbegehrenden, sich selbst erschaffenden Menschen. In seiner 1774 entstandenen Hymne »Prometheus« klagt die Titelfigur die Götter wegen ihrer Unfähigkeit an, menschliches Leid zu mildern, und setzt sich selbst als kreatives Subjekt an die Stelle Gottes:

Prometheus

[...]
Ich dich ehren? Wofür?
Hast du die Schmerzen gelindert
Je des Beladenen?
Hast du die Tränen gestillet
Je des Geängsteten?
Hat nicht mich zum Manne geschmiedet
Die allmächtige Zeit
Und das ewige Schicksal,
Meine Herrn und deine?

Wähntest du etwa,
Ich sollte das Leben hassen,
In Wüsten fliehen,
Weil nicht alle Knabenmorgen-
Blütenträume reiften?

Hier sitz' ich, forme Menschen
Nach meinem Bilde,
Ein Geschlecht, das mir gleich sei,
Zu leiden, weinen,
Genießen und zu freuen sich,
Und dein nicht zu achten,
Wie ich.
        (HA 1, S. 45 f.)

Es ist unverkennbar, dass das poetische Selbst von Goethes eigenen Erfahrungen spricht. Es kennt die »Schmerzen des Beladenen«, die »Tränen des Geängsteten« und ist durch furchterregende Erlebnisse gegangen, die ihn »zum Manne geschmiedet« haben. Es hat Abstand genommen von den »Blütenträumen« des Knaben und bringt den Mut auf, Menschen und sich selbst zu erschaffen, »zu leiden, zu weinen, genießen und zu freuen sich« und sein Leben selbst in die Hand zu nehmen. Der aktive Mensch wird zum wahren Schöpfer, der Gott nicht mehr benötigt.

Wenn wir an die ängstlich verzagten Seiten Goethes denken, ist dies ein großer Schritt. Es klingt wie ein poetischer Protest, denn in der Wirklichkeit war sein Befinden schwankend. Der Abschied von seiner Schwester Cornelia stand bevor und er sah der endgültigen Trennung im Herbst 1773 mit bösen Vorahnungen entgegen. Dabei strebte in dieser Zeit seine Schaffenskraft einem Höhepunkt zu und der Erfolg des »Götz von Berlichingen« spornte ihn zu verstärkter Arbeit an. Deswegen konnte er die Entwicklung der geliebten Frauen auch neidlos betrachten. Lotte wurde im Oktober 1773 schwanger und auch die Ehe von Cornelia schien glücklich zu werden: »Meine Schwester ist brav. Sie lernt leben! und nur bey verwickelten misslichen Fällen erkennt der Mensch was in ihm steckt. Es geht ihr wohl und Schl(osser) ist der beste Ehemann wie er der zärtlichste und unverrückteste Liebhaber war« (FA 28, S. 341).

Goethe war in dieser Zeit höchst produktiv. Er beschäftigte sich auch weiterhin mit religiösen Fragen und die Lehre Mohammeds weckte sein Interesse. Er schrieb das umfangreiche Gedicht »Mahomets Gesang« und das Fragment gebliebene Drama »Mahomet«. In Gesprächen und kurzen Reisen mit gebildeten Männern erweiterte er seinen politischen, kulturellen und wissenschaftlichen Horizont. Von großer Bedeutung wurde die Begegnung mit dem Theologen, Philosophen und Schriftsteller Johann Kaspar Lavater, den Goethe auf dessen Reisen begleitete und in Zürich besuchte.

Doch trotz all dieser Aktivitäten braute sich etwas in ihm zusammen. Schon Anfang November 1772 hatte Goethe die Nachricht über den Selbstmord des 25-jährigen Legationssekretärs Jerusalem in Wetzlar erhalten. Er war aber so beschäftigt oder die unbewusste Bearbeitung des Selbsttötungsthemas dauerte so lange, dass er erst im Februar 1774 dazu kam, das ganze Ausmaß seiner eigenen Erschütterung bewusst wahrzunehmen. Die lange schwelenden Wunden brachen auf und seine Einsamkeit erschien ihm immer aussichtsloser. Er fand Ähnlichkeiten mit Jerusalem, der sich aus unglücklicher Liebe zu der Ehefrau eines Freundes erschossen hatte.

Im Februar 1774 schrieb Goethe den Briefroman »Die Leiden des jungen Werthers« innerhalb von vier Wochen nieder. Er fühlte sich damals »äußerlich völlig isoliert« und habe den »Werther« »ziemlich unbewusst, einem Nachtwandler ähnlich« (HA 9, S. 587) verfasst. Mit seinem Briefroman bewältigte er nicht nur seine Verstimmungen und Selbsttötungsideen, sondern auch die Trennung von Cornelia, die unerfüllte Liebe zu Lotte und die Zurückweisung durch Maximiliane. Sein Selbst war unabhängiger geworden und hatte einen Halt in einer vormals chaotischen Welt der Empfindungen gefunden: »[...] denn ich hatte mich durch diese Komposition, mehr als durch jede andere aus einem stürmischen Elemente gerettet [...] Ich fühlte mich wie nach einer Generalbeichte, wieder froh und frei, und zu einem neuen Leben berechtigt« (HA 9, S. 588).

Goethe erlebte sich dem Tod entronnen und wie neu geboren. Auch spätere Werke, allen voran den »Faust«, sollte er wie Geburten unter Todesbedrohungen erleben. Boyle (1991) vermutet, dass Werther nicht nur ein Spiegelbild Goethes darstellt, sondern auch ein Schattenriss des früh verstorbenen Bruders Hermann Jakob. Möglicherweise klingt auch eine unbewusste Beschäftigung mit Cornelias Schwangerschaft und den damit einhergehenden Todesängsten an. Noch weiter zurückgehend könnte man auch daran denken, dass in Goethes Schöpfung das Geburtserlebnis nachklingt. Auf alle Fälle konnte er sich mit dem »Werther« von Lotte einerseits trennen und andererseits auf einer künstlerischen Ebene für ewig zusammenbleiben. Er schreibt an Lotte im Juni 1774: »Adieu, liebe Lotte, ich schick euch ehstens einen Freund der viel ähnliches mit mir hat, und hoffe ihr sollt ihn gut aufnehmen, er heißt Werther« (FA 28, S. 371).

Lotte und Kestner fanden in der Person des Werther Goethes Charakter und Denkungsart angemessen porträtiert. Sich selbst erachteten sie aber einerseits zu leicht erkennbar dargestellt und waren andererseits über manche Entstellungen erzürnt. Vom breiteren Publikum wurde der Briefroman jedoch mit Begeisterung aufgenommen. Bereits ein Jahr später erschien eine französische Übersetzung und 1779 die erste Übertragung ins Englische. Es gab aber auch ablehnende, ja bestürzte Reaktionen: »Einem jeden Christen [...] muß notwendig das Herz bluten, wenn er ›Die Leiden des jungen Werthers‹ lieset [...] Man bedenke um Gottes Willen, wie viele unsrer Jünglinge mit Werthern in gleiche Umstände geraten können« (HA 6, S. 531).

Viele hielten »Werthers Leiden« für ein gefährliches Buch, das seine Leser in den Selbstmord treiben könne. Man führte mehrere Selbsttötungsfälle auf die Lektüre des »Werther« zurück. Deswegen sah sich Goethe genötigt, der zweiten Auflage 1775 dem ersten und zweiten Buch des Briefromans folgende Verse als Motto beizufügen:

Jeder Jüngling sehnt sich, so zu lieben
Jedes Mädchen, so geliebt zu sein.
Ach, der heiligste von unsern Trieben,
Warum quillt aus ihm die grimme Pein?

Du beweinst, du liebst ihn, liebe Seele,
Rettest sein Gedächtnis von der Schmach;
Sieh, dir winkt sein Geist aus seiner Höhle;
Sei ein Mann und folge mir nicht nach.
    (HA 6, S. 532)

Goethe, der im »Werther« sein leidendes Selbst zur Sprache bringt, sah sich gezwungen, andere vor den Gefahren zu warnen, wenn sie sich mit Selbstmordgedanken beschäftigen. Er selbst fand sich durch den »Werther« den »Wellen des Todes entkommen«. Jahre später schrieb er in einem Brief an Zelter, nachdem dessen Stiefsohn Selbstmord begangen hatte: »Wenn das ›taedium vitae‹ den Menschen ergreift, so ist er nur zu bedauern, nicht zu schelten. Daß alle Symptome dieser wunderlichen, so natürlichen als auch unnatürlichen Krankheit auch einmal mein Innerstes durchrast haben, daran läßt ›Werther‹ wohl niemand zweifeln. Ich weiß recht gut, was es mich für Entschlüsse und Anstrengungen kostete, damals den Wellen des Todes zu entkommen, so wie ich mich aus manchem späteren Schiffbruch auch mühsam rettete und mühselig erholte« (HA 6, S. 539).

Goethe reflektierte Depression und Selbstmord unter vielfältigen Aspekten. Er betrachtete depressive Verstimmungen in seiner Autobiographie »Dichtung und Wahrheit« als Ausdruck einer Krankheit, die durch sozialen Rückzug und Einsamkeit bedingt sei: »denn jeder Unmut ist eine Geburt, ein Zögling der Einsamkeit; wer sich ihm ergibt, flieht allen Widerspruch, und was widerspricht ihm mehr als jede heitere Gesellschaft? Der Lebensgenuß anderer ist ihm ein peinlicher

Vorwurf« (HA 9, S. 577). Goethe kommt zur Einsicht, dass man am besten mit einem natürlich geregelten und geselligen Lebensrhythmus Depressionen vorbeugen könne: »Alles Behagen am Leben ist auf eine regelmäßige Wiederkehr der äußeren Dinge gegründet. Der Wechsel von Tag und Nacht, der Blüten und Früchte, und was uns sonst von Epoche zu Epoche entgegentritt, damit wir es genießen können und sollen, diese sind die eigentlichen Triebfedern des irdischen Lebens. Je offener wir für diese Genüsse sind, desto glücklicher fühlen wir uns; wälzt sich aber die Verschiedenheit dieser Erscheinungen vor uns auf und nieder, ohne daß wir daran teilnehmen, sind wir gegen so holde Anerbietungen unempfänglich: dann tritt das größte Übel, die schwerste Krankheit ein, man betrachtet das Leben als ekelhafte Last« (HA 9, S. 578 f.).

Diese wahrscheinlich in pädagogischer Absicht verfassten Zeilen verharmlosen seine eigenen künstlerischen Konflikte, denn sein Schicksal glich dem vieler Dichter, die erst in Einsamkeit und Verzweiflung die »himmlischen Mächte« der Kreativität erfuhren.

Neben biologischen, psychologischen Ursachen und dem Rückzug vor Natur und Gesellschaft beschreibt Goethe noch zwei weitere Ursachen der Depression, nämlich Passivität und zu hoch gesteckte Erwartungen: »Wir haben es hier mit solchen zu tun, denen eigentlich aus Mangel von Taten, in dem friedlichsten Zustande von der Welt, durch übertriebene Forderungen an sich selbst das Leben verleidet« (HA 9, S. 583).

Die »Leiden des jungen Werthers« bringen natürlich auch allgemeinere Probleme zur Sprache wie die Auseinandersetzung mit der damals grassierenden »Empfindsamkeitskrankheit«, die Goethe für eine melancholische Zeitströmung hielt. So traf der »Werther« auf eine junge Generation, die »von unbefriedigten Leidenschaften gepeinigt, von außen zu bedeutenden Handlungen keineswegs angeregt [...] in einem schleppenden, geistlosen bürgerlichen Leben« (HA 9, S. 582) erlahmte.

Viele identifizierten sich mit Werther und es entstand ein Kult, der zum Weltruhm des Romans beitrug. Aber auch Goethe selbst blieb lange mit seiner Werther-Gestalt verbunden. Er bearbeitete das Werk immer wieder und schrieb beispielsweise acht Jahre nach der Erstveröffentlichung des Romans: »Meinen ›Werther‹ hab ich durchgegangen und lasse ihn wieder in's Manuskript schreiben; er kehrt in seiner Mutter Leib zurück; Du sollst ihn nach seiner Wiedergeburt sehen« (HA 6, S. 534).

Weitere sechs Jahre später heißt es in einem Brief an Frau von Stein im Juni 1786: »Ich korrigiere am ›Werther‹ und finde immer, daß der Verfasser übel getan hat, sich nicht nach geendigter Schrift zu erschießen« (HA 6, S. 534).

Fünfzig Jahre nach der Niederschrift des »Werther« erinnerte sich Goethe 1824 in einem Gespräch mit Eckermann an sein Alter Ego: »Das ist auch so ein Geschöpf, das ich gleich dem Pelikan mit dem Blute meines eigenen Herzens gefüttert habe [...] Es sind lauter Brandraketen! Es wird mir unheimlich dabei, und ich fürchte, den pathologischen Zustand wieder durchzuempfinden, aus dem es hervorging« (HA 6, S. 540). Es ist beeindruckend, wie nahe sich Goethe noch im hohen Alter seinem »Werther« fühlte, sodass er ihm und sich selbst noch in der »Trilogie der Leidenschaften« ein Denkmal setzte.

»Die Leiden des jungen Werthers« hätten nicht diese epochale Bedeutung erreicht, wenn sie nur Ausfluss der unerhörten Liebe eines jungen Mannes zu einer unerreichbaren Geliebten gewesen wären. Wie schon angedeutet, lässt der »Werther« eine Vielzahl von Themen anklingen. Da sind zunächst religiöse Fragen zu nennen. Goethe setzt sich zum Beispiel mit seiner eigenen religiösen Verzweiflung auseinander: »Ist es da nicht die Stimme der ganz in sich gedrängten, sich selbst ermangelnden und unaufhaltsam hinabstürzenden Kreatur, in den innern Tiefen ihrer vergebens aufarbeitenden Kräfte zu knirschen: ›Mein Gott! Mein Gott! warum hast du mich verlassen?‹« (HA 6, S. 86).

Goethe hatte in der Zeit des »Werther« die Offenbarung schon lange nicht mehr in der kirchlichen Religion, sondern in der Natur und im menschlichen Schöpfertum gesucht. Beide Sphären erschienen ihm heilig, das Göttliche offenbarte sich Goethe in Natur und Kunst. Aus beiden Bereichen sog er die Nahrung, die er zum Leben brauchte. Er konnte sich durch die Versenkung in Natur und Kunst als Teil einer größeren kosmischen Bewegung begreifen. Die Religion allein konnte ihn nicht tragen. Werther hatte gleich Goethe als Knabe und Jüngling Religionsunterricht erhalten. Er verwendet in seiner Sprache häufig Bilder und Redewendungen aus der Bibel, auch nachdem er sich von der Kirche entfernt hat. Er kann und will aber nicht beten und bleibt deswegen mit seiner Verzweiflung allein: »Ich ehre die Religion, das weißt du, ich fühle, daß sie manchem Ermatteten Stab, manchem Verschmachtenden Erquickung ist. Nur – kann sie denn, muß sie denn das einem jeden sein?« (HA 6, S. 85 f.).

Werther hat sich trotz der vielfältigen Anklänge an die Bibel von kirchlichen Bindungen losgesagt. Auch Goethe hatte sich von der Vorstellungswelt des orthodoxen Protestantismus weit entfernt und konnte nur in der Natur und im menschlichen Schöpfertum etwas Heiliges erkennen. Im »Werther« ist die Ekstase entgrenzender erotischer Hingabe der einzige Weg, religiöse Dimensionen zu erleben: »Ein großes dämmerndes Ganze ruht vor unserer Seele, unsere Empfindung verschwimmt darin wie unser Auge, und wir sehnen uns, ach! unser ganzes Wesen hinzugeben, uns mit aller Wonne eines einzigen, großen, herrlichen Gefühls ausfüllen zu lassen« (HA 6, S. 29).

Im hohen Alter wird Goethe dieses Aufgehen in einem größeren Ganzen nicht mehr als ekstatisch und dranghaft erleben, sondern mit einer heiteren Gelassenheit. In dem Gedicht »Eins und Alles« wird es heißen:

Im Grenzenlosen sich zu finden,
Wird gern der Einzelne verschwinden [...]
(HA 1, S. 368)

Die Überschreitung der Grenzen des eigenen Selbst ist für Goethe und Werther in der kirchlich ausgeformten Religion nicht möglich. Nur in der liebenden Beziehung kann sich die religiöse Sehnsucht materialisieren: »Ich habe kein Gebet mehr als an sie« (HA 6, S. 54).

Aber Lotte gehört einem anderen und somit ist der einzige Weg zum »Alliebenden«, Grenzenlosen und Absoluten versperrt. Der Tod erscheint als einziger Weg zur Freiheit. Nach dem Thema des Mysteriums von Liebe und Religion wird die Verbindung von Liebe und Tod zum Grundmotiv des Romans. In beiden Bereichen entgrenzt sich das Ich. Später wird Goethe dann in seinem Gedicht »Selige Sehnsucht« einen gelungenen Weg dieser Entgrenzung aufzeigen: Die irdische Vereinigung wird hier zur Vision einer liebenden Verschmelzung mit der als göttlich erlebten Natur.

Aus psychologischer Sicht gibt Goethe in seinem »Werther« wie im »Prometheus« einer narzisstischen Größenidee Ausdruck. Er betrachtet sich als selbstgeschaffenes Subjekt, das stolz über seine Existenz verfügt und in seiner schrankenlosen Freiheit auch das Recht hat, sich das Leben zu nehmen. Er ist etwas Besonderes, darf alle alltäglichen Verbindungen narzisstisch ablehnen: »[...] dies Herz, das doch mein einziger Stolz ist, das ganz allein die Quelle von allem ist, aller Kraft, aller Seligkeit und alles Elendes. Ach, was ich weiß, kann jeder wissen – mein Herz habe ich allein« (HA 6, S. 74).

Damit triumphiert das Selbst über Bindungen, Schuld und Scham. Aus der therapeutischen Erfahrung ist bekannt, dass jugendliche Selbstmörder nicht tatsächlich sterben wollen, sondern die eigene Großartigkeit von Bindungsängsten sowie von Scham- und Schuldgefühlen befreien wollen. Man spricht vom narzisstischen Suizid. Dieser ist aber nicht so selbstbezüglich, wie er auf den ersten Blick erscheint. In diesem Akt sind zumeist Anklagen an die Anderen, an die schlechte Welt, die verständnislosen Eltern und die versagenden Geliebten verborgen. Letztlich stellt die Verabsolutierung der eigenen Empfindung auch eine Entwertung des irdischen Lebens mit all seinen Sorgen und Mühen dar.

Das Krankhafte an Werthers Ekstase steigert sich im Roman kontinuierlich, weswegen sich Werthers Freunde – Wilhelm, Albert und Lotte – nicht entwertet und verärgert fühlen, sondern Mitleid und Sorge empfinden. Auch der Leser blickt mit verstehenden und besorgten Augen auf die Entwicklung Werthers. Er kann die Entwicklung zum Selbstmord von Beginn an begleiten. Das Selbstmord-Motiv klingt schon am Anfang des Briefromans an, als Werther von Lotte noch gar nichts weiß. Es folgt aus der Begrenztheit der menschlichen Natur und religiösen Entbergung. Erst später verknüpft es sich mit der Liebesverzweiflung. Letztlich mündet das Selbstmord-Motiv in die Idee einer grandiosen allumfassenden Freiheit. Diese grandiose Idee ist aber fatal: Sie rettet das narzisstische Ich mit dem Preis des Todes. Letztlich ist der narzisstische Suizid eine Kapitulation vor den beschränkten menschlichen Möglichkeiten: »Was ist der Mensch, der gepriesene Halbgott! Ermangeln ihm nicht eben da die Kräfte, wo er sie am nötigsten braucht? Und wenn er in Freude sich aufschwingt oder im Leiden versinkt, wird er nicht eben da aufgehalten, eben da zu dem stumpfen, kalten Bewusstsein wieder zurückgebracht, da er sich in der Fülle des Unendlichen zu verlieren sehnte?« (HA 6, S. 92).

Goethe bewältigte seine Konflikte mit alltäglichen Begrenzungen, Liebesenttäuschungen und seinem persönlichen Narzissmus durch die Verfassung des Briefromans »Die Leiden des jungen Werthers« zumindest vorübergehend. Er schuf einen tragisch endenden Roman, der durch seinen Rhythmus, Klang und Bilderreichtum das Publikum überwältigte. So schrieb beispielsweise die Ordensfrau Auguste von Stolberg an Goethe kurz nach Erscheinen des »Werther«: »Ich weiß meinen ›Werther‹ bald auswendig. O, es ist doch ein gar zu göttliches Buch! Und doch geht es mir oft, wie es ihnen geht: ich wollte, dass es nicht gedruckt wäre; ich denke immer, es ist zu gut für diese Welt« (HA 6, S. 530).

Es gab, wie bereits erwähnt, aber auch kritische Stimmen, besonders aus kirchlichen Kreisen. Die Kleriker Homius, Balle und Jansen verlangten nach einer Zensur des Werks und hielten fest, »daß dieser Roman als eine Schrift bezeichnet werden muß, die die Religion bespottet, die Laster beschönigt und das Herz und die guten Sitten verderben kann, und zwar ist dieselbe umso gefährlicher für unschuldige und nicht genügend befestigte Menschen, da der Verfasser sich genug Mühe gegeben hat alles in einem schönen Stil und einem blühenden Vortrag vorzulegen« (nach einem maschinenschriftlichen Blatt im Lotte-Haus, Wetzlar).

Besonders die emphatische Verklärung der Selbsttötung wurde als Sakrileg angesehen. Aber auch das romantisierende Spiel mit dem Ehebruch war anstößig. Die Kritiker konnten den Erfolg des »Werther« jedoch nicht gefährden. Goethe genoss seine plötzliche Berühmtheit und sah sich zu weiteren Dichtungen ermutigt. Er wurde jetzt von einem größeren Publikum dafür belohnt, dass er seine Kränkungen und Enttäuschungen nicht verdrängt, sondern durch mühevolle innere Arbeit bewältigt hatte. Goethe war als Persönlichkeit gewachsen und vom jugendlichen Schwärmer zum erwachsenen Mann gereift. Ein schöner Ausdruck dieser Reifung findet sich in dem Lied »Der König von Thule«, das 1774 entstand, und im »Urfaust« von Gretchen gesungen wird:

> Es war ein König in Thule,
> Einen goldnen Becher er hätt
> Empfangen von seiner Buhle
> Auf ihrem Todesbett.

Der Becher war ihm lieber,
Trank draus bei jedem Schmaus;
Die Augen gingen ihm über,
So oft er trank daraus.

Und als er kam zu sterben,
Zählt' er seine Städt und Reich,
Gönnt alles seinen Erben,
Den Becher nicht zugleich.

Er saß beim Königsmahle,
Die Ritter um ihn her,
Auf hohem Vätersaale
Dort auf dem Schloß am Meer.

Dort stand der alte Zecher,
Trank letzte Lebensglut
Und warf den heil'gen Becher
Hinunter in die Flut.

Er sah ihn stürzen, trinken
Und sinken tief ins Meer,
Die Augen täten ihm sinken,
Trank nie einen Tropfen mehr.
(HA 3, S 390 f.)

Hier spricht kein exaltierter, narzisstischer junger Dichter, dem die Welt zu Füßen liegt. In berückenden Molltönen werden Treue und Sehnsucht eines alten und einsamen Mannes beschrieben. Goethe wählt mit Thule ein legendäres nördliches Reich, um Abschied und Sterben bildhaft darzustellen. Der König erhält den Becher von seiner sterbenden Geliebten, als Symbol der Liebe und Treue. »Trank draus bei jedem Schmaus« – das heißt, er ist in seinem Herzen mit der Geliebten ständig schmerzlich vereint. Er »gönnt alles seinen Erben«, alle seine irdischen Reichtümer, doch die Erinnerung an seine Geliebte bleibt ganz in ihm und seinem Becher eingeschlossen. Mit ihr trinkt er die »letzte Lebensglut« und beide »sinken tief ins Meer«. Hermann Hefele charakterisiert das Gedicht als »eines der größten und tiefsten Gedichte der Menschheit, und in der Reihe der Goetheschen Schöpfungen zugleich ein Muster für die vollendete Reife künstlerischer Absicht und dichterischer Technik, zu der der damals Vierundzwanzigjährige sich aufgeschwungen hatte. Wie ist hier das Goethesche Urerlebnis der Treue, besser gesagt der Dauer, erlebt im Symbol von Weib und Wein, den beiden Steigerungsmöglichkeiten individualen

Lebens, verschmolzen mit der untragischen, antik-klassischen Tiefe des Todesgedankens, Bild geworden in dieser schlichten Zeichnung von konkreter Anschaulichkeit« (HA 1, S. 511 f.).

Seine poetische Arbeit war für Goethe aber nicht nur in melancholischen Stimmungen, sondern auch in seinen Hochgefühlen wichtig, um bei sich zu bleiben und den Boden nicht unter den Füßen zu verlieren. Er war mitunter so überschwänglich, dass es ihn selbst beunruhigte. Er konnte sich vom »Morgenrot« ähnlich »umfangen, umfangend« erleben wie der schöne Königssohn Ganymed:

Ganymed

Wie im Morgengrot
Du rings mich anglühst,
Frühling, Geliebter!
Mit tausendfacher Liebeswonne
Sich an mein Herz drängt
Deiner ewigen Wärme
Heilig Gefühl,
Unendliche Schöne!

Daß ich dich fassen möcht'
In diesen Arm!

Ach, an deinem Busen
Lieg' ich, schmachte,
Und deine Blumen, dein Gras
Drängen sich an mein Herz.
Du kühlst den brennenden
Durst meines Busens,
Lieblicher Morgenwind,
Ruft drein die Nachtigall
Liebend nach mir aus dem Nebeltal.

Ich komme! Ich komme!
Wohin? Ach, wohin?

Hinauf, hinauf strebt's,
Es schweben die Wolken
Abwärts, die Wolken
Neigen sich der sehnenden Liebe,
Mir, Mir!
In euerm Schoße
Aufwärts,
Umfangend umfangen!
Aufwärts

An deinen Busen,
Alliebender Vater!
(HA 1, S. 46 f.)

In diesem wahrscheinlich im Frühjahr 1774 entstandenen Gedicht
spricht das lyrische Ich in gehobener Stimmung den Frühling als
»Geliebten« an, der sich mit »Liebeswonne« an sein »Herz drängt«.
Das poetische Selbst möchte das »Heilig Gefühl« und die »unendliche Schöne« ergreifen. Dies gelingt ihm zunächst, indem es sich der
Natur anverwandelt und an deren »Busen« schmachtet. Die Freude
an Blumen, Gras, Morgenwind und Gesang der Nachtigall »kühlt
den brennenden Durst« und stillt die Sehnsucht. Doch das poetische Selbst fragt sich, wohin der Weg des ekstatischen Naturerlebens
führt: »Wohin? Ach, wohin?« Es geht nur immer höher und das poetische Selbst erlebt seine Ekstase als Ankunft im Schoß der göttlichen
Natur. Es löst sich in einem alles übergreifenden Eros »umfangend,
umfangen« auf, fühlt sich im Schoß vereint mit einem »alliebenden
Vater«.

In der Vereinigung im Schoß der göttlichen Natur ist das poetische Selbst nicht mehr gänzlich sein eigenes Geschöpf wie im »Prometheus«. Es empfängt seine Inspiration als Geschenk quasireligiösen
Ausmaßes. Bemerkenswert ist dabei, dass die Liebe keinen menschlichen Partner benötigt. Ein alles umgreifendes erotisches Gefühl ist
das Begeisternde, was das poetische Selbst mit seinem Gedicht – für
die kurze Zeit des Gedichts – von der Realität menschlicher Beziehungen unabhängig gemacht.

In der Wirklichkeit blieb Goethe Lotte und ihrem Ehemann eng
verbunden. Er drängte zum Beispiel die Kestners, ihren Sohn nach
ihm zu benennen: »Nun aber – ich wünsche dass Lotte – denn getauft
ist der Knabe am 11 May da ich das schreibe – dass Lotte, alle Über-
legung möge auffahrend durchbrochen haben, und gesagt: *Wolfgang
heist er!* Und der Bub soll auch so heisen! – Du scheinst dahin zu neigen, und ich wünsche dass er diesen Nahmen führe weil er mein ist«
(FA 28, S. 364 f.).

Nach wie vor fühlte er mit Lotte auch in seinen Träumen eine leidenschaftliche Nähe. Im August 1774 stößt er hervor: »Lotte u. Lotte
u Lotte u Lotte u Lotte u Lotte, u ohne Lotte nichts als Mangel und
Trauer u. der Todt [...] Doch die Nacht träumt ich von dir wie ich
wäre wieder zu dir gekommen und du mir einen herzlichen Kuss ge-

ben hättest. Solang ich von dir weg bin hab ich weder wachend noch träumend, dich so deutlich vor mir gesehn« (FA 28, S. 393 f.).

Wie in einem Traum trug Goethe ein zeitloses Bild von Lotte und seinem Selbst in sich. Der »Werther« machte sie letztlich beide und ihre Liebe unsterblich. Trotz der erreichten Katharsis blieb Goethe nach Abschluss des »Werther« getrieben von wechselnden Stimmungen und setzte diese in schöpferische Tätigkeiten um. Sein Freund Knebel formulierte dies im Dezember 1774 folgendermaßen: »Goethe lebt in einem beständigen innerlichen Krieg und Aufruhr, da alle Gegenstände aufs heftigste ihn würken [...] Ich habe einen Haufen Fragmente von ihm, unter andern zu einem Doctor Faust, wo ganz ausnehmend herrliche Scenen sind. Er zieht die Manuskripte aus allen Winkeln seines Zimmers hervor« (FA 28, S. 418 f.).

In dieser Zeit erhielt Goethe vielfältige Einladungen in vornehme Frankfurter Häuser und wurde als junges Genie gefeiert. Zum Jahreswechsel 1774/1775 lernte er die 16-jährige Bankierstochter Lili Schönemann kennen. Während sie am Flügel spielte, verspürte Goethe sogleich »eine Anziehungskraft von der sanftesten Art«. Doch es geschah etwas sehr Merkwürdiges. Während Goethe sich in Lili verliebte, ihr Besuche abstattete, sie zu Tanzbällen begleitete und ihre Verwandten besuchte, wandte er sich innerlich einer anderen zu: Auguste Gräfin zu Stolberg. Die Gräfin, die in einem Kloster lebte, war vom »Werther« tief beeindruckt und hatte ihre Begeisterung dem Dichter in einem Brief mitgeteilt. Goethe wiederum war über ihren Brief dermaßen erfreut, dass er umgehend antwortete: »Meine Teure – ich will Ihnen keinen Namen geben, denn was sind die Nahmen Freundinn, Schwester, Geliebte, Braut, Gattin, oder ein Wort das einen Complex von all denen Nahmen begriffe, gegen das unmittelbare Gefühl, zu dem – ich kann nicht weiter schreiben, Ihr Brief hat mich in einer wunderlichen Stunde gepackt. Adieu, gleich den ersten Augenblick! – Ich komme doch wieder – ich fühle Sie können ihn tragen diesen zerstückten, stammelnden Ausdruck wenn das Bild des Unendlichen in uns wühlt. Und was ist das als Liebe! – Musste *er* Menschen machen nach seinem Bild, ein Geschlecht das ihm ähnlich sey, was müssen wir fühlen wenn wir Brüder finden, unser Gleichniss, uns selbst verdoppelt« (FA 28, S. 427).

Mit diesem vom 18. bis zum 30. Januar 1775 verfassten Brief leitete Goethe eine tiefgehende Briefbeziehung zu Auguste von Stolberg ein, die ausgesprochen psychotherapeutische Züge trug. Er machte aus der vollkommen fremden Gräfin seine wichtigste Vertrauensperson, wies ihr eine Vielzahl von Rollen wie Freundin, Schwester, Geliebte, Braut, Gattin zu und teilte ihr alle seine chaotischen Erregungen und Empfindungen mit. Bemerkenswert ist, dass er diese briefliche Selbsttherapie begann, nachdem eine engere Beziehung mit Lili Schönemann zunehmend aussichtsreich wurde. Es hat den Anschein, als hätte Goethe die entfernte Brieffreundin benötigt, um seine Ängste vor einem realen Liebesverhältnis zu bewältigen.

Das in dieser Zeit entstandene Gedicht »Neue Liebe, Neues Leben« enthüllt seine bangen Erwartungen und widersprüchlichen Gefühle:

Neue Liebe, Neues Leben

Herz, mein Herz, was soll das geben,
Was bedränget dich so sehr?
Welch ein fremdes neues Leben –
Ich erkenne dich nicht mehr.
Weg ist alles, was du liebtest,
Weg, worum du dich betrübtest,
Weg dein Fleiß und deine Ruh –
Ach, wie kamst du nur dazu?

Fesselt dich die Jugendblüte,
Diese liebliche Gestalt,
Dieser Blick voll Treu und Güte
Mit unendlicher Gewalt?
Will ich rasch mich ihr entziehen,
Mich ermannen, ihr entfliehen,
Führet mich im Augenblick
– Ach – mein Weg zu ihr zurück.

Und an diesem Zauberfädchen,
Das sich nicht zerreißen läßt,
Hält das liebe lose Mädchen
Mich so wider Willen fest.
Muß in ihrem Zauberkreise
Leben nun auf ihre Weise;
Die Verändrung, ach, wie groß!
Liebe, Liebe, laß mich los!
    (HA 1, S. 96)

Die Liebe schenkt ein »fremdes neues Leben«, ist aber auch bedrängend und verwirrend. Sie befremdet, weil sie gewohnte Strukturen auflöst: »Weg ist alles, was du liebtest.« Bei Goethe war es besonders seine Schaffenskraft, die ihn in dieser Zeit erfüllte, um deren Verlust er bangte. Aber warum muss die Liebe dem poetischen Selbst »Fleiß und Ruh« nehmen? Ist es die erotische Anziehungskraft der »Jugendblüte« oder die Bindung, »der Blick voll Treu und Güte«, der Goethe die Freiheit raubt? Er hat keine Antwort und schon gar keine Lösung. Es bleibt nur die Flucht: »Will ich rasch mich ihr entziehen«. Andererseits sehnt sich das poetische Selbst nach einer Freundin und »an diesem Zauberfädchen« hält es das »liebe lose Mädchen« fest. Es fühlt sich willenlos in einem Zauber gefangen und kann die »Verändrung« nicht ertragen und muss die Flucht ergreifen: »Liebe, Liebe, laß mich los!«

In seiner Zerrissenheit, die Ausdruck seiner Ängste vor einer Liebesbeziehung war, konnte sich Goethe im Briefverkehr mit Auguste von Stolberg sammeln und eine gewisse Ordnung in das Chaos seiner Gefühle bringen. Im Februar 1775 schreibt er an Auguste: »Wenn Sie sich, meine liebe, einen Goethe vorstellen können, der im galonirten Rock, sonst von Kopf zu Fuse auch in leidlich konsistenter Galanterie, umleuchtet vom unbedeutenden Prachtglanze der Wandleuchter und Kronenleuchter, mitten unter allerley Leuten, von ein Paar schönen Augen am Spieltische gehalten wird, der in abwechselnder Zerstreuung aus der Gesellschaft, ins Conzert, und von da auf den Ball getrieben wird, und mit allem Interesse des Leichtsinns, einer niedlichen Blondine den Hof macht; so haben Sie den gegenwärtigen Fastnachts Goethe, der Ihnen neulich einige dumpfe tiefe Gefühle vorstolperte, der nicht an Sie schreiben mag, der Sie auch manchmal vergisst, weil er sich in Ihrer Gegenwart ganz unausstehlich fühlt« (FA 28, S. 430).

Folgt man diesem Brief, so fühlte sich Goethe in der mondänen Welt Lilis nicht wohl. Er erlebte sich in dem geselligen Treiben als aufgeblasen und wie neben sich stehend. In seiner Identität labilisiert, suchte Goethe sich in den Briefen seiner selbst zu vergewissern. Die Liebe zu einer Dame, die weit entfernt hinter Klostermauern lebte, erschien wesentlich vertraulicher und sicherer als die Unternehmungen mit einer lebenslustigen jungen Frau. Er gestand Auguste, dass er sich wohler fühle als Mensch »im grauen Biberfrack [...] der immer in sich lebend, strebend und arbeitend [...] weder rechts noch lincks fragt [...] Das ist der, dem Sie nicht aus dem Sinne kommen, der auf einmal am frühen Morgen einen Beruf fühlt Ihnen zu schreiben« (FA 28, S. 430).

Goethe machte aus Auguste eine Psychotherapeutin, die ihn wohlwollend unterstützte, verstand und ihm einen Raum eröffnete, in dem er verwirrende Erfahrungen ordnen konnte. Er besprach mit ihr seine Konflikte und inszenierte sie neu, indem er seiner Brieffreundin verschiedenste Rollen zuwies und seine Konflikte mit diesen Rollen durcharbeitete. Wie in einer Psychoanalyse war dabei die Entfernung der Freundin, beziehungsweise die Abstinenz der Psychoanalytikerin, eine Bedingung, sich vorbehaltlos zu öffnen und seine Probleme zu reflektieren: »Ob mir übrigens verrathen worden: wer und wo sie sind, thut nichts zur Sache, wenn ich an Sie denke fühl ich nichts als Gleichheit, Liebe, Nähe! Und so bleiben Sie mir, wie ich gewiss auch durch alles Schweben und Schwirren, doch unveränderlich bleibe« (FA 28, S. 431).

Seine Kreativität sowie sein Selbst- und Kohärenzgefühl wähnte Goethe durch Lili ernsthaft bedroht. An Bürger schrieb er im Februar, dass er sich verworren und unproduktiv fühle, und Sophie von La Roche gegenüber charakterisiert er sich wie im Brief an Frau von Stolberg als »Fastnachts Goethe«, mit dem nichts anzufangen sei. Johanna Fahlmer teilte er mit, dass er ganz unerträglich sei und bei einer Begegnung mit Lili und ihrer Mutter »dumm und toll« war. Einige Tage nach einem Fastnachtsball mit Lili und deren Verwandten schüttet er Auguste erneut sein Herz aus: »Gott weis ich bin ein armer Junge [...] Ich wollt ich könnt auf ihrer Hand ruhen, in ihrem Aug rasten [...] Umsonst mein Kopf ist überspannt [...] O wenn ich ietzt nicht dramas schriebe ich ging zu Grund« (FA 28, S. 436).

Dementsprechend schrieb Goethe in dieser Zeit mit »Stella« ein neues Drama. »Stella« zeigt wie das wenig später entstandene Schauspiel »Clavigo« einen wankelmütigen Mann, der sich nicht binden will und sich nicht binden kann. Die Protagonisten von »Stella« und »Clavigo« können die Frauen, die ihnen mit Hingabe und Liebe entgegentreten, nicht lieben. In diesen Dramen verleiht Goethe seinen eigenen Konflikten Ausdruck und verarbeitet seine Beziehungsprobleme. Wir werden darauf zurückkommen. Dennoch erschien ihm sein eigenes Leben recht verworren und im März schreibt er an Auguste von Stolberg: »Mir ist's wieder eine Zeit her für Wohl u. Weh, dass ich nicht weis ob ich auf der Welt bin, und da ist mir's doch als wär ich im

Himmel [...] Verfolge mich ich bitte dich, verfolge mich mit deinen Briefen dann, und rette mich von mir selbst« (FA 28, S. 441).

Im April 1775 fand auf Betreiben von Helena Dorothea Delph, die es liebte, eheliche Verbindungen zu stiften, die Verlobung mit Lili Schönemann statt. Nicht nur Goethes innere, sondern auch die äußeren Verhältnisse standen der Verbindung allerdings im Wege. Lilis Mutter war mit dem beruflich ungesicherten jungen Mann nicht einverstanden und auch Goethes Eltern verspürten Widerstände gegen eine »Staatsdame«. Auch Goethe selbst hatte Schwierigkeiten mit den vornehmen Kreisen, in denen Lili verkehrte. Drei Wochen nach der Verlobung entzog sich Goethe dem weiteren Umgang mit Lili jedoch aus inneren Gründen und begab sich mit Freunden auf eine Reise in die Schweiz. Er wirkte wie befreit und schrieb Ende Mai an Johanna Fahlmer: »Liebe Tante In freyer Lufft [...] Louise [die Braut Carl Augusts von Weimar, die Goethe in Karlsruhe traf] ist ein Engel, der blinckende Stern konnte mich nicht abhalten einige Blumen auf-zuheben die ihr vom Busen fielen und die ich in der Brieftasche bewahre. Der Herz(og) v. Weymar kam auch, und ist mir gut [...] Alles ist besser als ich dachte. Vielleicht weil ich liebe find ich alles lieb und gut« (FA 28, S. 452 f.).

Goethe konnte wieder aufatmen und von Lili schwärmen, nach-dem er sich von ihr entfernt hatte. Auf dem Weg in die Schweiz be-suchte er seine Schwester Cornelia in Emmendingen und blieb zehn Tage mit dem Ehepaar Schlosser zusammen. Auf der Weiterfahrt traf er mit den Brüdern Stolberg und anderen Freunden zusammen und notierte in seinem Tagebuch: »voll Dursts und Lachens. Gejauchz bis zwölf«. Er fühlte sich einerseits befreit, andererseits hielten ihn die Er-innerungen an Lili gefangen. Am 15. Juni 1775 entstand auf dem Zü-richsee das bereits erwähnte Gedicht, das einige der psychologischen Hintergründe seiner Bindungsangst und seiner Strategien, diese zu bewältigen, verrät:

Ich saug' an meiner Nabelschnur
Nun Nahrung aus der Welt.
Und herrlich rings ist die Natur,
Die mich am Busen hält.
Die Wiege wieget unsern Kahn
Im Rudertakt hinauf,
Und Berge wolkenangetan
Entgegnen unserm Lauf.

Aug mein Aug, was sinkst du nieder?
Goldne Träume, kommt ihr wieder?
Weg, du Traum, so gold du bist,
Hier auch Lieb und Leben ist.
Auf der Welle blinken
Tausend schwebende Sterne,
Liebe Nebel trinken
Rings die türmende Ferne,
Morgenwind umflügelt
Die beschattete Bucht,
Und im See bespiegelt
Sich die reifende Frucht.
          (HA 1, S. 102)

Das poetische Selbst saugt aus seiner eigenen »Nabelschnur nun
Nahrung aus der Welt«. Das ist auf den ersten Blick ein verwirrendes
Bild. Wie Ovids Narcissus bespiegelt sich das Ich in der umgebenden
Natur, doch anders als Narcissus, dessen Spiegelbild entschwindet,
wenn er sich ihm nähert, gelingt es dem poetischen Selbst, sich mit
lebenswichtiger psychologischer Nahrung selbst zu versorgen. Es ist
seine poetische Schöpferkraft, die es ihm ermöglicht, die Natur wie
eine Mutter zu erleben, die ihn »am Busen hält« und ihn ernährt.
Das Gedicht lässt sogar ein vorgeburtliches Geborgensein anklingen,
wenn es beschreibt, wie der »Kahn« der eigenen Existenz gewogen
wird. Gleichzeitig schwingt jedoch auch die Assoziation an Moses
und andere Königskinder mit, die im Kahn ausgesetzt wurden. Doch
dominiert die Stimmung des Getragenwerdens und Einsseins mit
der Natur. Erst in der zweiten Strophe wird das poetische Selbst
von einer Erinnerung gestört: »Aug mein Aug, was sinkst du nieder?« Es fühlt sich an »goldne Träume«, aber auch den goldnen
Käfig mit Lili erinnert. Das poetische Selbst vertreibt jedoch die
störenden Erinnerungen: »Hier auch Lieb und Leben ist.« Es aktualisiert das Gefühl des Getragenseins durch die Natur, den »schwe-
benden Sternen«, den »lieben Nebeln« und dem »umflügelnden
Morgenwind«. Auch die beschattete Bucht hat etwas Trauliches. In
einer grandiosen Verdichtung von Natur- und Kulturerleben erzeugt
Goethe die tröstliche Atmosphäre eines heilen Selbst- und Welt-
gefühls: »Und im See bespiegelt sich die reifende Frucht.« Damit ist
der Dichter selbst gemeint, seine Persönlichkeit und sein künst-
lerisches Selbst, das ähnlich dem Leser im Augenblick des Kunstge-

nusses »endlich auch einmal meine Seele ganz« erlebt, wie es in dem Gedicht »An den Mond« formuliert ist. Für dieses Erfüllungserlebnis in einer realen Liebesbeziehung war er in dieser Zeit noch nicht reif.

Goethe brach seine Reise, die ihn nach Italien führen sollte, ab, um im Juli nach Frankfurt zurückzukehren. Nach seiner Ankunft führte ihn jedoch seine innere Zerrissenheit immer tiefer in eine neue Krise und er spielte wieder mit Gedanken, sich das Leben zu nehmen. Er klagte, dass der »Werther« gegen sein augenblickliches Befinden Kindergelall sei. Im Juli 1775 nimmt er seinen selbsttherapeutischen Briefverkehr mit Auguste von Stolberg wieder auf: »Wenn mirs so recht weh ist, kehr ich mich nach Norden, wo sie dahinten ist zweyhundert Meil von mir meine geliebte Schwester (Auguste) [...] Ich muss noch viel herumgetrieben werden, und dann einen Augenblick an ihrem Herzen! – Das ist immer so mein Traum, meine Aussicht durch viel Leiden [...] Hören Sie nicht auf, auch für mich zu seyn« (FA 28, S. 460 f.).

Drei Tage später wirkt Goethe bei einem erneuten Besuch bei den Verwandten Lilis noch verzweifelter. In einer abgeschiedenen Stube, während Lili sich nebenan für einen Ball umkleidet, schreibt er folgenden Brief an Auguste: »[...] und diese Trähnen und dieser Drang! Welche Verstimmung. O dass ich alles sagen könnte. Hier in dem Zimmer des Mädgens das mich unglücklich macht, ohne ihre Schuld, mit der Seele eines Engels, dessen heitre Tage *ich* trübe, *ich!* [...] Vergebens dass ich drey Monate in freyer Lufft herumfuhr, tausend neue Gegenstände in alle Sinnen sog. Engel, und ich sizze wieder in Offenbach, so vereinfacht wie ein Kind, so beschränckt als ein Papagei auf der Stange [...] Nachts auf der Terrasse am Mayn, ich seh hinüber, und denck an dich [...] Und ich finde nicht Lufft zu schreiben [...] Und doch Engel manchmal wenn die Noth in meinem Herzen der grösst ist, ruf ich aus, ruf ich dir zu: Getrost! Getrost! Ausgeduldet und es wird werden [...] Diese Leidenschafft ists die uns aufblasen wird zum Brand, in dieser Noth werden wir um uns greifen und brav seyn, und handeln, und gut seyn, und getrieben werden, dahin wo Ruhe Sinn nicht reicht [...] Hundertmal wechsels mit mir den Tag! [...] Offt sind mir selbst die Züge der liebsten Freundschafft todte Buchstaben, wenn mein Herz blind ist und taub – Engel es ist ein schröcklicher Zustand die Sinnlosigkeit. In der Nacht tappen ist Himmel gegen Blindheit – Verzeihen Sie mir denn diese Verworrenheit und das all – wie wohl ist mir's dass ich so mit Ihnen reden kann, wie wohl bey dem Gedancken, Sie wird dies Blat in der Hand halten! [...] Lang halt ich's hier nicht aus ich muss wieder fort [...] Der unruhige [...] Lassen Sie um Gottes willen meine Briefe niemand sehn« (FA 28, S. 464 ff.).

Dieser Brief ist ein bewegendes Dokument von Goethes Kampf mit seiner inneren Zerrissenheit. Er illustriert schmerzliche und widersprüchliche Empfindungen. In Auguste findet er eine Ansprechpartnerin, von der er hofft, verstanden zu werden. Die Briefe an Auguste von Stolberg ähneln Bekenntnissen, wie sie Psychotherapeuten aus ihrer Praxis gut bekannt sind. Selten sind die Texte so kunstvoll, doch oft ähnlich ergreifend. Viele Menschen suchen in Krisenzeiten Begleiter, denen sie ihre innere Zerrissenheit mitteilen. Die sprachliche Formulierung von emotionalen Konflikten und die vertrauensvolle Anlehnung an eine relativ neutrale Person, die zu einem ordnenden Resonanzboden für chaotische Empfindungen wird, führt häufig, wie hier auch bei Goethe, zur Erleichterung und persönlichen Weiterentwicklung. Zur Kunst werden die Bekenntnisse allerdings erst, wenn sie poetisch gestaltet werden und eine allgemein gültige Form annehmen.

Der zuletzt zitierte Brief ist psychologisch deswegen so aufschlussreich, weil er das Erleben seines Verfassers unmittelbar darstellt: Goethe befindet sich im Zimmer seiner Verlobten, im Hause hat sich eine heitere Gesellschaft zusammengefunden. Aber Goethe fühlt sich allein, ausgeschlossen, wie neben sich stehend. Seine Leidenschaft ist wie ein Feuer, das er nicht eingrenzen und nicht bewältigen kann. Er muss sich zügeln, »brav sein« und gegen die chaotischen Triebe handeln. Mit den Brüdern von Auguste fühlte sich er sich froh und sicher, mit Lili in einem schrecklichen Zustand der Sinnlosigkeit. Aus psychoanalytischer Sicht würde man sagen, dass Goethe in dieser Zeit sexuelle Erregung und emotionale Bindung an eine anwesende Geliebte nicht ausreichend psychisch integrieren konnte und sich deswegen verwirrt und inkohärent fühlte. Es war nur konsequent, dass er sich in seiner beginnenden Identitätsdiffusion an Auguste von Stolberg wandte, eine respekt- und verständnisvolle, vor allem aber nicht auf ihn übergreifende Person.

Goethe schrieb vom 14. bis 19. September 1775 jede Nacht an Auguste. Er war hin- und hergerissen zwischen Lili und Auguste. Er fühlte sich rastlos und getrieben und auch die Beschäftigung mit seinem »Faust« konnte ihn nicht beruhigen. Nach einem geselligen Abend in Lilis Verwandten- und Freundeskreis, gestand er Auguste: »Mir wars in all dem wie einer Ratte die Gift gefressen hat, sie läuft in alle Löcher, schlurpft alle Feuchtigkeit, verschlingt alles Essbare das ihr in Weeg kommt und ihr innerstes glüht von unauslöschlich verderblichem Feuer. Heut vor acht Tagen war Lili hier. Und in dieser Stunde war ich in der grausamst feyerlichst süsesten Lage meines ganzen Lebens« (HA 28, S. 479).

Dieser Briefausschnitt unterstreicht Goethes Verwirrung angesichts seines sexuellen Begehrens und der damit verbundenen widerstreitenden Gefühle. Es blieb ihm nur die Flucht. Nach seiner Trennung von Lili Mitte September 1775 fühlte er sich befreit, wurde wieder ausgeglichener und im Oktober wurde die Verlobung gelöst. Wie durch eine Fügung des Schicksals bot sich ihm die Gelegenheit, sich auch räumlich weit von Lili und ihrem Kreis zu entfernen: Das frisch verheiratete Herzogpaar Louise und Carl August luden den Dichter in ihre Residenz nach Weimar ein. Er folgte der Einladung mit freudiger, aber auch wehmütiger Erregung. Das Gedicht »Wonne der Wehmut«, das vermutlich in dieser Zeit entstand, macht aus Goethes zwiespältigen Gefühlen ein Kunstwerk von beispielloser Schönheit:

Wonne der Wehmut

Trocknet nicht, trocknet nicht,
Tränen der heiligen Liebe!
Ach, den halbtrocknen Augen schon
Wie öde, tot ist die Welt!
Trocknet nicht, trocknet nicht,
Tränen der ewigen Liebe!
   (HA 1, S. 104)

Erneut stellt Goethe die Bedeutung des Aushaltens von Schmerz und Traurigkeit in der »heiligen Liebe« dar. Ohne Tränen ist die Welt farblos und leer. In der Wirklichkeit wollte er sich allerdings noch nicht in eine Bindung fügen, die auch traurige Seiten gehabt hätte. In der Poesie kann er sich diesem Konflikt stellen, aber nicht im alltäglichen Leben. So beschwört dieses Gedicht keine konkrete, sondern die »ewige Liebe«. Dennoch berührt der Klang dieser sechs Zeilen den Leser unmittelbar, umgibt ihn mit einem Zauber, der ein Gefühl von Dankbarkeit für das Leben zurücklässt. Fünfzig Jahre später sollte Goethe im Rahmen der Abfassung seiner Lebenserinnerungen auf seine komplizierte Liebe zu Lili zurückschauen. Während er sich an sie erinnerte, verfasste er im Jahre 1824 das Gedicht »Der Bräutigam«. Er wusste, dass Lili zu dieser Zeit nicht mehr unter den Lebenden war. Das Gedicht endet mit folgenden Worten:

> Um Mitternacht! Der Sterne Glanz geleitet
> In holdem Traum zur Schwelle, wo sie ruht.
> O sei auch mir dort auszuruhn bereitet,
> Wie es auch sei das Leben es ist gut.
> (HA 1, S. 386)

Die hier beispielhaft sichtbare lebensbegleitende Beschäftigung mit seinen Beziehungen scheint für Goethe ein wesentliches Mittel gewesen zu sein, seine persönliche Identität herzustellen. Freud (1914) hat in seinem gleichnamigen Aufsatz gezeigt, dass »Erinnern, Wiederholen und Durcharbeiten« die wesentlichen therapeutischen Prinzipien sind, die Menschen Kohärenz und Struktur verleihen. Goethe hat sich erinnert, seine Konflikte in immer wieder neuer Gestalt wiederholt und sie besonders in seinem Werk durchgearbeitet. Dies hat ihm nicht nur eine gewisse psychische Stabilität gebracht, sondern auch einen einzigartigen Reichtum von Empfindungen und Einsichten ermöglicht.

Goethes psychische Konflikte im Spiegel seiner frühen Dramen

> *O wenn ich ietzt nicht dramas schriebe ich ging zu Grund.*
> *(FA 28, S. 436)*

Bedeutende Zeugnisse von Goethes Weg zu sich selbst durch literarisches Erinnern, Wiederholen und Durcharbeiten sind seine Dramen. In den Jahren 1773 und 1775 zeigte sich, wie lebenswichtig ihm sein Programm war, durch das Schreiben von Dramen, psychische Stabilität, Kohärenz und Selbstwirksamkeit zu erreichen.

Prometheus

In dem dramatischen Fragment »Prometheus« beschäftigt sich Goethe mit seiner zunehmenden Überzeugung, nur durch die eigene Erfahrung zum Manne geworden zu sein, und nicht durch einen göttlichen Heilsplan. Gleichzeitig sagt er sich von seinen Eltern los. Zu Beginn des »Prometheus« rebelliert der Protagonist, mit dem sich Goethe identifiziert, gegen Vater und Mutter. Der Götterbote Merkur ermahnt aber Prometheus und erinnert daran, dass die Eltern ihm das Leben und ihre Fürsorge geschenkt hätten, worauf Prometheus antwortet:

> *Prometheus.* Und dafür hatten sie Gehorsam meiner Kindheit.
> Den armen Sprößling zu bilden
> Dahin, dorthin, nach dem Wind ihrer Grillen.
> *Merkur.* Und schützten dich.
> *Prometheus.* Wovor? Vor Gefahren,
> Die sie fürchteten.
> Haben sie das Herz bewahrt
> Vor Schlangen, die es heimlich neidschten?
> Diesen Busen gestählt,
> Zu trotzen den Titanen?
> Hat nicht mich zum Manne geschmiedet
> Die allmächtige Zeit,
> Mein Herr und eurer?
> (Vs. 18–30)

Dies ist der gleiche Ton wie in der Hymne »Prometheus«. Die psychologischen Dimensionen des dramatischen Fragments zeigen Goethes Autonomiebestrebungen. Er sagt sich von den göttlichen Mächten und von den Eltern los. Merkur will ihm Schuldgefühle und Angst einflößen:

> *Merkur.* Elender! Deinen Göttern das,
> Den Unendlichen?
> *Prometheus.* Göttern? Ich bin kein Gott
> Und bilde mir so viel ein als einer.
>   (Vs. 31–34)

Dies erinnert an die Hybris vieler Adoleszenter, die in narzisstischem Überschwang die lähmenden Bindungen abstreifen wollen. Trotzig will Goethes Prometheus sein eigenes Ich selbst erschaffen:

> *Prometheus.* [...]
> Was haben diese Sterne droben
> Für ein Recht an mich,
> Daß sie mich begaffen?
>   (Vs. 78–81)

Hier spürt man die spöttische Kälte, mit der Jugendliche so häufig ihren Eltern das Leben schwer machen. Goethe artikuliert das gehobene Gefühl des Adoleszenten, der sich seiner ersten eigenen Produktionen erfreut:

> *Prometheus.* Hier meine Welt, mein All!
> Hier fühl ich mich;
> Hier alle meine Wünsche
> In körperlichen Gestalten.
> Meinen Geist so tausendfach
> Geteilt und ganz in meinen teuern Kindern.
>   (Vs. 90–95)

Prometheus will, dass sich der kreative Mensch in seinen Produkten vergegenständlicht und dabei keiner Bindungen an Eltern und Götter bedarf. Doch im Gespräch mit Minerva, der Göttin der Weisheit, des Handwerks und der schönen Künste, verändert sich der Tonfall. Minerva, eine Schwester des Prometheus, ehrt ihre Eltern und liebt ihren Bruder.

> *Prometheus.* Und du bist meinem Geist,
> Was er sich selbst ist;
> Sind von Anbeginn
> Mir deine Worte Himmelslicht gewesen!
>   (Vs. 100–103)

Die Liebe zur Schwester tritt an die Stelle der Abhängigkeit von den Eltern und Göttern. Minerva aber warnt Prometheus vor deren Rache, doch dieser feiert triumphierend sein unabhängiges Künstlertum:

> *Prometheus.* Sieh nieder, Zeus,
> Auf meine Welt: sie lebt!
> Ich habe sie geformt nach meinem Bilde,
> Ein Geschlecht, das mir gleich sei,
> Zu leiden, weinen, zu genießen und zu freuen sich
> Und dein nicht zu achten
> Wie ich!
> (Vs. 241–247)

Nach diesen Worten, die uns aus auch aus der Prometheus-Hymne bekannt sind, widmet sich der Held dem irdischen Leben und ermutigt die Menschen, ihr Leben selbst in die Hand zu nehmen. Letztlich verklärt Prometheus sogar den Tod als Erfüllung unabhängigen Strebens:

> *Prometheus.* Da ist ein Augenblick, der alles erfüllt,
> Alles, was wir gesehnt, geträumt, gehofft,
> Gefürchtet, meine Beste, – das ist der Tod!
> (Vs. 391–393)

Wie im »Werther« lösen sich Begehren, Freuden und Leiden im großartigen Entgrenzungserlebnis des Todes auf, der aber nicht wörtlich genommen werden darf, sondern in einem ewigen Kreislauf zur Neugeburt führt:

> *Prometheus.* Wenn alles – Begier und Freud und Schmerz –
> Im stürmenden Genuß sich aufgelöst,
> Dann sich erquickt in Wonneschlaf, –
> Dann lebst du auf, aufs jüngste wieder auf,
> Aufs neue zu fürchten, zu hoffen und zu begehren!
> (Vs. 410–414)

Aus psychologischer Sicht dominiert im dramatischen Fragment »Prometheus« das Thema der Ablösung von den Eltern und religiösen Autoritäten, um das eigene Selbst poetisch zu erschaffen. Nach diesem narzisstischen Durchgangsstadium überwand Goethe seine adoleszentäre Selbstbezüglichkeit und widmete sich seinen sozialen Beziehungen. Besonders in »Clavigo«, »Stella«, »Die Geschwister« und im »Urfaust« kommen seine interpersonellen Konflikte und seine Lösungsstrategien in einer allgemein gültigen Weise zum Ausdruck.

In diesen Dramen finden wir eine psychologische Selbstreflexion, die ein einzigartiges Pandämonium der psychischen Entwicklung eines Menschen darstellt, und sie sind bis heute so lebendig, weil sie Allgemeinmenschliches in individuell ästhetischer Gestalt exemplarisch zum Ausdruck bringen. Bei der Betrachtung psychologischer Aspekte möchte ich jedoch daran erinnern, dass sich in Goethes Dramen eine Fülle von religiösen, politischen, gesellschaftlichen und künstlerischen Themen finden. Auf keinen Fall möchte ich den Eindruck erwecken, dass psychologische Untersuchungen die dichterischen Gestaltungen umfassend erklären könnten. Sie können aber wichtige Motive erhellen, die im Werk anklingen und ausgearbeitet werden.

Clavigo

Das im Jahre 1774 verfasste Trauerspiel »Clavigo« stellt mit seinem Protagonisten zunächst das Thema des gesellschaftlichen Aufstiegs in den Mittelpunkt. Clavigo, Archivarius des Königs, will durch seine Schriften nicht nur die Frauen bezaubern, sondern seine Position bei Hofe sichern und verbessern. Der Schriftsteller, der sich in der adligen Welt etablieren will und den gesellschaftlichen Aufstieg sucht, war auch ein persönliches Thema Goethes. Jenseits dieses Themas werden aber auch Clavigos Bindungsprobleme dargestellt, die gleichfalls Goethes eigene Konflikte spiegeln. Der gesellschaftliche Anerkennung und Aufstieg suchende Clavigo verliebt sich in Marie Beaumarchais. Diese lebt in einfachen Verhältnissen und findet sich seiner nicht würdig, obwohl auch Clavigo noch ohne Rang und Namen ist. Clavigo wird von seinem Freund Carlos in seinen gesellschaftlichen Ambitionen unterstützt und ermahnt, dass er seine Begabungen an der Seite von Marie nicht zur vollen Blüte bringen könne. Clavigo lässt sich überzeugen:

> Clavigo. Hinauf! Hinauf! Und da kostet's Mühe und List! Man braucht seinen ganzen Kopf; und die Weiber, die Weiber! Man vertändelt gar zu viel Zeit mit ihnen.
> (HA 4, S. 261)

Clavigo entscheidet sich gegen Marie, wird jedoch von Schuldgefühlen geplagt, seine Verlobte Marie zu Gunsten seiner höfischen Ambitionen verlassen und hintergangen zu haben. Er hadert mit sich und seiner Treulosigkeit, während Carlos ihm angesehenere und reichere Partien vor Augen stellt. Marie wird durch Clavigos Trennung in eine tiefe Verzweiflung gestürzt. Ihre Schwester Sophie versucht sie zu trösten und stellt ihr die verachtenswerten Aspekte von Clavigos Verhalten vor Augen, doch Marie kann ihn nicht hassen. Die Rache übernimmt Beaumarchais, Maries Bruder: Er fordert Clavigo auf, zu bekennen, dass er ein abscheulicher Mensch sei und Marie ohne Ursache erniedrigt habe. Er soll außerdem eine Erklärung unterzeichnen, um sein Fehlverhalten bei Hofe öffentlich zu machen. Borchmeyer weist darauf hin, dass hier erstmals die Publizität der Presse die Rolle des Fatums der alten Tragödien übernimmt: »In Goethes *Clavigo* gelangt zum erstenmal die Macht der Presse mit ihren mentalitätsverändernden Wirkungen auf die Bühne« (1999a, S. 47).

Clavigo fühlt sich in einer aussichtslosen Lage, gesteht, dass ihn die Eitelkeit verführt habe, und zeigt sich reumütig. Er will seine Schuld tilgen und Marie heiraten. Beaumarchais geht zunächst auf diesen Wunsch nicht ein, erzwingt die Erklärung, allerdings mit der Vereinbarung, dass vor ihrer Verbreitung Clavigo die Chance erhält, Marie von seinem reuvollen Herzen zu überzeugen und ihr einen Heiratsantrag zu machen. Mit einer exaltierten Deklamation gelingt es Clavigo, Marie zurückzugewinnen.

Marie vergibt schließlich Clavigo und ihr Bruder und Rächer Beaumarchais versöhnt sich mit Clavigo und zerreißt die Erklärung. Clavigo bleibt aber schwankend und zeigt sich den Einflüsterungen von Carlos zugänglich, der ihm eine große Zukunft als Minister prophezeit und ihm die Hochzeit mit Marie wieder ausredet. Der wankelmütige Clavigo willigt in eine üble Intrige ein und überlässt Carlos das weitere Geschehen. Marie befindet sich derweil in einem Wechselbad der Gefühle. Ihre Zweifel bewahrheiten sich: Clavigo betrügt sie erneut. Sie stirbt an gebrochenem Herzen und Clavigo sinkt verzweifelt an ihrem Sarg nieder. Während er sich seinem Schmerz hingibt, ersticht ihn Beaumarchais. Niedersinkend haucht Clavigo:

> *Clavigo sinkend.* Ich danke dir, Bruder! Du vermählst uns.
> (HA 4, S. 305)

Die Liebe wird hier zu einem Entgrenzungserlebnis jenseits bürgerlicher und adliger Verhaltensnormen. Sie kann sich nur im Tod erfüllen.

Auch in seinem Leben war es Goethe noch nicht gelungen, eine Liebesbeziehung einzugehen, und er spiegelte sich in seinem Clavigo als ein unbestimmter und ambivalenter Mensch. In »Dichtung und Wahrheit« schreibt er: »Aber zu der Zeit, als der Schmerz über Friederikens Lage mich beängstigte, suchte ich, nach meiner alten Art, abermals Hülfe bei der Dichtkunst. Ich setzte die hergebrachte poetische Beichte wieder fort, um durch diese selbstquälerische Büßung einer innern Absolution würdig zu werden. Die beiden Marien in ›Götz von Berlichingen‹ und ›Clavigo‹ und die beiden schlechten Figuren, die ihre Liebhaber spielen, möchten wohl Resultat solcher reuigen Betrachtungen gewesen sein« (HA 9, S. 521 f.).

In der Tat finden sich viele Konflikte, die Goethes Leben im Jahre 1774 bewegten, im »Clavigo« verdichtet: der gesellschaftliche Aufstiegswunsch in Adelskreise, die Furcht, die Karriere durch eine zu frühe Bindung zu gefährden und unbewusste Ängste, sich an eine Frau zu binden. Auch der Tonfall erinnert in vielen Passagen an die Briefe an Charlotte Buff und Auguste von Stolberg. Bemerkenswert sind die Schuldgefühle Friederike gegenüber, die Goethe jahrelang nicht losließen, und seine Sensibilität für die Leiden der betrogenen Frauen. Erstaunlich ist auch das Eingeständnis der eigenen Unbestimmtheit und Schwäche.

Stella

Wie im »Clavigo« ist auch in »Stella, ein Schauspiel für Liebende« die Problematik des unbestimmten Mannes ein zentrales Thema. Fernando, ein junger Adliger, ist phantasie- und liebevoll, kann sich jedoch nicht binden. In seiner Bindungsscheu hat er Cäcilie und ihre gemeinsame Tochter Lucie verlassen, um bei Stella ein neues Glück zu finden. Doch auch diese hat er bald im Stich gelassen. Das Schauspiel beginnt im Posthaus, wo Cäcilie mit ihrer Tochter Lucie eingekehrt ist, um sie am nächsten Tag der Burgfrau Stella als Gesellschafterin vorzustellen. Die lebenspraktische Cäcilie alias Madame Sommer hat sich mit dem Verlust Fernandos abgefunden, aber auch alle Lebensfreude und jede Hoffnung auf zukünftiges Liebesglück verloren. Zufällig trifft Fernando auf seinem Weg zu Stella, zu der er zurückkehren möchte, auf seine Tochter Lucie. Fernando und Lucie wissen nicht voneinander, dass sie Vater und Tochter sind. Die lebenslustige und redselige Lucie berichtet vom Unglück ihrer Mutter, zeigt sich jedoch dankbar, dass der ihr unbekannte Vater sie gezeugt hat. Sie sprechen über Liebe und Enttäuschung und Fernando ruft bei der Verabschiedung aus: »Wer lebt, verliert« (HA 4, S. 317).

Im zweiten Akt, in dem Stella mit ihrer zukünftigen Gesellschafterin Lucie und deren Mutter Cäcilie zusammentrifft, erhalten wir ein Bild von ihren brennenden Liebessehnsüchten:

> *Stella.* [...] Und warum soll ich nicht lieben? – Ich brauche viel, viel, um dies Herz auszufüllen! – Viel? Arme Stella? Viel? – [...] *Sie fällt einen Augenblick in Nachdenken, fährt dann schnell auf und drückt ihre Hände ans Herz.* Nein, Fernando, nein das war kein Vorwurf.
> (HA 4, S. 318)

Es ist beeindruckend, wie einfühlsam und psychologisch differenziert Goethe Stella und die anderen Frauengestalten zeichnet. Dagegen bleibt Fernando flach und kann kaum die Sympathien der Leser gewinnen. Darin drücken sich Goethes Selbstkritik und Schuldgefühle angesichts seiner eigenen Treu- und Lieblosigkeit aus.

Im Schauspiel kommt es im dritten Akt zur Wiedervereinigung von Stella und Fernando. Schließlich liegen sie sich selig in den Armen und versprechen einander ewige Liebe. Nach den heißen Liebesschwüren trifft Fernando wenig später jedoch auf seine Frau Cäcilie, die er zunächst nicht erkennt und gemeinsam mit ihrer Tochter als Gesellschafterin für Stella einstellen will. Als er gewahr wird, dass er seiner Frau gegenübersteht, verlässt er eilends den Raum, kehrt jedoch bald zurück, um Cäcilies Lebensbericht anzuhören. Am Ende sind beide so gerührt, dass sie sich um den Hals fallen und Fernando ewige Treue schwört. Er schmiedet Pläne, gemeinsam mit Cäcilie und seiner Tochter vom Ort des Geschehens zu fliehen. Doch allein gelassen, kommen ihm sogleich Zweifel und der Tonfall seines Selbstgesprächs ähnelt wiederum auffallend demjenigen der Briefe Goethes an Auguste von Stolberg:

> *Fernando allein.* Fort? – – Wohin? Wohin? – Ein Dolchstich würde allen diesen Schmerzen den Weg öffnen und mich in die dumpfe Fühllosigkeit stürzen, um die ich jetzt alles dahingäbe! [...] – O meine Schuld, meine Schuld wird schwer in diesen Augenblicken über mir! – Verlassen, die beiden lieben Geschöpfe! Und ich, in dem Augenblick, da ich sie wieder finde, verlassen von mir selbst! elend! O meine Brust!
> (HA 4, S. 334)

Fernando bleibt unbestimmt und wankelmütig und seine Schuldgefühle erscheinen selbstbezüglich und oberflächlich. Er wirkt nicht interessiert an den Frauen oder gar liebend, sondern es geht ihm nur um
seine eigenen Erregungen und Leiden. Dies trägt narzisstische Züge,
die den Leser oder Zuschauer ärgerlich machen können. Wir fühlen
uns erinnert an Goethes Unbestimmtheiten und Ausflüchte, die seine
Freundinnen sicherlich quälten, während sie sein eigenes narzisstisches
Gleichgewicht stabilisierten. Von seinen Schuldgefühlen haben Käthchen, Friederike, Charlotte und Lili sicher nicht profitiert. Aber er selbst
hat sich mit exaltierten, selbstbezüglichen Empfindungen aus dem
Sumpf seiner Bindungsängste gezogen. Ähnlich verfährt Fernando.

Im vierten Akt trifft Fernando wieder mit Stella zusammen. Diese
ist voll des Glücks, während Fernando zweifelt und Stella belügt. Er ist
ganz mit seinen eigenen Empfindungen beschäftigt und bleibt ohne
Gespür für die Gefühle seiner Geliebten, insgesamt eine emotional
sehr schwache Figur. In die Liebeselogen von Stella und Fernandos
unbestimmtes Taktieren platzt eine Dienerin herein, die ihn zum Aufbruch gemahnt, da Cäcilie und Lucie wie vereinbart auf ihn warten
würden. Stella ist zunächst verlegen und ungläubig, dann bestürzt, als
sie gewahr wird, dass sie betrogen worden ist. Fernando bleibt selbstbezüglich und ergeht sich in Selbstanklagen:

> *Fernando.* Stella! ich bin ein Bösewicht, und feig; und vermag vor
> dir nichts. Fliehen! – Hab das Herz nicht, dir den Dolch in die Brust
> zu stoßen, und will dich heimlich vergiften, ermorden! Stella!
> (HA 4, S. 338 f.)

Jetzt erklärt er Stella, dass Cäcilie seine Frau und Lucie seine Tochter ist, und Stella sinkt entgeistert nieder. Fernando ist vollkommen
hilflos und erst Lucie kann Stella wieder zu Bewusstsein bringen. Fernando sucht das Weite, während sich die drei Frauen ihrer Zuneigung
und gegenseitigen Wertschätzung versichern.

Im fünften Akt finden wir Stella in ihren Schmerz versunken. Sie
kann sich aber nicht von Fernando lossagen und bleibt an ihn liebend
gebunden. Währenddessen ist auch Fernando in ein Selbstgespräch,
angefüllt mit verworrenen Schuldgefühlen, versunken. Er denkt an
Stellas Verzweiflung, fühlt sich selbst aber kalt und denkt an Selbstmord. Dies erinnert an den sogenannten narzisstischen Suizid, den
wir bereits beim »Werther« kennengelernt haben. Es handelt sich
um unreife Menschen, die nicht tatsächlich sterben wollen, sondern

zum Suizid greifen, um ein grandioses Selbstbild angesichts einer beschämenden Realität zu retten.

Die hinzukommende Cäcilie überzeugt Fernando zu bleiben und erzählt die Geschichte des Grafen von Einem, der seine Frau verließ, um ins Gelobte Land zu ziehen. Dort wurde er gefangen genommen und durch die Tochter seines neuen Herrn befreit. Sie wurden ein Paar, bestanden gemeinsam viele Kämpfe und der Graf führte sie in seine Heimat. Seine Frau akzeptierte ihre Nebenbuhlerin, man freute sich zu dritt der Liebe und der Statthalter Gottes sprach seinen Segen dazu. Nach dieser Erzählung am Schluss des Schauspiels ruft Cäcilie Stella herbei, alle wirken versöhnt und umarmen sich:

> *Stella an seinem Hals.* Ich darf? –
> *Cäcilie.* Dankst du mir's, daß ich dich Flüchtling zurückhielt?
> *Stella an ihrem Hals.* O du! – –
> *Fernando, beide umarmend.* Mein! Mein!
> *Stella, seine Hand fassend, an ihm hangend.* Ich bin dein!
> *Cäcilie, seine Hand fassend, an seinem Hals.* Wir sind dein!
> (HA 4, S. 347)

Dieser Schluss erschien Goethe später unglaubwürdig, weswegen er in der Bühnenfassung von 1806 wesentliche Änderungen vornahm. Die Dreierbeziehung wird hier als Scheinlösung entlarvt und kann das Scheitern Fernandos und Stellas nicht verhindern.

Für Goethe waren »Stella« und »Clavigo« Beichten und Selbstheilungsversuche in einem. Seine verwirrende Beziehung zu Lili sowie die Erinnerung an die im Stich gelassene Friederike wirkten vielfältig auf das »Schauspiel für Liebende«. Wie in »Clavigo« wird der Protagonist Fernando als verlogen, plump und schwach gezeichnet, während der Autor den Frauengestalten hohe Achtung entgegenbringt und sie differenziert und einfühlsam beschreibt. In einer Theateranweisung sagt Goethe: »Cäcilie wird das anfänglich schwach und gedrückt Scheinende bald hinter sich lassen und als eine freie Gemüts- und Verstandesheldin vor uns im größten Glanz erscheinen« (HA 4, S. 574). Stella ist als psychologischer Charakter noch schärfer und vielschichtiger gezeichnet: »Sie muß uns eine unzerstörliche Neigung, ihre heiße Liebe, ihren glühenden Enthusiasmus nicht allein darstellen, sie muß uns ihre Gefühle mitteilen, uns mit sich fortreißen« (HA 4, S. 574).

Dies geschieht schon durch den Text. Stella ist ganz Liebende, authentisch und leidenschaftlich. Beide Frauen enthüllen eine tiefe

Menschlichkeit, während Fernando schwach und banal bleibt: ein Hanswurst. Es ist naheliegend zu vermuten, dass Goethe hier seine eigene Hanswurst- und Papageienseite inszeniert und durchgearbeitet hat. Seine nächste Tragödie wird einen gereifteren Mann porträtieren, der Wankelmut und Narzissmus der Adoleszenz wenn nicht überwindet, so doch mit größerer Tiefe und Ernst durchlebt: Faust.

Urfaust

Goethe begann sich mit dem Faust-Stoff 1773 literarisch zu beschäftigen und im Oktober 1774 schreibt sein Freund Boie in sein Tagebuch: »Einen ganzen Tag allein, ungestört mit Goethen zugebracht, mit Goethen, dessen Herz so groß und edel wie sein Geist ist! […] Er hat mir viel vorlesen müssen, ganz und Fragment, und in allem ist der originale Ton, eigne Kraft, und bei allem Sonderbaren, Unkorrekten, alles mit dem Stempel des Genies geprägt. Sein ›Doktor Faust‹ ist fast fertig und scheint mir das Größte und Eigentümlichste von allem« (HA 3, S. 423).

In der Tat ist der »Urfaust« ein authentischer Ausdruck von Goethes Hoffen und Bangen, Streben und Trachten, »original und eigentümlich« und als solcher geeignet, unsere psychologischen Überlegungen zu Goethes psychischer Entwicklung zusammenzufassen. Wir wissen, dass der »Faust« für Goethe von so großer Bedeutung war, dass er ihn fast sechzig Jahre lang bis kurz vor seinem Lebensende bearbeitete. Im Juli 1831 hält er in einem Brief fest: »Wundersam bleibt es immer, wie sich der von allem absondernde, teils revolutionäre, teils einsiedlerische Egoismus durch die lebendigen Tätigkeiten aller Art hindurchzieht. Den meinen, will ich nur bekennen, hab' ich ins Innerste der Produktion zurückgezogen und den nunmehr seit vollen 4 Jahren wieder ernstlich aufgenommenen zweiten Teil des ›Faust‹ in sich selbst arrangiert […] Ich wußte schon lange her, was, ja sogar, wie ich's wollte, und trug es als ein inneres Märchen seit so vielen Jahren mit mir herum […] Wenn es noch Probleme genug enthält, indem – der Welt- und Menschengeschichte gleich – das zuletzt aufgelöste Problem immer wieder ein neues aufzulösendes darbietet, so wird es doch gewiß denjenigen erfreuen, der sich auf Miene, Wink und leise Hindeutung versteht. Er wird sogar mehr finden, als ich geben konnte« (HA 3, S. 459).

Das »innere Märchen«, das Goethe mit sich herumtrug, erfüllte die lebenswichtige Funktion eines »Übergangsobjekts«. In der Psychoanalyse bezeichnet man als »Übergangsobjekte« (Winnicott, 1971) Gegenstände wie Schnuller, Bettzipfel, weiche Tücher, später dann Puppen und Teddybären, die kleine Kinder zu ihrem Besitz erklären. Sie verleihen dem Kind ein Gefühl von Vertrautheit, Stabilität und Kontinuität. Die Übergangsobjekte vermitteln zwischen der äußeren und inneren Realität, indem sie einerseits wirkliche Gegenstände sind und andererseits mit Phantasien zum ganz eigenen Besitz des Kindes gemacht werden. Später erfüllen zum Beispiel Kunstwerke die Funktion von Übergangsobjekten. Aus der kontinuierlichen Anforderung, innere und äußere Realität kohärent zu verbinden, entsteht im Erwachsenleben die Motivation zu produktiver Arbeit und künstlerischer Tätigkeit. Diese Aktivitäten entspringen aber nicht nur dem »einsiedlerischen Egoismus«, sondern auch dem Bedürfnis, gesehen und beantwortet zu werden. Deswegen ist der Leser, Zuhörer und Zuschauer so wichtig, der ein volles Recht darauf hat, »mehr zu finden«, als der Autor selbst »geben konnte«. In diesem »Mehr« entwickelt sich eine Kommunikation mit dem Autor, die durchaus im Sinne Goethes war. Vieles von dem, was er mitteilt, bleibt dem Autor selbst unbewusst.

Goethe beschreibt dies im Dezember 1831 folgendermaßen: »Von meinem ›Faust‹ ist viel und wenig zu sagen [...] Und durch eine geheime psychologische Wendung, welche vielleicht studiert zu werden verdient, glaube ich mich zu einer Art von Produktion erhoben zu haben, welche bei völligem Bewusstsein dasjenige hervorbrachte, was ich jetzt noch selbst billige, ohne vielleicht jemals in diesem Flusse wieder schwimmen zu können, ja, was Aristoteles und andere Prosaisten einer Art von Wahnsinn zuschreiben würden« (HA 3, S. 461).

Offensichtlich spricht er hier von unbewussten Prozessen, die in der künstlerischen Produktion bewusste Gestalt annehmen und dann auch wieder dem unbewussten oder impliziten Denken überlassen werden. Dies ist eine der wesentlichen Gesundheitsstrategien Goethes, die zum Beispiel auch die Psychoanalyse als entscheidenden Wirkfaktor der psychotherapeutischen Behandlungen ansieht. Nach deren Theorie und Praxis werden in der Behandlung chaotische Erregungen und diffuse mentale Prozesse durch Erzählungen in kohärente Strukturen gebracht. Dies hat einen heilsamen Effekt. Therapeutinnen und Therapeuten verhalten sich wie Geburtshelfer – Mäeutiker –, die psychische Gestaltungen entbinden. Aber auch die moderne kognitive Verhaltenstherapie sieht in der Gestaltung eines kohärenten Narrativs einen wesentlichen therapeutischen Wirkfaktor. Diese Ansichten werden auch von den Neurowissenschaften unterstützt. Sie zeigen, dass die meisten kognitiven Prozesse unbewusst ablaufen, durch Denktätigkeit jedoch auch eine bewusste Gestalt erhalten. Das gefühlte Bedürfnis nach Struktur korrespondiert einem biologischen Kohärenz- und Selbstorganisationsprinzip (Varela et al., 1991). Dies hatte schon Freud (1923) mit seinem berühmten Diktum »Wo Es war, soll Ich werden« im Blick.

Nach diesem Prinzip ist Goethe auch im »Urfaust« verfahren. Das Wesentliche war vor seiner Abreise nach Weimar im Herbst 1775 zu Papier gebracht und liegt uns in einer Abschrift aus dem Winter 1775/1776 vor. Wir finden im »Urfaust« das über die psychische Entwicklung Goethes bereits Gesagte verdichtet. Er eignet sich für eine Zusammenfassung unserer bisherigen, im Hinblick auf die Entwicklung von Goethes Kreativität entworfenen Psychobiographie.

Zunächst dokumentiert der »Urfaust« die Bedeutung des Erinnerns, Erlebens und Schreibens für Goethe. Von früher Kindheit an fand der Dichter im Wiedererleben, phantasiereichen Inszenieren und dichterischen Gestalten einen »Übergangsraum«, in dem er seine innere und äußere Realität entwickelte. Dabei hatte er sich, wie jedes Kind, auch mit Schrecknissen auseinanderzusetzen. Bei Goethe war ein wesentliches Moment dieser Auseinandersetzung die frühe und intensive intellektuelle Verarbeitung. Spätestens seit dem Tod seines Bruders Hermann Jakob verfügen wir über Dokumente, wie Goethe durch Denk- und Phantasietätigkeit versuchte, schmerzliche Erfahrungen zu bewältigen. Doch durch intellektuelle Anstrengung lässt sich nicht alles bewältigen, weswegen man aus psychologischer Sicht häufig pejorativ von Intellektualisieren spricht. Dies meint, dass Gefühle und Erlebnisse nur scheinbar durch Denktätigkeit bearbeitet, in Wirklichkeit aber verdrängt werden. Dies ist eine psychologische Pointe der Gelehrtentragödie im »Urfaust«, die sich im Übrigen von späteren Versionen des »Faust« wenig unterscheidet. Das oft zitierte »Habe nun, ach …« am Anfang des »Urfaust« führt die Begrenztheit des menschlichen Intellekts vor Augen. Faust erkennt nicht nur, »dass wir nichts wissen können«, sondern fühlt, dass ihm durch sein grüblerisches Denken »auch alle Freud entrissen« wird. Deswegen überlässt er sich unbewussten Kräften, um das Leben zu verstehen:

Faust. […]
Daß ich erkenne, was die Welt
Im Innersten zusammenhält,
Schau alle Würkungskraft und Samen
Und tu nicht mehr in Worten kramen.
    (Vs. 29–32)

Faust sucht das Leben und die Freude und stellt eine magische Beziehung zwischen Gestirnen, antiken Göttern und Geisterwelt her:

Faust. […]
Wie alles sich zum Ganzen webt,
Eins in dem andern würkt und lebt!
Wie Himmelkräfte auf und nieder steigen
Und sich die goldnen Eimer reichen!
Mit segenduftenden Schwingen
Vom Himmel durch die Erde dringen,
Harmonisch all das All durchklingen!
    (Vs. 94–100)

Doch die Begeisterung ist nur kurz und die Betrachtung des Makrokosmos kann die Sehnsucht Fausts nicht stillen:

Faust. […]
Welch Schauspiel! aber, ach, ein Schauspiel nur!
Wo faß ich dich, unendliche Natur?
Euch Brüste, wo? Ihr Quellen alles Lebens,
An denen Himmel und Erde hängt,
Dahin die welke Brust sich drängt –
Ihr quellt, ihr tränkt, und schmacht ich so vergebens?
    (Vs. 101–106)

Hier kündigt sich die Sehnsucht nach einer erotischen Erfüllung an, von der Faust aus dem Chaos seiner Empfindungen und Gedanken befreit zu werden hofft. Zunächst sucht er jedoch weiter in seinen eigenen Vorstellungen und entdeckt den Erdgeist. Diese Gestalt ist Goethes eigene mythische Schöpfung. Der Erdgeist wird als Geist des organischen irdischen Lebens beschrieben:

Geist. In Lebensfluten, im Tatensturm
Wall ich auf und ab,
Webe hin und her!
Geburt und Grab,
Ein ewges Meer,
Ein wechselnd Leben!
So schaff ich am sausenden Webstuhl der Zeit
Und würke der Gottheit lebendiges Kleid.
     (Vs. 149–156)

In psychologischer Hinsicht vertritt der Erdgeist die biologischen und unbewussten Kräfte. Diese kann das bewusste Denken nur annäherungsweise, wenn überhaupt, begreifen:

Faust. Der du die weite Welt umschweifst,
Geschäft'ger Geist, wie nah fühl' ich mich dir!
Geist. Du gleichst dem Geist, den du begreifst,
Nicht mir! *Verschwindet*
Faust zusammenstürzend. Nicht dir?
Wem denn?
Ich, Ebenbild der Gottheit,
Und nicht einmal dir?
     (Vs. 157–160)

Die Begrenztheit, ja Lächerlichkeit allen Bemühens, das Leben intellektuell zu bewältigen, wird anschließend im Dialog von Faust und Wagner demonstriert. Demgegenüber lehrt Mephisto, dass die grobe Sinnlichkeit den richtigen Weg zur Erkenntnis weisen kann:

Mephistopheles. [...]
Der Geist der Medizin ist leicht zu fassen [...]
Ein jeder lernt nur, was er lernen kann.
Doch der den Augenblick ergreift,
Das ist der rechte Mann [...]
Besonders lernt die Weiber führen!
Es ist ihr ewig Weh und Ach
So tausendfach
Aus einem Punkte zu kurieren.
     (Vs. 405–420)

Auf seiner Suche nach dem Prinzip, das »die Welt im Innersten zusammenhält«, trifft Faust auf Gretchen. Er ist sogleich begeistert:

Faust. Das ist ein herrlich schönes Kind!
Die hat was in mir angezündt.
Sie ist so sitt- und tugendreich
Und etwas schnippisch doch zugleich.
Der Lippen Rot, der Wange Licht,
Die Tage der Welt vergeß ich's nicht!
    (Vs. 461–466)

Faust will aber nicht nur sinnliche Lust, sondern sucht nach einem Entgrenzungserlebnis in der erotischen Liebe. Hier glaubt er aus der Düsternis seines Denkens ausbrechen und das Lichte, Sanfte und Schöne finden zu können:

Faust. [...]
Umgibt mich hier ein Zauberduft?
Mich drangs, so grade zu genießen,
Und fühle mich in Liebestraum zerfließen!
Sind wir ein Spiel von jedem Druck der Luft?

Und träte sie den Augenblick herein,
Wie würdest du für deinen Frevel büßen!
Der große Hans, ach wie so klein,
Läg weggeschmolzen ihr zu Füßen.
    (Vs. 573–580)

Faust muss sich jedoch der Hilfe Mephistos bedienen und verwickelt sich dadurch in Lüge, Verführung und Untreue. Dabei klingen Themen an, die Goethe selbst beschäftigten. Seine Treulosigkeit gegenüber Friederike hielt ihn noch immer gefangen und es war in ihm eine reife Sehnsucht nach einer wirklichen Partnerschaft gewachsen. Dies drückt sich, wie wir bereits gesehen haben, in Gretchens Gesang vom »König in Thule« aus.

Doch Faust hat sich in mörderische Machenschaften verwickelt. Wenn man die scheinbaren Unfälle im »Faust« als Ausdruck einer unbewussten Tendenz betrachten will, so ergibt sich folgende Interpretation: Faust veranlasst Gretchen, ihre Mutter mit einem Schlaftrunk zu betäuben, der zum Tod der Mutter führt. Dies könnte ein Hinweis darauf sein, dass die sexuelle Vereinigung einen Abschied von der Mutter, eine Trennung bedeutet. Allerdings fürchtet Faust, nicht Manns genug zu sein, um die durch die Vereinigung entstehende Nähe dauerhaft zu ertragen und auch Vater eines Kindes zu sein. Faust bleibt, wie Goethe und viele seiner dramatischen Helden, der unbestimmte

Mann, der durch Liebesbindung und Vaterschaft seine Freiheit und Produktivität zu verlieren fürchtet. Er sucht ein unpersönliches Entgrenzungserlebnis, als Person und Partnerin kann er Gretchen nicht sehen. Letztlich wird Gretchen als Inkarnation der liebenden Frau vernichtet:

> *Gretchen.* [...]
> Wohin ich immer gehe,
> Wie weh, wie weh, wie wehe
> Wird mir im Busen hier!
> Ich bin, ach, kaum alleine,
> Ich wein, ich wein, ich weine,
> Das Herz zerbricht in mir.
> (Vs. 1293–1298)

Auch die Frucht der beiden, das Kind, muss sterben. Faust ist zwar geplagt von Schuldgefühlen, doch unfähig, Gretchen und sein Kind zu retten. Goethe beschreibt mit bemerkenswerter Einfühlung Gretchens Tragödie. Ihre verblendete Liebe zu Faust, psychologisch gesprochen die Idealisierung des Liebesobjekts, lässt sie unschuldig schuldig werden. Faust blendet ihre Schwangerschaft völlig aus. Es kann kein Zufall sein, dass im hektischen Treiben sowohl des »Urfaust« als auch in den späteren Versionen des Dramas die Zeit der Schwangerschaft von Gretchen fast völlig ausgespart bleibt. Dies könnte ein Hinweis darauf sein, dass auch Goethe mit den sichtbaren Zeichen der weiblichen Fruchtbarkeit Probleme hatte. Es ist bekannt, wie ängstlich er auf körperliche Veränderungen reagierte und wie schwer es ihm fiel, seiner Frau Christiane und seinen engsten Freunden in ihren Krankheiten beizustehen. Ähnlich schwach, wankelmütig und untreu verhält sich Faust, nachdem er Gretchen ins Unglück gestürzt hat. Er bedauert sie zwar mit empfindsamen Worten, kann ihr jedoch in keiner Weise behilflich sein:

> *Faust.* Im Elend! Verzweifelnd! Erbärmlich auf der Erde lang verirrt! Als Missetäterin im Kerker zu entsetzlichen Qualen eingesperrt, das holde unselige Geschöpf! Bis dahin! – Verräterischer, nichtswürdiger Geist, und das hast du mir verheimlicht! Steh nur, Steh! Wälze die teuflischen Augen ingrimmend im Kopf herum! Steh und trutze mir durch deine unerträgliche Gegenwart! Gefangen! Im unwiederbringlichen Elend bösen Geistern übergeben und der richtenden gefühllosen Menschheit! Und du wiegst mich indes in abgeschmackten Freuden ein, verbirgst mir ihren wachsenden Jammer und lässest sie hülflos verderben!
> (HA 3, S. 415)

Dieser Dialog mit Mephisto klingt wie ein Selbstgespräch. Fausts Befreiungsversuche bleiben vage und letztlich erfolglos. Hilflos muss er Gretchens Halluzinationen zuhören und ihrem Untergang zusehen:

> *Gretchen.*
> Meine Mutter, die Hur,
> Die mich umgebracht hat!
> Mein Vater, der Schelm,
> Der mich gessen hat!
> Mein Schwesterlein klein
> Hub auf die Bein
> An einen kühlen Ort;
> Da ward ich ein schönes Waldvögelein;
> Fliege fort! Fliege fort!
> (HA 3, S. 417)

In diesem schaurigen Gesang Gretchens wird – ganz entgegen der kulturell fest verankerten Elternliebe – eine gewalttätige, ja kannibalistische Beziehung zum Kind dargestellt. Die Kinderpsychoanalytikerin Melanie Klein (1957) konnte tatsächlich plausibel machen, dass auch in normalen Eltern-Kind-Beziehungen unbewusste Vernichtungswünsche eine Rolle spielen können. Marie Langer (1987) hat in »Das gebratene Kind und andere Mythen« beschrieben, wie archaische Gemeinschaften in Hungersnöten ihre Kinder aufessen. Diese kulturelle Erbschaft kommt auch immer wieder in Märchen wie zum Beispiel »Hänsel und Gretel« oder dem »Märchen vom Machandelbaum«, dem das gerade zitierte Lied Gretchens entnommen ist, zur Darstellung. An dieser Stelle eröffnet sich eine Tiefendimension von Goethes lebenslanger Beschäftigung mit dem Kindsmord. Könnte es sein, dass er die schemenhaften, unbewussten Ängste und protomentalen Eindrücke eines kleinen Kindes, das den Tod der Geschwister in Mutterleib und Wiege atmosphärisch und sprachlos miterlebt, verarbeitet und gestaltet? Goethes Interesse für Kindsmörderinnen kann nicht auf diesen Punkt kausal zurückgeführt werden, doch spielen diese Aspekte eine bedeutende Rolle und klingen in vielen Werken an. Er wäre auch für das Verständnis der unermüdlichen künstlerischen Tätigkeit Goethes relevant, dass seine poetische Arbeit eine Art von Wiedergutmachung für archaische Destruktivität darstellt.

Wir wissen aus der Entwicklungspsychologie, dass sich sehr kleine Kinder für das Leid ihrer Eltern und den Tod der Geschwister verantwortlich fühlen. Die Kunst erfüllt, unter diesem Gesichtspunkt betrachtet, wie die Blätter, die der zehnjährige Goethe für seinen toten Bruder Hermann Jakob schrieb, die Funktion, Totes zum Leben zu erwecken und etwas Schreckliches wieder gut zu machen.

Faust gelingt dies nicht. Er bleibt hilflos und kann Gretchen nicht befreien. Seine Liebe und seine Kunst können das Geschehene nicht wieder gut machen:

> *Margarete.* Küsse mich! Kannst du nicht mehr küssen? Wie? Was?
> Bist mein Heinrich und hast's Küssen verlernt? Wie sonst ein ganzer
> Himmel mit deiner Umarmung gewaltig über mich eindrang! Wie du
> küßtest, als wolltest du mich in wollüstigem Tod ersticken! Heinrich,
> küsse mich, sonst küß ich dich! *Sie fällt ihn an.* Weh! Deine Lippen
> sind kalt! Tot! Antworten nicht!
>
> (HA 3, S. 419)

Schließlich bittet Margarete Faust zu überleben, um für die Gräber zu sorgen. Hier wird eine wesentliche Funktion der Kunst symbolisiert: Sie soll bezeugen, was geschehen ist und die Leiden und Freuden, die uns geschenkt werden, erinnern, wiederholen und durcharbeiten.

Zeit der Reife: Weimar 1775–1786 (Charlotte)

Sag', was will das Schicksal uns bereiten?
Sag', wie band es uns so rein genau?
Ach, du warst in abgelebten Zeiten
Meine Schwester oder meine Frau.
(HA 1, S. 123)

Der 18-jährige Carl August von Sachsen-Weimar-Eisenach suchte auf Anregung seiner Mutter Anna Amalia die Begegnung mit Goethe. Während der Reise zu seiner künftigen Frau, der Darmstädter Prinzessin Louise, unterhielt er sich lange mit Goethe über staatspolitische Themen. Der gerade zum Herzog ernannte Carl August war von Goethe dermaßen angetan, dass er ihn in seine Residenz nach Weimar einlud.

In Weimar hatte seine Mutter Anna Amalia 17 Jahre lang regiert und Kultur und Wissenschaft auf ungewöhnliche Weise gefördert. Anna Amalia war auch selbst höchst gebildet, komponierte, las viel und war auf die Schriften Goethes aufmerksam geworden. Zum Beispiel war sie von seinem Singspiel »Erwin und Elmire« so begeistert, dass sie die Musik dazu schrieb.

Für Goethe war die Einladung eine willkommene Gelegenheit, sich der misslichen Situation in Frankfurt zu entziehen. Die Verlobung mit Lili Schönemann war zwar gelöst, doch fühlte er sich weiterhin unbehaglich und suchte nach Gelegenheiten zur Flucht.

Am 7. November 1775 traf Goethe in Weimar ein und wurde sogleich in einen Kreis von bedeutenden Männern aufgenommen. Wieland, der Erzieher Carl Augusts, und von Knebel, der den jüngeren Prinzen Constantin ausbildete, nahmen ihn freundlich auf. Keine zwei Monate nach seiner Ankunft schrieb er nach dem Jahreswechsel 1776 an Johanna Fahlmer: »Liebe Tante, ich sollt an meine Mutter schreiben, drum schreib ich an Sie dass ihr zusammen meinen Brief geniesst und verdaut. Ich bin immer fort in der wünschenswerthsten Lage der Welt. Schwebe über all den ersten größten Verhältnissen, habe glücklichen Einfluss, und geniesse und lerne und so weiter« (FA 29, S. 16).

Goethe war der peinlichen psychischen und sozialen Situation in Frankfurt entronnen. Bemerkenswert rasch füllte er in Weimar die

Lücke, die Cornelia, Friederike, Charlotte und Lili hinterlassen hatten, mit der Hofdame Charlotte von Stein. Wenige Tage nach seiner Ankunft in Weimar war er ihr begegnet und verwob sie sogleich in eine schwärmerische Liebe.

Charlotte von Stein war sieben Jahre älter als Goethe und von zarter, kränkelnder Natur. In ihrer kühlen Strenge war sie seiner Schwester Cornelia ähnlich. Sie war mit dem herzoglichen Stallmeister Josias von Stein unglücklich verheiratet und hatte unter schweren gesundheitlichen Belastungen sieben Kinder geboren. Nur drei ihrer Kinder überlebten das Kindesalter. Es ist naheliegend zu vermuten, dass Goethe etwas von diesem Hintergrund gespürt hat, als er sie zu seiner neuen unerreichbaren Geliebten machte. Ein Aspekt dieser exaltierten Liebe mag gewesen sein, dass Charlotte von Stein nicht nur der Schwester Cornelia ähnelte, sondern ein ähnliches Schicksal erlitten hatte wie Goethes Mutter Catharina Elisabeth. Wenn er Charlotte von Stein schreibt, dass sie in »abgelebten Zeiten« seine »Schwester oder seine Frau« gewesen sei, so erscheint dies als Verdichtung von Beziehungskonstellationen, die ihn mit seiner Mutter Catharina Elisabeth, der Schwester Cornelia, Auguste von Stolberg und anderen verbanden. Er versah Charlotte mit idealisierenden Projektionen, um alte Wunden in sich und seinen Frauen zu bewältigen.

Seine Verliebtheit in Charlotte war drängend, mitunter auch hemmungslos. Goethe besuchte Charlotte nach dem ersten Kennenlernen fast täglich. Er bestürmte sie mit Briefen wie dem folgenden Ende Januar 1776: »Liebe Frau, leide dass ich dich so lieb habe. Wenn ich iemand lieber haben kann, will ich dir's sagen. Will dich ungeplagt lassen. Adieu Gold. Du begreifst nicht *wie* ich dich lieb hab« (FA 29, S. 20).

Den Briefverkehr mit Auguste von Stolberg hatte Goethe eingestellt und auch die Beziehung zu Cornelia verblasste. Goethe ließ sich gänzlich von Charlotte gefangen nehmen oder besser gesagt: Er nahm Charlotte gefangen, um mit ihr sein persönliches Drama neu zu inszenieren. Er machte sie nicht nur zu einer platonisch umschwärmten Geliebten, sondern inszenierte seine emotionalen Konflikte in dieser Beziehung. Mitunter trug das Verhältnis zu Charlotte, ähnlich wie seinerzeit zu Auguste von Stolberg, Züge einer psychoanalytischen Beziehung, worauf schon Eissler (1963) hingewiesen hat. Im Februar schreibt Goethe alias Gustel an Charlotte von Stein: »Ich musste fort, aber du sollst doch noch eine gute Nacht haben. Du Einzige die ich so lieben kann ohne dass mich's plagt – Und doch leb ich immer halb in Furcht – Nun mag's. All mein Vertrauen hast du, und sollst so Gott will auch nach und nach all meine Vertraulichkeit haben. O hätte meine Schwester einen Bruder irgend wie ich an dir eine Schwester habe. Denck an mich und drück deine Hand an die Lippen, denn du wirst Gusteln seine Ungezogenheiten nicht abgewöhnen, die werden nur mit seiner Unruhe und Liebe im Grab enden. Gute Nacht. Ich habe nun wieder auf der ganzen Redoute nur deine Augen gesehn« (FA 29, S. 25).

Wenig später hält Goethe nach einer Begegnung mit der Sängerin und Schauspielerin Corona Schröter in einem nächtlichen Brief fest: »Adieu Ich bin dumpf im Schlaf. – Die Schröter ist ein Engel – Wenn mir doch Gott so ein Weib bescheeren wollte dass ich euch könnt in Frieden lassen – doch sie sieht dir nicht ähnlich genug. Ade – – « (FA 29, S. 30).

Die geheimnisvolle Seelenverwandtschaft mit Charlotte beschreibt er im April 1776 folgendermaßen: »Ich kann mir die Bedeutsamkeit – die Macht, die diese Frau über mich hat, anders nicht erklären als durch die Seelenwanderung. – Ja, wir waren einst Mann und Weib! – Nun wissen wir von uns – verhüllt, in Geisterduft. Ich habe keine Namen für uns – die Vergangenheit – die Zukunft – das All« (FA 29, S. 33).

Dieser Brief illustriert nachdrücklich, dass die dem modernen Leser verstiegen erscheinende Verliebtheit Goethes eine Verdichtung unterschiedlichster seelischer Strebungen darstellt. Da ist einerseits die erotische Sehnsucht durch die Vereinigung von Mann und Frau zu menschlicher Vollkommenheit zu gelangen, wie Platon dies in seinem »Symposion« mythologisch dargestellt hat.

Die Annäherung an Charlotte erfüllte daneben den Wunsch, sich in weibliches Seelenleben einzufühlen. Goethe zeigte hier, wie schon in der Beziehung zu Cornelia, eine ganz besondere Fähigkeit, sich von seiner männlichen Rolle zu entfernen und weibliche Seiten, auch in sich selbst, zu empfinden und zu bejahen. Möglicherweise war diese Fähigkeit, das festgelegte psychosexuelle Rollenschema zu überschreiten, ein wesentliches Moment seiner Kreativität.

Eisslers Interpretation (1963), dass Goethe in Charlotte seine Schwester Cornelia wiedergefunden habe und eine inzestuöse Geschwisterbeziehung reinszenierte, erscheint verkürzt: Goethe aktualisiert mit Charlotte Beziehungskonflikte, Phantasien und Stimmungen, die vielfältige Erfahrungen verdichten. In dem an Charlotte gerichteten lyrischen Text »Warum gabst du uns die tiefen Blicke« beschreibt er die phantasievollen Projektionen, die zur Idealisierung von Charlotte führten:

> Warum gabst du uns die tiefen Blicke,
> Unsre Zukunft ahndungsvoll zu schaun,
> Unsre Liebe, unsrem Erdenglücke
> Wähnend selig nimmer hinzutraun?
> Warum gabst uns, Schicksal, die Gefühle,
> Uns einander in das Herz zu sehn,
> Um durch all' die seltenen Gewühle
> Unser wahr Verhältnis auszuspähn?
> [...]
> Uns zu lieben, ohn' uns zu verstehen,
> In dem andern sehn, was er nie war,
> Immer frisch auf Traumglück auszugehen
> Und zu schwanken auch in Traumgefahr.
> [...]
> Sag', was will das Schicksal uns bereiten?
> Sag', wie band es uns so rein genau?
> Ach, du warst in abgelebten Zeiten
> Meine Schwester oder meine Frau;
> [...]
>   (HA 1, S. 122 f.)

Das poetische Selbst konfrontiert sich mit dem menschlichen Schicksal, eine Vorahnung seiner Zukunft zu besitzen. Es weiß, dass Liebe und Glück sich nie ganz erfüllen werden und fragt sich, warum es nicht wagt, sein Glück zu suchen, ihm »nimmer hinzutraun«. Aber durch die »Gefühle«, die Empfindsamkeit, wird es möglich, dem anderen nah zu kommen und ihn zu verstehen, das heißt ihm ins »Herz zu sehn«. Andererseits liebt das poetische Selbst, ohne zu verstehen, und sieht im andern, »was er nie war«. Dies bezeichnet die angesprochenen phantasievollen Projektionen, die immer wieder auf »Traumglück« ausgehen. Goethe und Charlotte können sich im wirklichen Leben nicht traumverloren einander hingeben. Das poetische Selbst kann jedoch in seiner Dichtung seine Träume und Sehnsüchte ausdrücken und die Phantasien und Ängste »abgelebter« Zeiten neu erleben. Damit klingen im Verhältnis zu Frau von Stein frühere Beziehungen nach, sie werden erinnert, inszeniert und neu gestaltet.

Goethe verband mit Frau von Stein Gefühle und Sehnsüchte, denen er mit seiner Mutter und Schwester begegnet war. Seine bewussten und unbewussten erotischen Phantasien entstammten selbstverständlich auch anderen Beziehungen und der narzisstischen Beziehung zu sich selbst. Dennoch könnte es sein, dass er unbewusst auch im Verhältnis mit Charlotte die Beziehung zu seiner Mutter, den toten Geschwistern und seiner Schwester wiederzufinden und durch die neue Inszenierung zu bewältigen suchte. Auch Charlotte trug Züge einer Mutter, die psychisch mit ihren toten Kindern beschäftigt und deswegen für den Sohn emotional wenig zugänglich war. Gleichzeitig ähnelte Charlotte in vielem Goethes Schwester Cornelia und ihrem Schicksal.

In der Realität kümmerte sich Goethe hingebungsvoll um Charlottes Sohn Fritz. Auf einer tieferen und bewusstseinsfernen Ebene spielte möglicherweise das Motiv, durch die pädagogische Arbeit die toten Geschwister zum Leben zu erwecken, auch hier eine wesentliche Rolle. Möglicherweise war es eine Triebkraft für Goethes Schwärmerei, die toten Kinder und die abgestorbenen Hoffnungen in Charlotte wieder lebendig zu machen. Dies könnte auch ein psychologisches Mittel gewesen sein, die eigenen Todesängste projektiv zu bekämpfen. Aufgrund dieser Verdichtung von Hoffnungen und Ängsten musste die Beziehung unerfüllt bleiben. Ansonsten wäre Goethe wieder einmal dem »unbetretenen, nicht zu betretenden« Reich der Mütter zu nahe gekommen. Wie im schöpferischen Prozess der »Finsteren Galerie« im »Faust« gelang es ihm aber, aus dem leidenschaftlichen Wechselspiel erotischer Annäherung und Entsagung kreative Energien zu gewinnen.

Charlotte und Goethe gaben sich mannigfaltige Anregungen und verstärkten gegenseitig ihren Lebensmut angesichts eines immer wieder von Langeweile und Erstarrung bedrohten Lebens. Sie versagte ihm jedoch jede erotische Intimität und konnte seine Unruhe und seinen Überschwang mäßigen. Insgesamt hatte sie auf Goethes Rastlosigkeit einen läuternden Einfluss. In »Jägers Nachtlied« heißt es:

Mir ist es, denk ich nur an dich,
Als säh' den Mond ich an;
Ein stiller Friede kommt auf mich,
Weiß nicht, wie mir getan.
   (HA 1, S. 121)

Ähnlich beruhigt klingen die folgenden Zeilen aus »An den Mond«:

Selig, wer sich vor der Welt
Ohne Haß verschließt,
Einen Mann am Busen hält
Und mit dem genießt,

Was den Menschen unbewußt
Oder wohl veracht'
Durch das Labyrinth der Brust
Wandelt in der Nacht.
(HA 1, S. 129)

Die zehn Jahre während enge Beziehung zu Charlotte war jedoch auch nach Abklingen der ersten Turbulenzen nicht immer so ruhig und harmonisch, wie die zitierten Gedichte dies nahe legen. Goethe fand in Charlotte zwar eine Muse, die seinem politischen, sozialen und pädagogischen Wirken zuträglich war, doch machte ihm die Ablehnung jeder körperlichen Nähe auch zu schaffen. Er teilte ihr im Oktober 1776 mit, dass sie ihm wie eine Madonna vorkomme, die gen Himmel fahre. Doch die süße Qual, Charlotte sexuell nicht erreichen zu können, schnürte das Band äußerst fest. Hoffnung und schmerzliche Entsagungen blieben Ingredienzien von Goethes Schaffenskraft. Erst mit seinem Aufbruch nach Italien im Jahre 1786 entzog er sich dem Bann Charlottes.

Mit dem 18-jährigen Herzog Carl August entwickelte sich im Laufe der ersten Weimarer Monate eine innige Freundschaft. Im Dezember 1775 schreibt Goethe vor dem Schlafengehen einen Brief an Carl August, dem er folgende Reime anfügt:

Gehab dich wohl bey hundert Lichtern
Die dich umglänzen
Und all den Gesichtern
Die dich umschwänzen
Und umkredenzen.
Findst doch nur wahre Freud und Ruh
Bey Seelen grad und treu wie du.
(FA 29, S. 12)

Goethe hat das damals noch ungebärdige und stürmische Verhalten des Herzogs nachhaltig beeinflusst. Er ließ sich teilweise auf die Ausschweifungen Carl Augusts ein und es entstanden Gerüchte um ihr wildes und ausgelassenes Treiben. Johann Heinrich Voß schreibt voll

Empörung im Sommer 1776 an einen Freund über die Zustände in Weimar: »Es geht da erschrecklich zu. Der Herzog läuft mit Göthen wie ein wilder Pursche auf den Dörfern herum, er besauft sich, und genießet brüderlich einerlei Mädchen mit ihm« (FA 29, S. 737).

Goethe teilte manches Abenteuer Carl Augusts, doch wichtiger ist, dass er sich mit viel Feingefühl sein Vertrauen erwarb. Dadurch konnte er einen pädagogischen Einfluss ausüben, der die Persönlichkeitsentwicklung von Carl August nachhaltig förderte und am Hofe mit Anerkennung wahrgenommen wurde. Rückblickend bemerkt Goethe zu Eckermann, dass der Herzog ihm anfänglich manche Not und Sorge gemacht habe. Doch seine tüchtige Natur habe sich bald gereinigt und zum Besten gebildet. Es sei eine Freude geworden, mit Carl August zu leben und zu wirken.

Besonders die Herzogin Anna Amalia war vom mäßigenden und fördernden Einfluss Goethes auf ihren Sohn angetan. Aber auch Goethe selbst schien der Umgang mit Carl August psychisch zu stabilisieren. Hier konnte er die Verwirrungen eines 18-Jährigen noch einmal miterleben, ohne selbst von den wechselnden Stimmungen der Spätadoleszenz mit all ihrer Macht ergriffen zu werden.

Zu Goethes emotionaler Ausgeglichenheit trug in dieser Zeit neben der Beziehung zu Charlotte von Stein und der pädagogischen Sorge um Carl August seine sachliche und konzentrierte Berufstätigkeit bei. Er war in vielfältige Regierungs- und Verwaltungsarbeiten eingebunden und erledigte seine Aufgaben pflichtbewusst und umsichtig. Im Juni 1776 wurde er zum Geheimen Legationsrat im höchsten Regierungsorgan des Landes ernannt. Diesem Kabinett gehörten nur noch der leitende Minister und der Geheime Assistenzrat an. Goethe erhielt ein stattliches Jahresgehalt von 1200 Talern. Seine berufliche und gesellschaftliche Position gab ihm das Gefühl, etwas Sinnvolles und Wichtiges zu tun, sie steigerte sein Selbstwertgefühl ganz erheblich. Er schrieb schon im Januar 1776 an seinen Freund Merck, dass er am Hof unentbehrlich und seine Lage »vorteilhaft genug« geworden sei. Er sah aber auch »das durchaus Scheisige dieser zeitlichen Herrlichkeit«. Goethes Freund Wieland schreibt im Juni 1776: »Unsern Goethe habe ich seit acht Tagen nicht sehen *können*. Er ist nun Geheimer Legationsrat, und sitzt im Ministerio unseres Herzogs – ist Favorit-Minister, Factotum und trägt die Sünden der Welt. Er wird viel Gutes schaffen, viel Böses hindern, und das muß – wenn's möglich ist – uns dafür trösten, dass er als Dichter wenigstens für viele Jahre verloren ist« (FA 29, S. 747).

Neben der ministeriellen Tätigkeit übernahm Goethe im Jahre 1777 die Leitung der Bergwerkskommission, die die schwache industrielle Tätigkeit im Lande beleben sollte. Dreißig Jahre lang verfolgte Goethe ehrgeizig dieses Projekt. Diese und weitere ökonomische, soziale und politische Tätigkeiten boten Goethe die Möglichkeit, wirksam und nützlich für die notleidende Bevölkerung im Herzogtum zu sein.

Goethe ging aber nicht gänzlich in seinen Regierungsgeschäften auf. Er arrangierte Feste, Leseabende und Theateraufführungen. Da geschah es, dass er inmitten glücklicher Tage am 16. Juni 1777 die Nachricht vom Tode seiner Schwester erhielt.

Cornelias Leben war unglücklich verlaufen. Nachdem sie 1773 den um elf Jahre älteren Juristen Johann Georg Schlosser geheiratet hatte, zog sie mit ihm nach Emmendingen, wo er eine angesehene Position als höchstbezahlter Beamter in Baden einnahm. Goethe hatte auf Cornelias Heirat eifersüchtig reagiert und Schlosser war der Meinung, dass Cornelias Liebe zu ihrem Bruder der Grund dafür war, dass sie keine tiefere Zuneigung zu ihm empfinden konnte.

Cornelia lehnte sich selbst und ihre Weiblichkeit ab und litt unter ihren häuslichen Pflichten. Die erste Schwangerschaft war sehr beschwerlich, sie musste viel liegen und konnte sich auch nach der Geburt lange nicht erholen. Sie fühlte sich apathisch und depressiv und wurde von den »beständigen Leiden des Cörpers« zermürbt. Cornelia beschrieb in ihren Briefen eine »Art von Melanchholie«, die zwei Jahre anhielt. Sie fühlte sich einsam und konnte ohne die Anregung des Bruders nicht aus sich selbst heraus kreativ werden. Schon in der Frankfurter Zeit hatte sie in ihr Tagebuch geschrieben, dass ihre Tage sehr einförmig seien und die Ruhe keine Reize für sie habe. Anders als ihr Bruder, der auf Trübsinn mit schöpferischer Arbeit reagierte, konnte Cornelia in ihren depressiven Stimmungen nicht aktiv sein. Aus Emmendingen schrieb sie schwermütig: »Es ist sehr schlimm, dass ich mich selbst mit nichts beschäfftigen kann, weder mit Handarbeit, noch mit lesen, noch mit Clavierspielen« (J. C. Goethe et al., 1960, S. 391).

Im Frühling und Sommer des Jahres 1775 erholte sich Cornelia langsam und zu Beginn des Jahres 1776 fühlte sie sich durch die Hilfe des Arztes und philosophischen Schriftstellers Johann Georg Zimmermann wieder hergestellt. Zimmermann wurde als guter Psychologe geachtet und Goethe bemerkte, dass er die Welt bezaubere, »sonderlich die Weiber«.

Nach einem Besuch bei Cornelias Eltern verbrachte Zimmermann einige Wochen in Emmendingen und führte mit Cornelia eine augenscheinlich erfolgreiche Psychotherapie durch. Cornelia konnte nach Abschluss der Kur wieder die Schönheit der Natur erleben und wurde geselliger. Sie begann sich an ihrem gesunden Kind zu erfreuen und ihren angesehenen wie treusorgenden Mann zu schätzen. Sie fand sich in der Lage, das schöne Haus und das materiell sorgenfreie Leben zu genießen. So schrieb sie im Januar 1776: »Zimmermann kam als mein guter Genius mich an Leib und Seele zu erretten, er gab mir Hofnung und munterte mich so auf, dass ich seitdem wenig ganz trübe Stunden mehr habe« (J. C. Goethe et al., 1960, S. 391).

Im Herbst 1776 stellten sich jedoch bei Cornelia während ihrer zweiten Schwangerschaft erneut körperliche Schwäche und Melancholie ein. Sie hielt im Dezember fest: »[...] und da schleiche ich denn ziemlich langsam durch die Welt, mit einem Körper der nirgend hin als ins Grab taugt« (S. 394).

Im Anschluss an ihre erneut höchst beschwerliche Schwangerschaft starb Goethes Schwester und Muse Cornelia vier Wochen nach der Geburt ihrer zweiten Tochter. Am 16. Juni 1777 erhielt er, acht Tage nach ihrem Tod, die Nachricht und war tief getroffen. In seinem Tagebuch hält er fest: »Dunckler zerrissner Tag [...] Leiden und Träumen« (FA 29, S. 91). An seine Mutter sendet er folgende Zeilen: »Ich kann Ihr nichts sagen, als dass das Glück sich gegen mich immer gleich bezeigt, dass mir der todt der Schwester nur desto schmerzlicher ist da er mich in so glücklichen Zeiten überrascht« (FA 29, S. 91).

Goethe befand sich in Weimar tatsächlich in einer glücklichen Lebensphase. Seinem Schmerz über das Schicksal von Cornelia gibt er in einem Brief an Auguste zu Stolberg die Worte, die als Motto zu diesem Buch dienten:

Alles gaben Götter, die unendlichen,
Ihren Lieblingen ganz,
Alle Freuden, die unendlichen,
Alle Schmerzen, die unendlichen, ganz.
    (HA 1, S. 142)

Diese Verse illustrieren neben einer tiefen Schicksalsbejahung die innige Verbundenheit mit Cornelia. Ein weiterer Hinweis auf die anhaltend starke innere Beziehung zu Cornelia ist Goethes Einakter »Die Geschwister«. Er schrieb das Stück in nur zwei Tagen im Oktober 1776 und stellt in dessen Mittelpunkt die Liebe eines Geschwisterpaars, das sich am Ende heiraten darf, da sich entgegen ihrer jahrelangen Überzeugung herausstellt, dass sie gar nicht verwandt sind. Auch im »Clavigo« begegnet uns Goethes Geschwisterthematik und in »Iphigenie auf Tauris« findet sie ihren höchsten Ausdruck. In der »Iphigenie«, auf die wir noch zurückkommen werden, dominieren jedoch andere Themen wie die Reinigung von Leidenschaft und Schuld sowie die Heilung von Misstrauen, Furcht und Hass. Das Drama ist auch stark von der Beziehung zu Charlotte von Stein geprägt. Dennoch durchzieht die Geschwisterthematik das gesamte Schauspiel. Ein nochmaliges Echo wird die Geschwisterliebe später in »Wilhelm Meisters Lehrjahre« finden, um dann in den Hintergrund zu treten.

Auch andere Schicksale erschütterten Goethe und aktivierten eigene seelische Turbulenzen. In der Hymne »Harzreise im Winter« vom Dezember 1777 verarbeitet er seine erste Weimarer Zeit mit ihren Höhen und Tiefen und bedenkt die Krisen und Gefährdungen, denen er und andere ausgesetzt sind:

Harzreise im Winter

Dem Geier gleich,
Der auf schweren Morgenwolken
Mit sanften Fittichen ruhend
Nach Beute schaut,
Schwebe mein Lied.

Denn ein Gott hat
Jedem seine Bahn
Vorgezeichnet,
Die der Glückliche
Rasch zum freudigen
Ziele rennt;
Wem aber Unglück
Das Herz zusammenzog,
Er sträubt vergebens
Sich gegen die Schranken
Des ehernen Fadens,
Den die doch bittre Schere
Nur einmal löst.

In Dickichtsschauer
Drängt sich das rauhe Wild,
Und mit den Sperlingen
Haben längst die Reichen
In ihre Sümpfe sich gesenkt.

Leicht ist's, folgen dem Wagen,
Den Fortuna führt,
Wie der gemächliche Troß
Auf gebesserten Wegen
Hinter des Fürsten Einzug.

Aber abseits, wer ist's?
Ins Gebüsch verliert sich sein Pfad,
Hinter ihm schlagen
Die Sträuche zusammen,
Das Gras steht wieder auf,
Die Öde verschlingt ihn [...]
        (HA 1, S. 50 ff.)

Das poetische Selbst schwebt in der ersten Strophe über den Gefährdungen der Welt und sucht Nahrung für seinen Gestaltungsdrang.
In der zweiten Strophe zeigt es eine Schicksalsergebenheit, in der die
Glücklichen »rasch zum freudigen Ende« rennen, während sich die
Unglücklichen, denen es »das Herz zusammenzog«, sich vergebens
gegen ihr Schicksal sträuben. Goethe kennt beide Seiten, doch in den
Unglücklichen klingt seine Schwester an, die sich gegen ihr Schicksal
nicht wehren konnte und der die »bittre Schere« des Todes zu früh
den »ehernen Faden« durchschnitt. Aber auch unter den Lebenden
gibt es Menschen, die im »Dickichtsschauer« verzweifeln. Während in
der Düsternis des Winters die »Reichen in ihre Sümpfe sich gesenkt«
haben, das heißt in ihre Stadtwohnungen – Symbole für Behaglichkeit und Sicherheit – gezogen sind, leiden andere. Auch das poetische
Selbst könnte diesen Weg beschreiten und leicht »Fortunas Wagen
folgen«, doch es interessiert sich für denjenigen, der abseits steht und
von der »Öde verschlungen« wird.

Goethe verarbeitet in diesem Gedicht unter anderem seine Reise zu
dem verzweifelnden Philosophen Plessing, der sich in einem Zustand
psychischer Zerrüttung befand. Der erfolglose Mann hatte sich an den
Verfasser des »Werther« schriftlich gewandt und um Unterstützung
gebeten. Goethe sah in Plessing ein Alter Ego, eine andere Seite seiner
Persönlichkeit, die auch – wie jener – hätte scheitern können. Er stat-

tete Plessing während seiner Reise in den Harz im Winter 1777 einen Besuch ab, während sich die Hofgesellschaft auf der Jagd befand. In der nächsten Strophe seines Gedichts widmet er sich Plessing:

> Ach, wer heilet die Schmerzen
> Des, dem Balsam zu Gift ward?
> Der sich Menschenhaß
> Aus der Fülle der Liebe trank.
> Erst verachtet, nun ein Verächter,
> Zehrt er heimlich auf
> Seinen eignen Wert
> In ungnügender Selbstsucht [...]
> (HA 1, S. 50 ff.)

Goethe beschreibt die Einsamkeit dessen, »der sich Menschenhass aus der Fülle der Liebe trank«. Das poetische Selbst reflektiert, wie aus Kränkungen eine verächtliche Haltung zur Welt entsteht und damit einhergehend das eigene Selbstwertgefühl weiter zerstört wird. Es bittet Gott um Gnade, Heilung und Erlösung:

> Ist auf deinem Psalter,
> Vater der Liebe, ein Ton
> Seinem Ohre vernehmlich,
> So erquicke sein Herz!
> Öffne den umwölkten Blick
> Über die tausend Quellen
> Neben dem Durstenden
> In der Wüste! [...]
> (HA 1, S. 50 ff.)

Nach seinem Appell, den »Durstenden in der Wüste« zu retten, erbittet das poetische Selbst auch für die Glücklichen göttlichen Segen:

> Der du der Freuden viel schaffst,
> Jedem ein überfließend Maß,
> Segne die Brüder der Jagd
> Auf der Fährte des Wilds
> Mit jugendlichem Übermut
> Fröhlicher Mordsucht,
> Späte Rächer des Unbills,
> Dem schon Jahre vergeblich
> Wehrt mit Knütteln der Bauer [...]
> (HA 1, S. 50 ff.)

In dieser Strophe sinniert das poetische Selbst über die Ausgelassenheit der Jagdgesellschaft, der ein »überfließend Maß« an Freuden zuteil wird. Sie können sich »mit jugendlichem Übermut« und gutem Gewissen ihren aggressiven Regungen überlassen. Das poetische Selbst fragt aber wieder nach »dem Einsamen« und hofft, dass der Dichter ihn erhellen und auf den rechten Weg führen kann:

> Aber den Einsamen hüll'
> In deine Goldwolken,
> Umgib mit Wintergrün,
> Bis die Rose wieder heranreift,
> Die feuchten Haare,
> O Liebe, deines Dichters!
>
> Mit der dämmernden Fackel
> Leuchtest du ihm
> Durch die Furten bei Nacht,
> Über grundlose Wege
> Auf öden Gefilden,
> Mit dem tausendfarbigen Morgen
> Lachst du ins Herz ihm;
> Mit dem beizenden Sturm
> Trägst du ihn hoch empor.
> Winterströme stürzen vom Felsen
> In seine Psalmen,
> Und Altar des lieblichsten Danks
> Wird ihm des gefürchteten Gipfels
> Schneebehangner Scheitel,
> Den mit Geisterreihen
> Kränzten ahnende Völker [...]
> (HA 1, S. 50 ff.)

Das poetische Selbst findet wie Goethe in seinen Dichtungen ein Licht, das ihn durch die emotionalen »Furten bei Nacht« begleitet. Es ist dankbar, dass es selbst durch die Dichtung »hoch empor« getragen wird, und Goethe wünscht sich dies auch für Plessing. Das poetische Selbst muss sich jedoch auch bescheiden vor den unerforschbaren Rätseln Gottes und der Welt verneigen:

> Du stehst mit unerforschtem Busen
> Geheimnisvoll-offenbar
> Über der erstaunten Welt
> Und schaust aus Wolken
> Auf ihre Reiche und Herrlichkeit,
> Die du aus den Adern deiner Brüder
> Neben dir wässerst.
> (HA 1, S. 50 ff.)

Wie das poetische Selbst ist Goethe erstaunt über seine eigene Fähigkeit, »mit unerforschtem Busen« und ästhetischer Freude sein Leben betrachten zu können und zu gestalten. Er scheint sich gewahr zu sein, dass es auch hätte anders kommen können. In diesem Gedicht spricht sich eine tiefe Beunruhigung über das Scheitern, aber auch der uns schon so bekannte poetische Triumph über die Bedrohungen der Existenz aus.

Das Mitgefühl, das auch aus Einsicht in die eigenen Gefährdungen gespeist war, ermöglichte Goethe ein erstaunliches Arbeitspensum und einen weiten politischen Aktionsradius. Im Januar 1779 notiert er: »Der Druck der Geschäfte ist sehr schön der Seele, wenn sie entladen ist spielt sie freyer und geniest des Lebens. Elender ist nichts als der behagliche Mensch ohne Arbeit, das schönste der Gaben wird ihm eckel« (FA 29, S. 156).

Andererseits wurde er jedoch mit so vielfältigen Aufgaben betraut, dass seine dichterische Schaffenskraft zunehmend versiegte. Im Jahre 1779 übertrug man ihm zusätzlich zu den bereits geschilderten Aufgaben den Vorsitz der Kriegskommission und er hatte die Rekrutenaushebung der Weimarer Armee zu beaufsichtigen. Eine große Verantwortung lastete auf ihm, weil die politische Lage brisant war. Der Bayerische Erbfolgekrieg 1778/1779 drohte das Herzogtum Sachsen-Weimar in die Auseinandersetzungen zwischen Preußen und Österreich um die Hegemonie im deutschen Reichsgebiet hineinzuziehen. Goethe überzeugte den Herzog, dass es besser sei, den Preußen freiwillig Truppen zu stellen, als es auf eine gewaltsame Aushebung der Rekruten in Sachsen-Weimar ankommen zu lassen. Gleichzeitig leitete er die Wege- und Wasserbaukommission und kümmerte sich um die Sanierung des Straßen- und Brückenwesens. Im Jahre 1782 übernahm er nach seiner Ernennung zum Kammerpräsidenten zusätzlich das aufwändige Amt des Finanzministers. Er widmete sich all diesen Aufgaben mit erstaunlicher Energie und Hingabe. Er schien die praktische Tätigkeit und das damit einhergehende Gefühl psychischer Stabilität zu schätzen.

Seine Frauenbeziehungen werden in dieser Zeit weiterhin von unerfüllten erotischen Sehnsüchten beherrscht. Es gelingt ihm jedoch, sich mit seiner Einsamkeit poetisch zu versöhnen. In dem Gedicht »Ein Gleiches«, das Goethe 1780 während einer einsamen Übernachtung in einer einfachen Holzhütte bei Ilmenau an die Bretterwand schrieb, finden wir einen Ausdruck dieser traurig-schönen Versöhnung:

Wandrers Nachtlied (Ein Gleiches)

Über allen Gipfeln
Ist Ruh,
In allen Wipfeln
Spürest du
Kaum einen Hauch;
Die Vögelein schweigen im Walde.
Warte nur, balde
Ruhest du auch.
      (HA 1, S. 142)

Der Titel »Ein Gleiches« spielt auf ein anderes Nachtlied – »Der du von dem Himmel bist« – des einsamen Wanderers an. Es sind ganz einfache Worte, mit denen Goethe den Leser gefangen nimmt. Der lange Vokal in der zweiten Zeile vermittelt das Gefühl vollkommener Stille, die die Natur und uns selbst in der Dämmerung erfüllt. Das Leben steht still, doch der Atem stockt nicht vor Angst, sondern wird zum entrückenden Hauch. Der Tod ist nicht schrecklich, sondern eine erlösende Vorstellung in ruhiger Verklärung.

Goethes poetische Bewältigung von Stimmungen – hier von Einsamkeit, Sehnsucht und unerfüllter Liebe – findet in »Über allen Gipfeln« einen besonders tiefgehenden Ausdruck und es ist kein Zufall, dass der gleichfalls unerfüllt liebende Franz Schubert das Lied so vertonte, dass es noch zweihundert Jahre später bewegt und fasziniert.

Die ersten Weimarer Jahre waren für Goethe ein Lebensabschnitt, in dem er innerlich reifte und erwachsen wurde. Die Übernahme von Pflichten und Verantwortungen befreiten ihn von den Verwirrungen der Adoleszentenzeit. Im August 1779 notierte er programmatisch in sein Tagebuch: »Lasse uns von Morgen zum Abend das gehörige thun und gebe uns klare Begriffe von den Folgen der Dinge. Dass man nicht sey wie Menschen die den ganzen Tag über Kopfweh klagen und gegen Kopfweh brauchen und alle Abend zu viel Wein zu sich nehmen« (FA 29, S. 184).

Boyle (1991) meint wie viele andere Germanisten, dass das politische und soziale Engagement Goethes seine dichterische Schaffenskraft beeinträchtigt habe, was sich besonders an dem Schauspiel »Iphigenie auf Tauris« zeige, dessen Bearbeitung fast zehn Jahr dauerte. Dennoch blieb Goethe, wie seine Gedichte zeigen, poetisch eine gewisse Zeit aktiv und fand hier wie in seinen Dramen weiterhin Ausdruck für seine Gefühle, Phantasien und Konflikte. Gerade in »Iphigenie auf Tauris« werden ein Vielzahl von psychologischen und persönlichen Themen Goethes im Gewand eines antiken Mythos dargestellt.

Iphigenie auf Tauris

Iphigenie soll als Tochter des Agamemnon geopfert werden, um die Götter für den anstehenden Krieg günstig zu stimmen. Die Göttin Diana, eine Schwester des Apoll, entreißt sie jedoch dem Opfertod und bringt sie nach Tauris, wo sie ihr als oberste Priesterin dienen soll. Iphigenie sehnt sich nach ihrer griechischen Heimat zurück, doch Thoas, König der Taurier, der sie zur Frau begehrt, will sie nicht ziehen lassen. Ihretwegen hat Thoas auf die blutigen Menschenopfer verzichtet, doch Iphigenie weist ihn zurück. Letztlich willigt er ein, Iphigenie gehen zu lassen, doch nur unter der Bedingung, dass die beiden Fremden, die gerade in Tauris angelangt sind, den Opfertod stürben. Iphigenie erkennt in einem der Fremden ihren Bruder Orest. Dieser ist zum Mörder seiner Mutter geworden, weil diese seinen Vater Agamemnon betrogen und ermordet hat. Apollos Wahlspruch hat ihn nach Tauris gewiesen: Wenn er die Schwester heimhole, werde er gesühnt. Dies versteht Orest so, als solle er das Standbild Dianas aus Tauris rauben. Zu seiner Überraschung findet er hier seine eigene totgeglaubte Schwester.

Gemeinsam mit Pylades schmiedet Orest einen Fluchtplan, doch Iphigenies Sittlichkeit verbietet es, den König zu betrügen. Sie gesteht ihm die Verschwörung und macht ihm zugleich deutlich, dass er kein Recht habe, sie und die Gefährten festzuhalten. Grollend gewährt Thoas die Abreise, doch Iphigenie will versöhnt von Thoas scheiden, den sie wie einen zweiten Vater verehrt. Sie bezwingt mit ihrer Sittlichkeit seine Rohheit und man scheidet in wahrer Freundschaft.

Das Schauspiel schildert Iphigenies Bestreben, sittliches Handeln in einer von Gewalt und mythischer Befangenheit bestimmten Welt zu verwirklichen. Letztlich gelingt es der Humanität Iphigenies, barbarische Gewalt zu überwinden. Die Entwicklung der Protagonisten stellt sich auf einer psychologischen Ebene als Heilung dar, was einen Leitgedanken der Dramatik der ersten Weimarer Jahre darstellt (Borchmeyer, 1999a). So wird Orest von seinen Verfolgungsängsten durch das Charisma der Schwester im Sinne einer psychischen Kur geheilt.

Goethe hat lange, von 1779 bis 1789, mit seinem Schauspiel gerungen. Die erste Prosafassung entstand jedoch in kurzer Zeit im Februar und März 1779. Goethe befand sich in einem Spannungsverhältnis zwischen praktisch-politischer und dichterischer Tätigkeit. Er versuchte beide Bereiche in Einklang zu bringen und notierte während des Diktats der »Iphigenie« in sein Tagebuch: »Meine Seele löst sich nach und nach durch die lieblichen Töne aus den Banden der Protokolle und Ackten. Ein Quatro neben in der grünen Stube, sizz ich und rufe die fernen Gestalten leise herüber. Eine Scene soll sich heute absondern denck ich, drum komm ich schwerlich. Gute Nacht. Einen guten Brief von meiner Mutter hab ich kriegt« (FA 29, S. 157).

Die Dichtung wird wieder einmal zu seinem Mittel, mit sich selbst, seinem Denken und Fühlen, in Kontakt zu bleiben und die Kontinuität seiner Geschichte und Kohärenz seiner Persönlichkeit herzustellen. Dies war auch bitter nötig, denn seine realen Sorgen waren erheblich. Die Rekrutenaushebung war höchst belastend und die sozialen Nöte der Bevölkerung erschütterten ihn sehr. Die trostlose Lage der Strumpfmanufaktur in Apolda und die Not leidenden Menschen brachten ihn fast zu Verzweiflung und er suchte nach Wegen, den Missständen abzuhelfen. Durch die Arbeit an der »Iphigenie« konnte er sich nur teilweise in seine »alte Burg der Poesie« zurückziehen. Die Lage der notleidenden Arbeiterfamilien ging ihm sehr nah und im März 1779 schreibt er: »Hier will das Drama gar nicht fort, es ist verflucht, der König von Tauris soll reden als wenn kein Strumpfwürcker in Apolde hungerte« (FA 29, S. 163).

Psychologisch fällt an der »Iphigenie« erneut auf, wie einfühlsam Goethe die Protagonistin zeichnet, während die Männergestalten blass bleiben. Iphigenie ist typisch für Goethes Frauengestalten. Sie seien »das einzige Gefäß, was uns Neueren noch geblieben ist, um unsere Idealität hineinzugießen. Mit den Männern ist nichts zu tun« (HA 5, S. 428).

Am Ende der letzten Rede Orests heißt es in Bezug auf Iphigenie:

Gewalt und List, der Männer höchster Ruhm,
Wird durch die Wahrheit dieser hohen Seele
Beschämt [...]
    (Vs. 2142–2144)

Goethe machte aus der antiken Tragödie ein Seelendrama, das von einer im Christentum wurzelnden Innerlichkeit geprägt ist. Erich Trunz (1981) vermutet, dass ein psychologischer Anstoß zur »Iphigenie« Schuldgefühle gegenüber Lili Schönemann gewesen sind. Goethe selbst hat während seiner Flucht vor Lili im August 1775 Folgendes festgehalten: »Vielleicht peitscht mich bald die unsichtbare Geißel der Eumeniden wieder aus meinem Vaterland« (HA 5, S. 430).

Goethe suchte immer wieder Heilung von seiner inneren Zerrissenheit durch eine entsagende geschwisterliche Liebe. So dürfte auch »Iphigenie« psychologisch durch die verklärte Liebe zu Charlotte von Stein, »meine Schwester oder meine Frau«, geprägt sein. Seine Identifikation mit dem Schauspiel findet auch darin einen Ausdruck, dass er selbst bei der Uraufführung den Orest spielte. Psychologisch ist es bemerkenswert, dass der von Furien verfolgte und von Todessehnsucht erfüllte junge Mann Orest in Iphigenies Gegenwart zu neuem Leben erwacht. Er erfährt wie Goethe selbst eine Heilung von verwirrenden Schuldgefühlen und Ängsten durch die erotisch entsagende, geschwisterlich geliebte Frau.

Goethe verlegt die Befreiung von emotionaler Verwirrung, ähnlich wie Mozart in seiner etwa gleichzeitig entstandenen »Zauberflöte«, in eine mythische Welt, die sich den psychologischen Bedürfnissen der Menschen fügt. Dabei ist die Stimme der Wahrheit und der Menschlichkeit eher in der Kunst als in der Wirklichkeit zu vernehmen. Goethe spürt jedoch die Brüchigkeit der idealisierenden Versöhnung unvereinbarer Kräfte in der »Iphigenie«. Schon bald nach der Uraufführung schreibt er angesichts des Kriegs mit Frankreich, dass er sich »dem zarten Sinn« entfremdet fühle. Er kritisiert selbst die »erhabene Heiligkeit« seiner idealisierenden Schauspiele und charakterisiert »Iphigenie auf Tauris« als »ganz verteufelt human« (HA 5, S. 438).

Torquato Tasso

Noch deutlicher als in »Iphigenie auf Tauris« sind die biographischen Bezüge in seinem Schauspiel »Torquato Tasso«. In einem Gespräch mit Eckermann gesteht Goethe im Mai 1827: »Ich hatte das *Leben* Tassos, ich hatte mein eigenes Leben, und indem ich zwei so wunderliche Figuren mit ihren Eigenheiten zusammenwarf, entstand in mir das Bild des »Tasso«, dem ich, als Kontrast, den *Antonio* entgegenstellte, wozu es mir auch nicht an Vorbildern fehlte. Die weiteren Hof-Lebens- und Liebesverhältnisse waren übrigens in Weimar wie in Ferrara, und ich kann mit Recht von meiner Darstellung sagen: *sie ist Bein von meinem Bein und Fleisch von meinem Fleisch«* (FA 39, S. 615).

Goethe hat mit dem »Tasso« im Herbst 1780 begonnen und es ist unverkennbar, dass ihn darin seine eigenen psychologischen Themen am Hof zu Weimar beschäftigten. Seine eigene Verwicklung in die emotionale Situation des »Tasso« war so ausgeprägt, dass er ihn lange nicht fertigstellen konnte und damit erst während seiner Italienischen Reise von 1786 bis 1788 einigermaßen vorankam. Aus Rom schreibt er: »Wie mit Ovid dem Local nach, so konnte ich mich mit Tasso dem Schicksale nach vergleichen. Der schmerzliche Zug einer leidenschaftlichen Seele, die unwiderstehlich zu einer unwiderruflichen Verbannung hingezogen wird, geht durch das ganze Stück. Diese Stimmung verließ mich nicht auf der Reise trotz aller Zerstreuung und Ablenkung« (HA 11, S. 705).

Der Abstand zum Weimarer Hof war notwendig, um seine eigene Problematik künstlerisch bewältigen zu können. Selbst während der Italienischen Reise fiel es ihm schwer, die enge Verflechtung mit seinem Protagonisten dichterisch zu gestalten: »Tät' ich nicht besser ›Iphigenia auf Delphi‹ zu schreiben, als mich mit den Grillen des ›Tasso‹ herumzuschlagen? Und doch habe ich auch dahinein schon zuviel von meinem Eignen gelegt, als dass ich es fruchtlos aufgeben sollte« (HA 11, S. 170).

Wesentliche Aspekte seiner psychischen Konflikte bearbeitet Goethe anhand des italienischen Dichters Torquato Tasso, der von 1544 bis 1595 lebte. Dieser war schon als junger Mann melancholisch und wurde im späteren Leben zunehmend unglücklich und letztlich geisteskrank. Das Schicksal dieses »talentvollen, zarten, feinen, in sich geschlossen Mannes« zog Goethe magisch an.

Das Schauspiel führt uns in das Herzogtum Ferrara mit seinem Lustschloss Belriguardo, einen Aufenthaltsort des historischen Torquato Tasso. Im Garten winden die Prinzessin Leonore von Este, die Schwester des Herzogs Alfons von Ferrara, und die Gräfin Leonore Sanvitale Lorbeerkränze für die antiken Dichter und versetzen sich in deren goldene Zeit. Das Gespräch der beiden Frauen führt bald zu Tasso, einem verstörten jungen Dichter, der in die Prinzessin verliebt ist, aber aus höfischer Zurückhaltung seine Gedichte an die Gräfin richtet. Herzog Alfons, der adlige Gönner und Förderer Tassos, tritt hinzu und zeigt sich besorgt und ungeduldig über Tassos mangelnde Fortschritte: Er warnt vor den schädlichen Folgen des Rückzugs in Einsamkeit und Eigenbrötelei. Deswegen ist er erleichtert, als der zurückgezogene und misstrauische Tasso auftritt und sein fast vollendetes Werk »Das befreite Jerusalem« präsentiert. Herzog Alfons nimmt den Lorbeerkranz von Vergils Büste und krönt damit seinen Hofpoeten. Tasso reagiert auf die Ehrung mit exaltierter Begeisterung, weist die Ehrung jedoch zurück und verschließt sich in die Einsamkeit der Selbstreflexion. Sein ekstatischer Monolog wird unterbrochen durch das Erscheinen des Staatssekretärs Antonio Montecatino. Antonio ist gerade von einer erfolgreichen diplomatischen Mission zurückgekehrt und findet die Begeisterung für die nutzlose Poesie des armen exaltierten Dichters, der zum Spielzeug der Damen geworden sei, übertrieben. Eine eifersüchtige Auseinandersetzung zwischen Antonio und Tasso beginnt. Es ist aber nicht nur Eifersucht, die Antonio bewegt, sondern auch Angst, der künstlerischen Erfahrung nicht gewachsen zu sein:

> *Antonio.* [...]
> Indes auf wohlgestimmter Laute wild
> Der Wahnsinn hin und her zu wühlen scheint [...]
> Denn alle diese Dichter, diese Kränze,
> Das seltne festliche Gewand der Schönen
> Versetzt mich aus mir selbst in fremdes Land.
> (Vs. 731–741)

Der realistische Antonio fühlt sich unwohl und fürchtet die Kunst, weil sie die Grenzen des Gewohnten in Frage stellt und bewährte Strukturen labilisiert. Er verkörpert die alltägliche Realität und wird vom Fest der Dichtung wie der Liebe verunsichert.

Der Anfang des zweiten Aufzugs zeigt Tasso mit der Prinzessin im Zwiegespräch. Tasso ringt mit seinen Zweifeln, sich in die Einsamkeit zurückzuziehen oder der Prinzessin seine Liebe anzutragen. Die Prinzessin weicht den Huldigungen Tassos taktvoll aus, doch lässt dieser nicht ab, bis sie ihn letztlich mit deutlichen Worten zurückweisen muss. Tasso bleibt aber hartnäckig und schwärmt:

Tasso. Und ich, der ich betäubt von dem Gewimmel
Des drängenden Gewühls, von so viel Glanz
Geblendet, und von mancher Leidenschaft
Bewegt, durch stille Gänge des Palasts
An deiner Schwester Seite schweigend ging,
Dann in das Zimmer trat, wo du uns bald
Auf deine Fraun gelehnt erschienest – Mir
Welch ein Moment war dieser! O! Vergib!
Wie den Bezauberten von Rausch und Wahn
Der Gottheit Nähe leicht und willig heilt;
So war auch ich von aller Phantasie,
Von jeder Sucht, von jedem falschen Triebe
Mit einem Blick in deinen Blick geheilt.
(Vs. 868–880)

Die durch eine schwere Krankheit bescheiden und genügsam gewor-
dene Prinzessin versucht Tasso zu mäßigen und zu trösten. Sie warnt
Tasso – wie Goethe in seiner »Harzreise im Winter« und später im
»Wilhelm Meister« –, sich der Einsamkeit zu ergeben und in ihr, narzisstisch überhöht, das goldene Zeitalter wiederfinden zu wollen. Sie
bedeutet ihm, dass dieses nur in der geistig-seelischen Gemeinschaft
respektvoll Liebender und in der Anerkennung der realen Bedingungen des menschlichen Lebens wiedergefunden werden könne.

Prinzessin. Auf diesem Wege werden wir wohl nie
Gesellschaft finden, Tasso! Dieser Pfad
Verleitet uns durch einsames Gebüsch,
Durch stille Täler fortzuwandern; mehr
Und mehr verwöhnt sich das Gemüt, und strebt
Die goldne Zeit, die ihm von außen mangelt,
In seinem Innern wieder herzustellen,
So wenig der Versuch gelingen will.
(Vs. 970–978)

Tasso kann die freundlichen Ratschläge der Prinzessin nicht annehmen. Er reagiert misstrauisch und eifersüchtig und vermutet hinter
dieser Zurückweisung ein anderes Verhältnis der Prinzessin. Als sie
dies verneint, bestürmt sie Tasso weiter, bis sie ihm ein entschiedenes
Nein entgegenhält:

Prinzessin. Nicht weiter, Tasso! Viele Dinge sind's,
Die wir mit Heftigkeit ergreifen sollen:
Doch andre können nur durch Mäßigung
Und durch Entbehren unser eigen werden.
(Vs. 1119–1122)

In diesen Versen klingt nicht nur die Zurückweisung durch Charlotte von Stein an, sondern auch Goethes Thema des Verzichts als Bedingung der künstlerischen Selbstwerdung. Der anschließende Monolog Tassos verkehrt diese Einsicht in ihr Gegenteil: In illusionärer Verkennung glaubt Tasso, trotz ihrer eindeutigen Zurückweisung, die Liebe der Prinzessin gewinnen zu können.

Im Irrglauben, nicht entsagen zu müssen und sich die Prinzessin durch höfisches Verhalten verdienen zu können, wirbt Tasso im nächsten Auftritt ungestüm um Antonios Freundschaft. Antonio zeigt sich reserviert, entwertet die poetischen Leistungen Tassos und ist letztlich so abweisend, dass Tasso sich provoziert sieht, seinen Degen gegen den älteren und ranghöheren Mann zu ziehen. Damit hat Tasso einen schweren Verstoß gegen die höfischen Regeln begangen und Antonio drängt den Herzog Alfons, das Vergehen Tassos angemessen zu bestrafen. Der Herzog zeigt sich aber eher mild und bittet Tasso, in seinem Zimmer zu bleiben, bis er Erlaubnis erhalte, wieder an der Hofgesellschaft teilzunehmen. Tasso reagiert erneut überzogen, fühlt sich jeder Ehre beraubt und legt sowohl sein Schwert als auch den Lorbeerkranz nieder.

> *Tasso.* O Fürst, es übergibt ein ernstes Wort
> Mich Freien der Gefangenschaft [...]
> *Alfons.* Du nimmst es höher, Tasso, als ich selbst.
> *Tasso.* [...]
> Ich höre nur mein Urteil, beuge mich [...]
> Ohnmächtiger! Du vergaßest wo du standst;
> Der Götter Saal schien dir auf gleicher Erde,
> Nun überwältigt dich der jähe Fall.
> (Vs. 1536–1959)

Tasso ist narzisstisch so gekränkt, dass er selbst sein Leid unrealistisch vergrößert, um eine negative Größenidee zu entwickeln. Die psychische Logik lautet: Wenn ich schon nicht großartig erfolgreich bin, so will ich doch wenigstens großartig scheitern. Die Psychoanalyse spricht bei einer solchen Konfliktlösung von masochistischem Triumph. Tasso ist nicht mehr zugänglich für die Besänftigungen des Herzogs und kann, von seiner narzisstischen Wut geblendet, dessen begütigende Angebote nicht annehmen.

Im dritten Akt schmieden Prinzessin Leonore und die Gräfin Pläne, wie man Tasso wieder rehabilitieren könne. In einem intimen Gespräch erfahren wir, dass die Prinzessin wegen ihrer Kränklichkeit vom geselligen Leben der Stadt abgeschnitten war und erst Tasso wieder Licht und Freude in ihr Leben brachte. Beide suchen nach Wegen, um dem einsamen Dichter zu helfen, nicht in Melancholie und Wahnsinn zu verfallen.

Der vierte Aufzug zeigt einen tief verstörten und gefährdeten Dichter. Tasso verstrickt sich immer mehr in sein Misstrauen und entwickelt Vorformen eines Verfolgungswahns. Er kann den wohlmeinenden Vorschlag Leonores, für eine gewisse Zeit den Hof der Este zu verlassen, nur als verschleierten und böswilligen Versuch ansehen, ihn endgültig zu entfernen. Erneut allein, ergeht er sich in misstrauischen Anklagen und Verdächtigungen. Seine narzisstische Wunde quält ihn so, dass er daran denkt, alle Beziehungen zu seinen Gönnern und Freunden abzubrechen und Selbstmord zu begehen:

> *Tasso allein.* Ich soll erkennen, daß mich niemand haßt,
> Daß niemand mich verfolgt, daß alle List
> Und alles Gewebe sich
> Allein in meinem Kopfe spinnt und webt!
> [...]
> Lenore selbst, Lenore Sanvitale
> Die zarte Freundin! Ha, dich kenn ich nun!
> O warum traut ich ihrer Lippe je!
> [...]
> Ja , ich will weg, allein nicht wie ihr wollt;
> Ich will hinweg, und weiter als ihr denkt.
> (Vs. 2468–2531)

Aus pathologischer Kränkbarkeit und Minderwertigkeitsgefühlen hat Tasso die Absichten Leonores falsch gedeutet. Er fühlt seine Niederlage so vergrößert, dass er meint, sein grandioses Selbst nur durch den vollkommenen Beziehungsabbruch des Suizids retten zu können. In der Manier von Werther durchschneidet Tasso auf dem Höhepunkt seiner Verzweiflung die Verbindungen mit seiner Umwelt.

Im fünften Akt zeigt sich der Herzog verdrossen über Tassos Abreisepläne. Antonio beteuert, dass er alles Mögliche getan habe, um Tasso zu versöhnen. Doch Tasso sei maßlos, vernachlässige sich und andere, und dies sei der einzige Grund seiner Verwirrung:

> *Antonio.* Es ist gewiß, ein ungemäßigt Leben,
> Wie es uns schwere wilde Träume gibt,
> Macht uns zuletzt am hellen Tage träumen.
> Was ist sein Argwohn anders als ein Traum?
> (Vs. 2918–2921)

Der Herzog bleibt nachsichtig und verständnisvoll. Er zeigt sich mit Tassos Wunsch abzureisen einverstanden und gewährt ihm Empfehlungsschreiben an seine Freunde in Rom. Das Manuskript, das er wenige Stunden vorher von Tasso erhalten hat, will er ihm jedoch nicht zurückgeben. Er möchte nicht, dass Tasso, von unguten Einflüssen getrieben, sein eigenes Werk zerstört. Tasso kann jedoch in seinem gekränkten Zustand nicht wahrnehmen, dass er vom Herzog wohlwollend unterstützt wird. Er fühlt sich weiterhin missachtet, ja böswillig verfolgt. Auch seine Dichtkunst scheint nicht mehr auszureichen, um seine Verzweiflung zu bewältigen:

> *Tasso.* [...]
> Ich fühl, ich fühl es wohl, die große Kunst
> Die jeden nährt, die den gesunden Geist
> Stärkt und erquickt, wird mich zu Grunde richten [...]
>   (Vs. 3133–3135)

Tasso will den Herzog, seinen Gönner, und die geliebte Prinzessin unversöhnt verlassen. Er plant, sich zu seiner Schwester zurückzuziehen, die, wie Goethes Schwester, Cornelia heißt. Die Prinzessin versucht Tasso die Augen für sein überzogenes Misstrauen zu öffnen, doch scheitert auch sie:

> *Prinzessin.* [...] Möchte mir
> Ein heilsam Kraut entdecken, einen Trank
> Der deinem Sinne Frieden brächte, Frieden uns.
> Das treuste Wort, das von der Lippe fließt,
> Das schönste Heilungsmittel wirkt nicht mehr.
>   (Vs. 3215–3219)

Die begütigenden Worte und Gesten der Prinzessin steigern die exaltierte Erregung Tassos eher, als dass sie ihn beruhigen, sodass er alle Grenzen verletzt, der Prinzessin in die Arme fällt und sie fest an sich drückt. Dies ist ein Eklat, die Prinzessin reißt sich los und flüchtet, der hinzueilende Herzog muss Antonio befehlen, Tasso in Gewahrsam zu nehmen. Dieser fühlt sich jedoch nach wie vor als Opfer einer Intrige, ergeht sich in wahnhaften Verdächtigungen und vervielfältigt sein Unglück. Antonio versucht erfolglos, Tassos wahnhaftes Misstrauen zu korrigieren. Schließlich gelingt es jedoch Tasso selbst, sich aus seiner eigenweltlichen Ekstase zu befreien. Er kann seinen Konflikten Ausdruck verleihen und damit in eine gemeinsame Welt der Kommunikation zurückkehren. Dies fasst der Gerettete folgendermaßen zusammen:

> *Tasso.* Nein, alles ist dahin! – Nur eines bleibt:
> Die Träne hat uns die Natur verliehen,
> Den Schrei des Schmerzens, wenn der Mann zuletzt
> Es nicht mehr trägt – Und mir noch über alles –
> Sie ließ im Schmerz mir Melodie und Rede,
> Die tiefste Fülle meiner Not zu klagen:
> Und wenn der Mensch in seiner Qual verstummt,
> Gab mir ein Gott zu sagen, wie ich leide.
> (Vs. 3426–3433)

So endet Tasso im Gegensatz zum Werther nicht im Selbstmord, sondern kann seine Verzweiflungskrankheit überwinden. Die dichterische Gestaltung rettet vor dem Untergang.

Anders als der reale Torquato Tasso, der nach seinen frühen Erfolgen unproduktiv, verstört, wahrscheinlich sogar geisteskrank wurde, kann Goethe seine Konflikte künstlerisch bewältigen. Er verarbeitet seinen Aufstieg, aber auch seine Kränkungen und Zurückweisungen produktiv. Liebessehnsüchte und Enttäuschungen werden ebenso durchlebt und gestaltet wie die Konflikte zwischen strengem Pflichtbewusstsein und künstlerischer Freiheit. Dabei begibt sich auch Goethe in die Gefahr, menschliche Grenzerfahrungen von Melancholie und Wahnsinn künstlerisch auszuloten. Er stellt Tasso als typischen Repräsentanten einer Dichtermelancholie dar, in der die Bewältigung eigener Leidenserfahrungen zur notwendigen Voraussetzung der künstlerischen Produktivität wird.

An dieser Stelle sei noch einmal daran erinnert, dass sich Goethe nicht einfach mit Tasso identifiziert. Er bringt auch eigene Stimmungen und Ideen in anderen Personen unter wie zum Beispiel in der Gestalt des Antonio. Goethe befand sich zeitweise als Geheimer Rat und Inhaber zahlreicher Staatsämter eher in der Position Antonios als in der Rolle Tassos. Vom »Werther« bis zum »Faust« sind die Protagonisten nicht nur Abbilder, sondern Verdichtungen. Dies fasste Caroline von Herder in einem Brief an ihren Mann folgendermaßen zusammen: »Der Dichter schildert einen *ganzen Charakter*, wie er in seiner Seele erschienen ist; einen solchen Charakter besitzt ja aber ein einzelner Mensch nicht allein [...] Daß er Züge von seinen Freunden, von den Lebenden um sich her nimmt, ist ja recht und notwendig.

Dadurch werden seine Menschen wahr, ohne daß sie eben im ganzen Charakter lebend sein können und dürfen« (zit. n. Borchmeyer, 1999a, S. 159).

Verdichtungen von Charakteren und Konflikten enthalten auch immer schon Lösungsversuche. So sind »Werther«, »Tasso« und »Faust« Überwindungen von Werther, Tasso und Faust. Goethe war in der Zeit der Stoffsammlung für seinen »Torquato Tasso« selbst in einem labilen Gleichgewicht zwischen poetischer Entrückung und realer Lebensbewältigung. Im Juni 1780 schreibt er an Frau von Stein: »Meine Seele ist wie ein ewiges Feuerwerk ohne Rast [...] Wundersam ist doch jeder Mensch in seiner Individualität gefangen« (HA 5, S. 548).

Im Gegensatz zu Tasso und Antonio ähnlich hatte Goethe aber in seiner Arbeit am Weimarer Hof Sicherheit und Struktur gefunden. Und die dichterische Arbeit an seinem »Tasso« half ihm sicherlich auch soziale Konflikte, wie die Spannung zwischen adliger und bürgerlicher Lebensführung, besser zu bewältigen als sein Protagonist. Borchmeyer schreibt dazu: »Goethes *Tasso* spiegelt facettenreich die Existenzproblematik des Künstlers am Ausgang des Ancien Régime wider, der einerseits auf den Hof angewiesen bleibt, andererseits ein von dessen Ansprüchen unberührtes bürgerliches Selbstbewusstsein entfaltet« (1999a, S. 152).

Goethes Konfliktlösungen waren allerdings auch nicht perfekt. Letztlich wurde die Spannung zwischen künstlerischem Gestaltungsdrang und konventioneller Pflichterfüllung so unerträglich, dass er fluchtartig das höfische Leben verließ und seine berühmte Italienische Reise antrat.

Neugeburt in Italien 1786–1788 (Faustina)

> *Eine Welt zwar bist du, o Rom; doch ohne die Liebe*
> *Wäre die Welt nicht die Welt, wäre denn Rom auch nicht Rom.*
> (HA 1, S. 157)

Die Italienische Reise war für Goethe keine einfache Bildungsreise. Als er am 3. September 1786 heimlich aus Karlsbad aufbrach, befand er sich schon seit längerem in einer tiefen Krise: »Ich kämpfte [...] mit Todt und Leben und keine Zunge spricht aus was in mir vorging, dieser Sturz hat mich zu mir selbst gebracht. – Komme ich leiblich und geistlich davon, überwältigt meine Natur, mein Geist, mein Glück, diese Krise, so ersetz ich tausendfältig was zu ersetzen ist« (HA 11, S. 561).

In Weimar war aus dem unruhigen Wanderer ein gesetzter Minister und respektierter Erzieher geworden. Eine tiefe Freundschaft verband ihn mit Herzog Carl August und er wurde von der Weimarer Gesellschaft anerkannt. Aber gerade diese Bindungen waren mit seinem schöpferischen Eigenleben auf Dauer nicht in Einklang zu bringen. Die Regierungsgeschäfte zermürbten ihn zusehends und das Verhältnis zu Charlotte von Stein wurde immer mehr zur Belastung. Seine poetische Produktivität versiegte zusehends. Bis auf die Prosafassung der »Iphigenie« konnte er keines seiner Werke, die bereits im Entwurf vorlagen, während des ersten Weimarer Jahrzehnts vollenden. Sowohl die großen Dramen »Torquato Tasso«, »Egmont« und »Faust« als auch der Roman »Wilhelm Meisters Theatralische Sendung« blieben Fragmente. Die Gründe für seine Flucht nach Italien fasst Goethe später in einem Brief an Carl August aus dem Januar 1788 zusammen: »Die Hauptabsicht meiner Reise war: mich von den physisch moralischen Übeln zu heilen die mich in Deutschland quälten und mich zuletzt unbrauchbar machten; sodann den heisen Durst nach wahrer Kunst zu stillen, das erste ist mir ziemlich, das letzte ganz geglückt« (FA II, 3, S. 374).

Herzog Carl August verstand die Nöte seines Ministers und gewährte ihm unbefristeten Urlaub. Unter einem Pseudonym reiste dieser über den Gardasee, Verona, Vicenza und Venedig nach Rom.

Schon auf der Reise machte sich eine »ganz andere Elasticität des Geistes« bemerkbar und er verspürte eine neue Schaffenskraft. Geschmeichelt hält er in seinem Tagebuch fest, dass ihn ein »feiler Schatz« in Venedig angeredet habe.

Ende Oktober 1786 befand sich Goethe am Ziel seiner Reise: Unter dem Pseudonym Filippo Miller bezog er ein einfaches Zimmer bei dem Maler Wilhelm Tischbein, um den sich eine kleine deutsche Künstlerkolonie versammelt hatte, in der Nähe der Piazza del Popolo in Rom. Goethe begann sogleich die großen Werke des Altertums und der Renaissance zu studieren und ließ sich zu eigenen Arbeiten inspirieren. Nach einem schönen Winter in Rom brach er gemeinsam mit Tischbein im Februar 1787 nach Neapel auf, wo er sich vom bunten Leben auf den Straßen begeistern ließ: »Neapel ist ein Paradies, jedermann lebt in einer Art von trunkener Selbstvergessenheit. Mir geht es ebenso, ich erkenne mich kaum, ich scheine mir ein ganz anderer Mensch« (HA 11, S. 207).

Er vertiefte seine geologischen und botanischen Kenntnisse, bestieg den Vesuv, beschäftigte sich mit seiner Idee der Urpflanze und glaubte letztlich in Sizilien den Schlüssel zur antiken Welt zu finden. Am 7. Juni kehrte er wieder nach Rom zurück, wo er seine dichterische Arbeit intensivierte. Aus Rom schrieb er später: »Meine Lage wird die glücklichste seyn, sobald ich an mich allein dencke, wenn ich das, was ich solang für meine Pflicht gehalten, aus meinem Gemüthe verbanne und mich recht überzeuge: daß der Mensch das Gute das ihm widerfährt, wie einen glücklichen Raub dahinnehmen und sich weder um Rechts noch Lincks, vielweniger um das Glück und Unglück eines Ganzen bekümmern soll« (HA 11, S. 562).

Rücksichtslos erscheint dieser Brief und in der Tat benötigte Goethe diese Rücksichtslosigkeit, um sich als Künstler wiederzufinden. Anders als in Lili Schönemanns Gesellschaft, wo er sich als »Papagey auf der Stange« ganz neben sich fühlte, hatte er in der Weimarer Gesellschaft Ruhe und Ausgeglichenheit gefunden. Doch gerade diese Stabilität brachte seine künstlerischen Selbstfindungsprozesse zum Erliegen. Er geriet in eine Identitäts- und Schaffenskrise und suchte nach einer anderen Art von Selbstverwirklichung. Die Briefe aus Italien illustrieren die persönliche Lebensnot, die Goethe in Weimar empfand. Auch das Verhältnis zu Charlotte von Stein hatte ihn zusehends gelähmt:

Leb' ich doch stets um derentwillen,
Um derentwillen ich nicht leben soll. –
Ach, so drückt mein Schicksal mich,
Daß ich nach dem Unmöglichen strebe.
     (HA 11, S. 562)

In einem Brief aus Italien wird die quälerische Verwirrung in der Liebe zu Charlotte in all ihrer Ambivalenz fassbar: »An dir häng ich mit allen Fasern meines Wesens. Es ist entsetzlich was mich oft die Erinnerungen zerreisen. Ach liebe Lotte du weißt nicht welche Gewalt ich mir angetan habe und anthue und dass der Gedancke dich nicht zu besitzen mich doch im Grunde, ich mags nehmen und stellen und legen wie ich will aufreibt und aufzehrt« (HA 11, S. 562 f.).

In der Ferne kann der Dichter wieder poetisch schwärmen und er findet die zärtlichsten Worte. So schreibt er im September 1786 Charlotte von Stein: »Wie gewöhnlich meine Liebe wenn das Ave Maria della Sera gebetet wird wend ich meine Gedancken zu dir; ob ich gleich nicht so ausdrücken darf, denn sie sind den ganzen Tag bey dir. Ach daß wir doch recht wüßten was wir an einander haben wenn wir beysammen sind« (HA 11, S. 576 f.). Im April 1787 heißt es: »Leb wohl Geliebteste mein Herz ist bey dir und jetzt da die Weite Ferne, die Abwesenheit alles gleichsam weg geläutert hat was die letzte Zeit über zwischen uns stockte so brennt und leuchtet die schöne Flamme der Liebe der treue, des Andenckens wieder fröhlich in meinem Herzen« (HA 11, S. 651).

Wir sehen hier das schon bekannte Muster: In der Ferne erlebt der Dichter innige Nähe und findet zu sich selbst. Befreit von den Zwängen der Weimarer Verpflichtungen und der bedrückenden Nähe mit Charlotte erlebt er die Italienische Reise als Wiedergeburt und schreibt im Dezember 1786: »[…] und ich zähle einen zweiten Geburtstag, eine wahre Wiedergeburt, von dem Tage, da ich Rom betrat« (HA 11, S. 147). 15 Tage später heißt es in einem weiteren Brief: »Die Wiedergeburt, die mich von innen heraus umarbeitet, wirkt immer fort« (HA 11, S. 150). Ein Jahr nach seiner fluchtartigen Abreise von Karlsbad schreibt er aus Rom im September 1787: »Heute ist es jährig, dass ich mich aus Karlsbad entfernte. Welch ein Jahr! Und welch eine sonderbare Epoche für mich dieser Tag, des Herzogs Geburtstag und ein Geburtstag für mich zu einem neuen Leben« (HA 11, S. 393).

Die Neugeburt, die Goethe erlebte, war jedoch alles andere als leicht und heiter. Sie war nur möglich durch intensive innere Arbeit: »Es bleibt wohl dabei, meine Lieben, dass ich ein Mensch bin, der von der Mühe lebt. Diese Tage habe ich wieder mehr gearbeitet als genossen [...] Ich mag nun von gar nichts mehr wissen, als etwas hervorzubringen und meinen Sinn recht zu üben. Ich liege an dieser Krankheit von Jugend auf krank, und gebe Gott, dass sie sich einmal auflöse« (HA 11, S. 396 ff.).

Goethe beschäftigte sich mit seinen früheren Schriften, die ihm gebunden nach Rom nachgesandt wurden, und betonte deren autobiographischen Gehalt: »Es ist mir wirklich sonderbar zumute, daß diese vier zarten Bändchen, die Resultate eines halben Lebens, mich in Rom aufsuchen. Ich kann wohl sagen: es ist kein Buchstabe drin, der nicht gelebt, empfunden, genossen, gelitten, gedacht wäre, und sie sprechen mich nun alle desto lebhafter an« (HA 11, S. 399).

Die dichterische Arbeit ermöglichte Goethe erneut, sich seiner selbst zu vergewissern und die auf ihn einstürmenden Geschehnisse zu verarbeiten: »Lebhaft vordringende Geister begnügen sich nicht mit dem Genusse, sie verlangen Kenntnis. Diese treibt sie zur Selbsttätigkeit, und wie es ihr nun auch gelingen möge, so fühlt man zuletzt, dass man nichts richtig beurteilt, als was man selbst hervorbringen kann« (HA 11, S. 409 f.).

Dementsprechend produktiv war die Italienische Reise. Goethe stellte das Schauspiel »Egmont« fertig, fasste »Iphigenie auf Tauris« in Verse, bearbeitete »Torquato Tasso« und schrieb die »Teufelspakt-Szene«, die »Hexenküche« und »Wald und Höhle« des Faust: »Ich lebe in Reichtum und Überfluß alles dessen, was mir eigens lieb und wert ist, und habe diese paar Monate meine Zeit hier recht genossen. Denn es legt sich nun auseinander, und die Kunst wird mir eine zweite Natur, die gleich der Minerva aus dem Haupte Jupiters, so aus dem Haupte der größten Menschen geboren worden. Davon sollt ihr in der Folge tagelang, wohl jahrelang unterhalten werden« (HA 11, S. 383 f.).

Goethe fand seine »Neugeburt« aber nicht nur auf künstlerischem Gebiet. Auch sein Lebensstil veränderte sich, er wurde zufriedener und auch erotisch aufgeschlossener. In der dreißig Jahre später verfassten »Italienischen Reise« heißt es dazu diskret, dass er sich in Rom selbst gefunden habe und »übereinstimmend mit mir selbst glücklich und vernünftig geworden« sei. Deutlicher ist ein Brief an Carl

August vom 16. Februar 1788, der auf regelmäßige sexuelle Begegnungen schließen lässt. Daraus allerdings abzuleiten, dass Goethe in Rom erstmals mit einer Frau verkehrt habe, wie dies seit Eissler (1963) gängig geworden ist, erscheint aus mehreren Gründen zweifelhaft. Die Zeilen des Briefs, auf die sich Eisslers Vermutung stützt, lauten folgendermaßen: »Sie schreiben so überzeugend, dass man ein cervello tosto sein müsste, um nicht in den süßen Garten gelockt zu werden. Es scheint dass Ihre gute Gedancken unterm 22. Jan. unmittelbar nach Rom gewürckt haben, denn ich könnte schon von anmutigen Spaziergängen erzählen. So viel ist gewiß und haben Sie, als ein Doctor longe experientissimus, vollkommen recht, daß eine dergleichen mäßige Bewegung, das Gemüth erfrischt und den Körper in ein köstliches Gleichgewicht bringt. Wie ich solches in meinem Leben mehr als einmal erfahren habe, wenn ich mich von dem breiten Wege, auf dem engen Pfad der Enthaltsamkeit und Sicherheit einleiten wollte« (FA II, 3, S. 387 f.).

Wahrscheinlich bezog sich Goethe auf seine erotische Beziehung mit einer jungen Witwe, die er während der letzten Monate in Rom kennengelernt hatte. In seinen »Römischen Elegien«, in denen die Freuden der sexuellen Liebe offenherzig besungen werden, trägt sie den vieldeutigen Namen Faustina. Eissler kommt zu dem Schluss, dass es sich um die erste sexuelle Beziehung Goethes gehandelt haben müsse. In der Tat beschäftigte sich Goethe in dem zitierten Brief erstmals explizit mit von ihm selbst vollzogenen Sexualakten. Vorher hatte er an seinen in sexualibus sehr erfahrenen und erfolgreichen Freund und Gönner Carl August, den »Doctor longe experientissimus«, im Dezember 1787 Folgendes geschrieben: »Mich hat der süße kleine Gott in einen bösen Weltwinckel relegiert. Die öffentlichen Mädchen der Lust sind unsicher wie überall. Die Zitellen (unverheurathete Mädchen) sind keuscher als irgendwo sie lassen sich nicht anrühren und fragen gleich, wenn man artig mit ihnen thut: e che concluderemo? Denn entweder soll man sie heurathen oder sie verheurathen und wenn sie einen Mann haben, dann ist die Messe gesungen. Ja man kann fast sagen, dass alle verheurathete Weiber dem zu Gebote stehn, der die Familie erhalten will. Das sind denn alles böse Bedingungen und zu naschen ist nur bey denen, die so unsicher sind als öffentliche Creaturen. Was das Herz betrifft, so gehört es gar nicht in die Terminologie der hiesigen Liebeskanzley« (FA 3, S. 365).

Angesichts seiner Furcht vor Geschlechtskrankheiten und der Zurückhaltung der unverheirateten Mädchen war es Goethe wohl sehr recht, Faustina gefunden zu haben, mit der er augenscheinlich mehrere Monate sexuell verkehrte. Aus dem Brief aber abzuleiten, dass er vormals nie Sexualverkehr gehabt habe, ist aus folgenden Gründen wenig plausibel: Erstens stand Goethe sexuellen Betätigungen aufgeschlossen gegenüber. Er spricht recht unverhohlen von Masturbation, schreibt pornographische Verse und ihm gefallen nackte Körper. Zweitens ist es sexualmedizinisch eher unwahrscheinlich, dass ein sexuell abstinenter Mensch im Alter von 38 Jahren plötzlich und erstmals sexuelle Lust entdecken und anschließend für lange Jahre partnerschaftliche Sexualität mit Freude und Ausdauer praktizieren wird. Drittens existieren Hinweise über sexuelle Zärtlichkeiten mit Frauen seit der Pubertät und es ist nicht sehr wahrscheinlich, dass er bei den gemeinsamen sexuellen Eskapaden mit seinem Freund Carl August nur zugeschaut hätte. Die langen Abende, die er allein mit leichtlebigen Schauspielerinnen verbrachte, dürften auch nicht nur platonisch gewesen sein. Auch im zitierten Brief legt die Bemerkung »wie ich solches in meinem Leben mehr als einmal erfahren« frühere sexuelle Erfahrungen nahe. Wir werden auf diese Fragestellung in den Kapiteln über »Wilhelm Meister« und »Goethes ›gesunde Krankheit‹« zurückkommen.

Seiner Schaffenskraft war der regelmäßige Geschlechtsverkehr augenscheinlich zuträglich. Goethe arbeitete produktiv am »Tasso«, »Faust« und »Wilhelm Meister«. Er hatte sich selbst wiedergefunden, als Mann und als Künstler. Im April 1788 musste er Rom verlassen und der Abschied aus der Stadt, in der er »das erstemal unbedingt glücklich war«, fiel ihm sehr schwer. Dreißig Jahre später denkt er an die letzte Nacht in Rom und zitiert am Ende der »Italienischen Reise« folgende Verse Ovids:

Wandelt von jener Nacht mir das traurige Bild vor die Seele,
Welche die letzte für mich ward in der römischen Stadt,
Wiederhol' ich die Nacht, wo des Teuren so viel mir zurückblieb,
Gleitet vom Auge mir noch jetzt eine Träne herab.
(HA 11, S. 556)

Die große Liebe: Weimar 1788–1806 (Christiane)

> Laß dich, Geliebte, nicht reun, daß du mir so schnell dich
> ergeben!
> Glaub' es, ich denke nicht frech, denke nicht niedrig
> von dir.
> (HA 3, S. 158)

Am 18. Juni 1788 traf Goethe wieder in Weimar ein. Das Herz war
ihm schwer und er vermisste Italien. Trotz seiner Wehmut vermittelte
er einen tätigen und hoffnungsvollen Eindruck. Caroline Herder
fand ihn gestärkt und gefestigt in seinem ganzen Wesen. Charlotte
von Stein konnte allerdings ihre Verbitterung über seine Treulosigkeit
nicht verbergen und bemerkte sarkastisch, dass er »sinnlich geworden«
sei. Goethe spürte, wie er sich durch seine lange Abwesenheit den
Freunden entfremdet hatte, und fand sich vereinsamt: Carl August,
der zum preußischen Generalmajor ernannt worden war, verbrachte
den größten Teil des Sommers in seiner Garnison, Herder brach im
August selbst zu einer Reise nach Italien auf und kurze Zeit später
folgte ihm Herzogin Anna Amalia mit ihrem Tross. In dieser Situation machte er sich sogleich an seine ministeriale Arbeit und suchte
in seinen freien Stunden den bereits 1780 entworfenen und in Rom
bearbeiteten *Torquato Tasso* zu vollenden.

Einen Monat nach seiner Rückkehr aus Italien geschah etwas
Einschneidendes: Er begegnete der 23-jährigen Näherin Christiane
Vulpius. Sie sprach ihn im Park in der Nähe seines Gartenhauses an,
um ihm eine Bittschrift ihres Bruders, des Romanautors Christian
August Vulpius, zu überreichen. Augenscheinlich nahm sie Goethe
mit ihrem unbefangenen Wesen sofort für sich ein: Die hübsche,
braun gelockte junge Frau wurde vermutlich noch in derselben Nacht
seine Geliebte. Schon wenige Wochen später zog Christiane zu ihm
in sein Gartenhaus. Nicht nur Faustina, sondern auch Christiane war
mit den dieses Kapitel einleitenden Versen aus den Römischen Elegien
gemeint: »Laß dich, Geliebte, nicht reun, dass du mir so schnell dich
ergeben!«

Christiane und Goethe hielten ihre Liebesbeziehung ein dreiviertel
Jahr geheim. Nachdem die Beziehung öffentlich wurde, brach Frau von

Stein die Beziehung zu Goethe ab. Auch der Hof reagierte ablehnend, und er musste vor die Tore der Stadt ziehen. Die Verbindung des Staatsmanns und Dichters mit einer einfachen Arbeiterin war für die vornehme und klatschsüchtige Weimarer Gesellschaft ein Skandal. Eine flüchtige Affäre hätte man ihm verziehen, doch Goethe hielt Christiane die Treue.

Im Dezember 1789 wurde der nach dem Herzog benannte Sohn August geboren. Auch nach der Geburt des Sohnes teilte das Paar die Freude an dem, was sie in ihrer Privatsprache »schlampampsen« nannten. Von dem sexuellen Glück, das beide empfanden, sprechen die in den Jahren 1788 bis 1790 entstandenen »Römischen Elegien«, die zunächst »Erotica Romana« hießen. Im antik-mythologischen Gewand verschmilzt das Bild von Faustina mit dem von Christiane:

> Einst erschien sie auch mir, ein bräunliches Mädchen, die Haare
> Fielen ihr dunkel und reich über die Stirne herab,
> Kurze Locken ringelten sich ums zierliche Hälschen,
> Ungeflochtenes Haar krauste vom Scheitel sich auf.
> Und ich verkannte sie nicht, ergriff die Eilende; lieblich
> Gab sie Umarmung und Kuß bald gelehrig mir zurück.
> (HA 1, 159 f.)

Die ungewohnte Feizügigkeit, mit der Goethe über die erotische Liebe sprach, war für viele Zeitgenossen ein gravierender Tabubruch. Dies veranlasste ihn, allzu deutliche Aussagen, zum Beispiel, dass ihn die »Freuden des echten nacketen Amors [...] und des geschauckelten Betts lieblicher knarrender Ton« ergötzten, wieder aus den »Römischen Elegien« zu entfernen. Auch die Verse über den römischen Fruchtbarkeitsgott Priapus mit seiner »prächtigen Rute«, die die »Erotica Romana« einleiten und beschließen sollten, fielen Goethes eigener Zensur zum Opfer. Aber selbst die entschärfte Fassung entrüstete die Weimarer Gesellschaft. Der Direktor des Gymnasiums schrieb im Juli 1795: »Alle ehrbaren Frauen sind empört über die bordellmäßige Nacktheit. Herder sagte sehr schön: ›er habe der Frechheit ein kaiserliches Insiegel aufgedrückt. Die Horen müßten nun mit dem u gedruckt werden‹. Die meisten Elegien sind bei seiner Rückkunft im ersten Rausche mit der Dame Vulpius geschrieben« (Bode, 1999, Bd. 2, S. 41).

Trotz der schweren Anfeindungen fühlte sich Goethe mit der »Dame Vulpius« sehr wohl. Dem Paar wurden nach August vier weitere Kinder geboren, die jedoch kurz nach der Geburt starben. Alle medizinischen Unterlagen weisen darauf hin, dass eine Blutgruppen- bzw. Rhesusunverträglichkeit der Eltern zum Tode der Kinder führte.

Neben den »Römischen Elegien« verfasste Goethe in den ersten nachitalienischen Jahren keine weiteren bedeutenden poetischen Werke. Eine gewisse Ausnahme stellen die »Venetianischen Epigramme« dar, die Goethe im März und Juni 1790 während einer eher unfreiwilligen Trennung von Christiane verfasste. Goethe war nach Venedig auf Bitten der Herzogin Anna Amalia gereist und kritisierte in seinen Epigrammen die politisch-sozialen Missstände in Italien, die französischen Revolutionspraktiken, das Christentum und die Kirche. Er selbst fühlte sich unwohl in Venedig und sehnte sich nach dem »zurückgelassenen Erotico« und »dem kleinen Geschöpf in den Windeln«.

Nach seiner Rückkehr musste er nach wenigen Wochen seine »kleine unheilige Familie« erneut verlassen, um Herzog Carl August in ein schlesisches Feldlager zu begleiten. Anfang September reiste Goethe nach Osten bis Tschenstochau, Wieliczka, Tarnowitz und Krakau weiter, um den schlesischen Bergbau zu besichtigen. Anschließend beschäftigte ihn neben seinen politischen Ämtern die Leitung des neu gegründeten Weimarer Hoftheaters. Er sollte diese Tätigkeit 26 Jahre lang ausüben und beschäftigte sich mit Spielplänen, Regie, Bühnenbild, Kostümen und Ausbildung der Schauspieler.

Während seine dichterische Aktivität weitgehend ruhte, interessierte sich Goethe zunehmend für die Naturforschung. Dieser neue Interessenschwerpunkt entstand aus seinen praktischen Bemühungen um den Bergbau, der die Existenzbedingungen der armen Bevölkerung im Herzogtum verbessern sollte. Es bekümmerte ihn, dass seine jahrzehntelangen Anstrengungen ohne nachhaltigen Erfolg bleiben sollten.

Der französischen Revolution stand Goethe skeptisch gegenüber. Er hatte zwar die Notwendigkeit eingesehen, die aristokratischen Verhältnisse zu ändern, doch fand er die revolutionären Ereignisse mit all ihren Grausamkeiten »fürchterlich«. In seinem Lustspiel »Der Groß-Coptha« aus dem Jahre 1791 beschreibt Goethe die Verfallstendenzen einer korrupten höfischen Adelswelt, doch führt er den Versuch, diese durch revolutionäre Aufstände zu verändern, in den Stücken »Der Bürgergeneral« und »Die Aufgeregten« ad absurdum. Dennoch hatte er Verständnis für die notleidende Bevölkerung und sagte zu Eckermann rückblickend im Januar 1824: »Auch war ich vollkommen überzeugt, daß irgend eine große Revolution nie Schuld des Volkes ist, sondern der Regierung. Revolutionen sind ganz unmöglich, sobald Regierungen fortwährend gerecht und fortwährend wach sind, so dass sie ihnen durch zeitgemäße Verbesserungen entgegenkommen, und sich nicht so lange sträuben, bis das Notwendige von unten her erzwungen wird« (FA 39, S. 532).

Im August 1792 wurde Goethe unmittelbar mit den militärischen Ereignissen konfrontiert. Herzog Carl August nahm als preußischer General am Feldzug der verbündeten Armeen von Preußen und Österreich gegen das revolutionäre Frankreich teil. Goethe schloss sich dem Gefolge an und kommentierte das Elend des Krieges in einem Brief im Oktober 1792 folgendermaßen: »Wir haben in diesen 6 Wochen mehr Mühseligkeit, Not, Sorge, Elend, Gefahr ausgestanden und gesehen als in unserem ganzen Leben« (HA Briefe, Bd. 2, S. 158).

Während des Frankreichsfeldzugs blieb Goethe mit Christiane in enger brieflicher Verbindung. Zwölf Briefe sind überliefert, die seine tiefe Verbundenheit und Liebe zu Christiane dokumentieren. Er war alles andere als ein selbstgefälliger Liebhaber und gesteht seine Ängste, Unsicherheiten und Eifersuchtsgedanken: »[...] du weißt daß ich dich herzlich lieb habe. Wärst du nur jetzt bey mir! Es sind überall große breite Betten und Du solltest dich nicht beklagen wie es manchmal zu Hause geschieht. Ach! Mein Liebchen! Es ist nichts besser als beysammen zu seyn [...] Behalte mich ja lieb! Denn ich bin manchmal in Gedancken eifersüchtig und stelle mir vor: dass dir ein andrer besser gefallen könnte, weil ich viele Männer hübscher und angenehmer finde als mich selbst. Das musst du aber nicht sehen, sondern du musst mich für den besten halten weil ich dich ganz entsetzlich lieb habe und mir ausser dir nichts gefällt. Ich träume oft von dir [...] Behalte mich nur lieb und sey ein treues Kind, das andre giebt sich« (FA Briefe 3, S. 630 f.).

Christianes Briefe aus dieser Zeit sind nicht überliefert. Die Briefe aus dem Sommer 1793, nachdem er sich Carl August zu einem zweiten Feldzug anschließen musste, sind jedoch erhalten. Es ist das fünfte Jahr ihres Zusammenlebens und Christiane ist erneut schwanger. Sie schreibt: »Lebwohl, Du Süßer. Deine Dich ewig liebende Christel [...] ich liebe dich über alles [...] aber seit Du weg bist, kann ich mich über nichts recht freuen [...] jede Freude ist nur halb, wenn Du nicht dabei bist« (Gräf, 1916, S. 16 ff.).

Im Mai 1793 hatte Goethe seiner Mutter von dem Leben mit seiner geliebten Christiane berichtet und diese reagierte anders als der Weimarer Hof. Sie sandte Christiane sofort einige Geschenke und unterzeichnete den Begleitbrief, mit »Ihre ergebene Dienerin Goethe«. Christianes Dankesbrief beantwortet Katharina Elisabeth wie folgt: »Das Ihnen die überschickten Sachen Freude gemacht haben, war mir sehr angenehm, tragen sie dieselben als ein kleines Andencken von der Mutter deßjenigen den sie Lieben und hoch achten« (Köster, 1904, S. 234).

Christiane und Goethe verlebten eine gute Zeit und Christiane zeigt sich in ihren Briefen tätig und heiter: »Ich bin so vergnügt, dass ich einen Brief von dir habe […] alles ist zusammengerufen worden, und vor lauter Freuden wird auf deine Gesundheit eine Flasche süßer Wein getrunken […] Wenn du nur wiederkömmst, wenn noch die schönen Tage sind, dass wir noch mannichmal im Garten am Hause schlampampsen können, da freue ich mich drauf« (Gräf, 1916, S. 34 f.).

Christiane ist erfreut und dankbar, dass Goethe ihren Sohn liebt und auch die weiteren Geburten mit Freude erwartet. Im November 1793 kommt das dritte Kind zur Welt. Charlotte von Stein schreibt an ihren Sohn Fritz, dass Goethe nun auch eine Tochter habe und eine »entsetzliche Freude« darüber empfinde. Auch dieses Kind verstirbt wenige Tage nach der Geburt und beim vierten und fünften Kind werden sich die gleichen Krankheitszeichen wiederholen.

Trotz dieser Schicksalsschläge empfinden Goethe und sein »Haus-, Küchen- und Bettschatz« die ersten sechs Jahre ihres gemeinsamen Lebens als sehr glücklich. Auch der Widerstand der Weimarer Gesellschaft gegen die Verbindung wird geringer, zumindest kann Herzog Carl August die wilde Ehe akzeptieren: Er schenkt im Sommer 1794 Goethe ein Haus am Weimarer Frauenplan und gibt der kleinen Familie Goethes damit ein würdiges Heim. Bemerkenswert ist jedoch, dass Goethe in dieser glücklichen Zeit als Dichter wenig schöpferisch ist. Dies ändert sich durch ein bedeutendes Ereignis im August 1794: Die Freundschaft mit Schiller beginnt und damit tritt das dichterische Schaffen Goethes wieder in den Vordergrund.

Johann Christoph Friedrich Schiller hatte bereits sieben Jahre in Weimar und Jena gelebt, bevor es zu einer nähren Begegnung mit Goethe kam. Goethe hatte es lange vermieden, mit dem um zehn Jahre jüngeren Autor der »Räuber« und des »Don Carlos« zusammenzutreffen, weil dessen ästhetische Anschauungen seinen eigenen diametral entgegenstanden. Auch Schiller verspürte tiefreichende Ressentiments, die in einem Brief aus dem Jahre 1789 zum Ausdruck kommen: »Ich glaube in der Tat, er ist ein Egoist in ungewöhnlichem Grade [...] Er macht seine Existenz wohltätig kund, aber nur wie ein Gott, ohne sich selbst zu geben [...] Mir ist er dadurch verhasst, ob ich gleich seinen Geist von ganzem Herzen liebe und groß von ihm denke. Ich betrachte ihn wie eine stolze Prude, der man ein Kind machen muß, um sie vor der Welt zu demütigen [...] Eine ganz sonderbare Mischung von Haß und Liebe ist es, die er in mir erweckt hat« (FA 30, S. 458).

Aus dieser sonderbaren Mischung von Hass und Liebe sollte eine der fruchtbarsten Künstlerfreundschaften der Geschichte werden. Es war Schillers diplomatischem Geschick zu verdanken, dass sich die beiden Antipoden näher kamen. Schiller lud Goethe zur Mitarbeit an seiner neu gegründeten Zeitschrift »Die Horen« ein und aus dieser Zusammenarbeit entwickelte sich eine einzigartige Freundschaft, in der es kaum Neid oder destruktive Rivalität gab. Dabei hatten sie keine Illusionen darüber, dass sie sehr gegensätzliche Naturen waren. Dennoch schlossen sie in den Tagen um Goethes 45. Geburtstag jene Allianz, die zum Archetypus einer Künstlerfreundschaft und Produktionsgemeinschaft geworden ist (Borchmeyer, 1999b). Goethe formulierte dies folgendermaßen:

Wechselwirkung

Kinder werfen den Ball an die Wand und fangen ihn wieder;
Aber ich lobe das Spiel, wirft mir der Freund ihn zurück.
    (HA 1, S. 226)

Die ästhetischen und philosophischen Differenzen zwischen Goethe und Schiller konnten durch Sympathie und wechselseitige Faszination überbrückt werden. An seinem Geburtstag im August 1794 drückte Goethe die aufkeimende Hoffnung aus, zukünftig »mit Schillern [...] gemeinschaftlich zu arbeiten, zu einer Zeit, wo die leidige Politik und der unselige körperlose Parteigeist alle freundschaftliche Verhältnisse aufzuheben, und alle wissenschaftliche Verbindungen zu zerstören droht« (FA 31, S. 22).

Es begann ein Schriftverkehr mit über tausend Briefen. Goethe entwickelte eine neue Schaffenskraft und sprach von einem neuen Frühling, den er Schiller verdankte. Beide hatten sich vor Beginn ihrer Freundschaft in einer künstlerischen Krise befunden. In einem Brief an Schiller vom 6. Januar 1798 kommt Goethes Dankbarkeit zum Ausdruck: »Sie haben mich die Vielseitigkeit des innern Menschen mit mehr Billigkeit anzuschauen gelehrt, Sie haben mir eine zweite Jugend verschafft und mich wieder zum Dichter gemacht, welches zu sein ich so gut als aufgehört hatte« (HA Briefe, Bd. 2, S. 323).

Goethe konnte unter dem produktiven Einfluss Schillers die Arbeit an seinem Roman »Wilhelm Meisters Lehrjahre« vollenden, dessen Stoff ihn bereits seit zwanzig Jahren beschäftigt hatte. »Wilhelm Meister« ist wie »Faust« eine autobiographisch geprägte Verdichtung, mit der er jahrzehntelang schwanger ging. Er betrachtete »Wilhelm Meister« wie »Die Leiden des jungen Werthers« als »Pseudo-Konfession«, die er »als Nachtwandler geschrieben« habe (HA 7, S. 617). Die Fertigstellung von »Wilhelm Meisters Lehrjahren«, auf die ich zu Beginn des zweiten Teils dieses Buchs näher eingehen werde, wurde durch Schillers unermüdlichen Zuspruch und seine in vielen Briefen mitgeteilten Kommentare entscheidend befördert.

Schiller tat alles, um Goethe aufzubauen, denn dieser hatte nicht nur allgemeine künstlerische Selbstzweifel, sondern war mit seinem »Wilhelm Meister« emotional so verwoben, dass ihm ein Urteil über dessen Qualität nicht möglich war. Für Schillers Unterstützung war er zutiefst dankbar und schrieb im Juli 1796: »denn gewiß ohne unser Verhältnis hätte ich das Ganze kaum, wenigstens auf diese Weise, zustande bringen können […] Und was wäre nicht noch alles hinzu- zusetzen, um den einzigen Fall auszudrucken, in dem ich mich nur mit Ihnen befinde!« (HA Briefe, Bd. 2, S. 227 f.).

Schiller war von den beiden ersten Büchern von »Wilhelm Meis- ters Lehrjahren« begeistert und der intensive Gedankenaustausch über dieses Werk festigte die Künstlerfreundschaft. Ihre gemeinsame Zeit- schrift »Die Horen« wurde allerdings ein Misserfolg und erntete scharfe Kritik, auf die Goethe und Schiller wiederum mit ihren beißend-satiri- schen »Xenien« reagierten. In den »Xenien« formulierten sie allerdings auch ästhetische Ansprüche, die sie selbst einlösen mussten. So ent- standen von 1796 bis 1799 Goethes Elegien in antikem Versmaß und die großen Balladen »Der Schatzgräber«, »Legende«, »Die Braut von Korinth«, »Der Gott und die Bajadere« und »Der Zauberlehrling«.

Auch Schillers Familie wurde in die Freundschaft einbezogen. Oft war Goethe bei den Schillers zu Gast und Charlotte von Schiller war bei den Abendgesprächen der Künstlerfreunde oft zugegen. Anders Christiane, sie wurde von den Treffen fern gehalten, selbst bei Besuchen im eigenen Haus. Besonders Schillers Frau, Charlotte von Lengefeld, begegnete Christiane mit Herablassung und Arroganz, ja Verachtung. Doch auch Schiller selbst, der wie Christiane aus ärmlichen Verhältnissen stammte, hatte kein Verständnis, dass Goethe sich so wenig standesgemäß verbunden hatte.

Unterstützt durch Schillers Freundschaft begann eine bedeutende Schaffensphase. Um seinem Freund nah zu sein, verlegte Goethe seinen Schreibplatz nach Jena. Ein weiterer Grund für seine Arbeit in Jena war, dass es ihm inmitten des häuslichen Lebens immer unmöglicher wurde, künstlerisch produktiv zu sein. In seinen Briefen spricht er von der Jenaer Einsamkeit, der er viele produktive Momente verdanke. Die erneut schwangere Christiane fühlte sich natürlich allein gelassen. Während Goethe am Helena Akt des »Faust II« in Jena arbeitet, schreibt sie ihm: »Daß du heute oder morgen nicht kommen werdest, mein Lieber, hätte ich nicht geglaubt. Ich hatte schon alle Anstalten gemacht [...] Mir wird die Zeit sehr lang. Ich wollte, ich wär noch bei Dir, ohne Dich ist doch alles nichts« (Gräf, 1916, S. 50).

Im Oktober 1795 bringt Christiane ihr viertes Kind zur Welt und Goethe steht ihr bei. Sechs Tage später reist er jedoch wieder nach Jena, um die Arbeit an seinem »Faust« fortzusetzen. Er schreibt nach weiteren vier Tagen im November an Christiane: »Ich bin hier recht vergnügt und fleißig wenn ich auch nur wüßte, daß du und der Kleine recht wohl bist. Laß mir doch so bald als möglich ein Wort schreiben. Vielleicht bleibe ich bis zu Ende der Woche hier, denn im stillen Schloß lässt sichs recht gut denken und arbeiten. Abends bin ich bei Schillern und da wird bis tief in die Nacht geschwätzt. Ich wünsche Dich recht wohl zu wissen und daß der Kleine brav trinkt, ißt und zunimmt« (Beutler, 1949, S. 238).

Christiane antwortet, dass der Kleine matt und krank sei, weswegen Goethe seinen Arbeitsaufenthalt in Jena abbricht und nach Hause eilt. Fünf Tage später stirbt auch dieses Kind und Goethe ist tief traurig. Er sieht zwei Möglichkeiten der Schmerzbewältigung: »[...] sich dem Schmerz natürlich zu überlassen, oder sich durch die Beihülfen die uns die Kultur anbietet zusammen zu nehmen. Entschließt man sich zu dem letzten, wie ich es immer tue, so ist man dadurch nur für einen Augenblick gebessert und ich habe bemerkt, daß die Natur durch andere Krisen immer wieder ihr Recht behauptet« (FA 31, S. 136).

Neben den »Römischen Elegien« sind die Balladen »Die Braut von Korinth« und »Der Gott und die Bajadere« diejenigen Werke, die am engsten mit Christiane verknüpft sind. Christiane reagiert auf seine dichterische Arbeit aber mit leisen Vorwürfen: »Daß wieder etwas fertig sein würde, dachte ich mir gleich, der Schatz muß immer fleißig sein. Ich dächte aber, du fingst nichts Neues an, und sähest, daß vielleicht das Gedicht fertig wär, und machtetst itzo eine Weile nichts mehr, denn es ist doch ein bißchen zu arg, und am Ende könnte es Dir doch auch schaden« (zit. n. Damm, 1998, S. 232 f.).

Goethe werden die Nähewünsche von Christiane zu drängend und er sucht zu entfliehen. Am 2. August 1796 teilt er Schiller mit: »Eine große Reise und viele von allen Seiten zudringende Gegenstände [...] nöthiger als jemals« (HA Briefe, Bd. 2, S. 234).

Es zieht ihn wieder nach Italien. Er trifft alle Vorkehrungen und regelt pflichtbewusst Christianes und Augusts finanzielle Situation, doch seine Abreise verzögert sich. Erst im Juli 1797 kann er sich, zunächst mit Christiane und August gemeinsam bis nach Frankfurt zur Mutter, auf den Weg machen. Nach der Trennung ist Christiane recht unzufrieden: »Es ist mir heute so zu Muthe, als könnte ich es nicht länger ohne Dich aushalten. Es hat auch heute alles im Hause über meinen übelen Humor geklagt [...] Ohne Dich ist mir alle Freude nichts, ich habe, seit ich von Frankfurt weg bin keine rechte vergnügte Stunde gehabt [...] Ich habe Dir es immer seither verschwiegen, aber länger will es nicht gehen« (Gräf, 1916, S. 282).

Goethe, dem das Alleinreisen so wichtig für seine Kreativität war, musste sich durch Christiane bedrängt fühlen. In dieser Zeit entsteht das Gedicht »Amyntas«, in dem der Mann als Baum dargestellt wird, der von der Frau als Efeu umrankt wird. Er verliert dadurch seine Kraft und droht zu ersticken:

Und so saugt sie das Mark, sauget die Seele mir aus [...]
Nichts gelangt zur Krone hinauf, die äußersten Wipfel
Dorren, es dorret der Ast über dem Bache schon hin.
Ja, die Verräterin ist's! sie schmeichelt mir Leben und Güter,
Schmeichelt die strebende Kraft, schmeichelt die Hoffnung mir ab [...]
      (HA 1, S. 197)

Goethe unterbrach, wahrscheinlich dem Drängen Christianes nachgebend, seine Reise. Doch in Zukunft sollte er sich entschlossener zu Schiller zurückziehen. Er gab auch das gemeinsame Schlafzimmer mit Christiane auf und schreibt im Dezember 1797 an Schiller: »[…] ich habe die Erfahrung wieder erneuert: daß ich nur in einer absoluten Einsamkeit arbeiten kann, und daß nicht etwa nur das Gespräch, sondern sogar schon die häusliche Gegenwart geliebter und geschätzter Personen meine poetische Quellen gänzlich ableitet« (HA Briefe, Bd. 2, S. 318).

Auch nachdem Schiller nach Weimar übergesiedelt ist, verzichtet Goethe nicht auf seine Jenaer Arbeitsstätte. Im September, November und Dezember 1800 setzt er in Jena die Arbeit am Helena Akt des »Faust II« fort und zieht sich immer mehr von Christiane zurück. Insbesondere Nachrichten über Krankheiten empfindet er als lästige Beunruhigungen.

Im Sommer 1802 bemerkt Christiane, dass sie erneut schwanger ist. Es geht ihr während der Schwangerschaft nicht gut und kurz nach der Geburt am 16. Dezember verstirbt auch das fünfte Kind an der erwähnten Blutgruppenunverträglichkeit. Christiane ist traurig, doch geht sie bald wieder ihren häuslichen Verpflichtungen nach. Goethe wird aber »täglich verdrüßlicher« und Schiller schreibt im Februar 1803: »Es ist zu beklagen, dass Goethe sein Hinschlendern so überhandnehmen läßt […] Seit einem Vierteljahre hat er, ohne krank zu sein, das Haus ja nicht einmal die Stube verlassen« (FA 32, S. 324 f.).

Schiller wird zunehmend ärgerlich und spielt sogar mit dem Gedanken sich wegen Goethes Hypochondrie nach einem neuen Wohnort und Wirkungskreis umzusehen. Christiane wirkt mitleidsvoller. Sie schreibt an den Arzt Nikolaus Meyer: »Ich lebe […] sehr in Sorge wegen des Geheimraths, er ist manchmal ganz hypochonder und ich stehe viel aus, weil es aber Krankheit, so tue ich alles gerne. Habe aber so gar Niemanden, dem ich mich vertrauen kann und mag« (FA 32, S. 341).

Trotz seiner Verstimmungen setzt Goethe seine Arbeit fort, diesmal an dem Schauspiel »Die natürliche Tochter«. Das Weimarer Publikum verhält sich nach der Uraufführung zurückhaltend und in Berlin wird das Schauspiel abgelehnt. Goethe hatte sich schon vorher vielfältige literarische Kritik zugezogen, ließ sich dadurch in seiner Produktivität aber nicht beeinträchtigen. Im Sommer schlägt er Christiane eine Kur vor, wahrscheinlich um in Ruhe arbeiten zu können. Die längere Zeit der Trennung durch die Kur Christianes in Bad Lauchstädt im Jahre 1803 tut dem Paar gut. Christiane hat größtes Vergnügen am Tanzen und Goethe kann in Ruhe schreiben. Beide sind sehr tolerant und Goethe kann sich ohne Eifersucht an der Heiterkeit seiner Frau erfreuen, die ihm von ihren Vergnügungen berichtet: »[…] aus Deinem gestrigen Briefe sehe ich wohl, daß Du nicht kommen wirst. Und quälen will ich Dich auch nicht […] das Tanzen wird mir so leicht, ich fliege nur so, und vergnügt bin ich immer sehr [...] In die Loge zu mir kam Herr von Nostiz, der große Offizier, und ladete mich zum Ball ein […] aber mein Gott, wie schön tanzte der!« (Gräf, 1916, S. 411 ff.). Der 54-jährige Goethe antwortet seiner tanz- und unternehmungslustigen 38-jährigen Frau mit großzügiger Herzlichkeit: »Wie sehr von Herzen ich Dich liebe, fühle ich erst recht, da ich mich an Deiner Freude und Zufriedenheit erfreuen kann« (Gräf, 1916, S. 405).

Auch die Monate nach ihrer Rückkehr sind heiter und gesellig. Christiane schreibt im Januar 1804 an einen Freund: »[…] kein Mittag vergeht, wo nicht immer Fremde bey uns speisen, dann geht's ins Theater, wo wir itzo sehr viel hübsche Männer und Mädchen haben […] Denn ich tanze jetzt noch mehr als sonst und befinde mich recht wohl dabey« (Gräf, 1916, S. 405).

Goethe ist während dieser Zeit im Weimarer Theater beschäftigt, bearbeitet zum Beispiel den »Götz von Berlichingen« neu und studiert Schillers »Wilhelm Tell« ein. Im nächsten Sommer geht Christiane wieder zur Kur nach Bad Lauchstädt, weil sie sowohl das Tanzen als auch das Wasser gut gebrauchen kann. Sie ist relativ sorglos und auch ihr Sohn August entwickelt sich gut.

Im Winter 1804 machen sich bei Goethe zum wiederholten Male Nierenkoliken bemerkbar. Sie werden so stark, dass man, wie im Winter 1801, um sein Leben fürchtet. Im April 1805 berichtet Christiane einem Freund, dass ihr Mann seit einem Vierteljahr »fast keine gesunde Stunde« gehabt habe und man immer daran denken müsse, dass er sterbe. Goethes schlechter Zustand wird durch eine erneute Schaffenskrise und den Misserfolg der Premiere des »Götz« verstärkt. Literarische Angriffe bereiten ihm mittlerweile größeres Unbehagen und er kann Kritik nicht mehr so leicht hinnehmen wie in früheren Jahren. Selbst Schiller kann Goethes Griesgrämigkeit immer schlechter ertragen und spielt deswegen wiederum mit dem Gedanken, Weimar zu verlassen. Er selbst ist aber bereits todkrank und es ist zu spät, seine Pläne zu realisieren. Beide sehen sich während des Winters selten.

Am 9. Mai 1805 stirbt Schiller. Man wagt es kaum, Goethe den Verlust des Freundes mitzuteilen. Der Tod Schillers ist ein tiefer Ein-

schnitt in seinem Leben. Er hüllt sich zunächst in trauerndes Schweigen und schreibt drei Wochen nach Schillers Tod: »Ich dachte mich
selbst zu verlieren, und verliere nun einen Freund und in demselben
die Hälfte meines Daseins« (FA 33, S. 11).

Goethe wurde unruhig, konnte sich kaum beschäftigen und sah
sich in einer ausweglosen Lage. Er empfand eine schmerzliche Leere
und es kam zu einem Rückfall seiner Nierenkrankheit. Doch nach
kurzer Zeit greift er wieder zu seinem alten Hausmittel: Er vertieft
sich in seine Arbeit und führt den inneren Dialog mit Schiller »dem
Tode zu Trutz« fort. Im April 1806 beendet er den ersten Teil des
»Faust«.

Politische Veränderungen und neue Leidenschaften 1806–1821 (Wilhelmine, Silvie, Marianne)

Sind gleich die Haare weiß,
Doch wirst du lieben.
(HA 2, S. 13)

Die politischen Veränderungen jener Zeit waren auch für Goethe einschneidend. Napoleon krönte sich 1804 zum Kaiser der Franzosen und begann seinen Eroberungszug durch Europa. 1806 unterstellten sich die 16 süd- und südwestdeutschen Staaten dem französischen Kaiser und Kaiser Franz II. legte die römisch-deutsche Kaiserkrone nieder. Preußen erklärte Frankreich den Krieg. Damit ging für das Herzogtum Sachsen-Weimar die für die Weimarer Klassik so bedeutsame Friedenszeit zu Ende. Im Oktober wurden auf dem Territorium Sachsen-Weimars die preußischen Truppen vernichtend geschlagen. In der Nacht vom 14. zum 15. Oktober plünderten französische Soldaten nach der Doppelschlacht von Jena und Auerstedt die Stadt Weimar und legten Brände.

Die unruhigen Zeiten und die Dankbarkeit für Christianes Treue auch in schwierigen Zeiten führten dazu, dass Gothe sein Verhältnis mit Christiane endgültig legitimierte. Er schreibt an den Weimarer Hofprediger Günter im Oktober 1806: »Dieser Tage und Nächte ist ein alter Vorsatz bei mir zur Reife gekommen; ich will meine kleine Freundin, die so viel an mir getan und auch diese Stunden der Prüfung mit mir durchlebte völlig und bürgerlich anerkennen, als die Meine« (HA Briefe, Bd. 3, S. 28).

Die Hochzeit fand im kleinen Kreise statt. Die Trauzeugen waren der Freund Riemer und der inzwischen 16-jährige Sohn August. Christiane war nach 18 Jahren wilder Ehe nun offiziell zur »Frau Geheimrätin« avanciert. Dennoch öffneten sich ihr nur sehr zögernd die Türen der Weimarer Gesellschaft. Die Schriftstellerin Johanna Schopenhauer machte den Anfang und schrieb an ihren Sohn Arthur, dass man der Frau wohl eine Tasse Tee geben könne, wenn Goethe ihr schon seinen Namen gegeben habe.

Die Aufmerksamkeit in Weimar richtete sich in dieser Zeit auf andere Dinge: Nach dem Sieg Napoleons stand die Existenz des mit Preußen verbündeten Herzogtums auf dem Spiel. Um die Souveränität seines Landes zu retten, trat Carl August dem Rheinbund bei, schied aus dem preußischen Militär aus und zahlte eine horrende Kriegssteuer von zwei Millionen Talern. Es befremdete, dass Goethe angesichts dieser Demütigungen seine große Bewunderung für Napoleon offen aussprach. Er war für ihn der Überwinder des Chaos der Französischen Revolution und ein Mann, der den europäischen Kontinent zu neuer Ordnung bringen konnte. Zu einer persönlichen Begegnung kam es am 2. Oktober 1808 und Goethe trug den wenig später verliehenen Orden der französischen Ehrenlegion auch noch, als dies angesichts neuer patriotisch-nationaler Bestrebungen seiner Landsleute längst unpopulär geworden war.

Doch auch Goethe hat die Schattenseiten Napoleons gesehen. Der rastlose Aktionismus eines stets auf Fortschritt und Herrschaft ausgerichteten dämonischen Menschen führt in den Untergang. Dies schildert Goethe in seinem Dramenfragment »Pandora«, in dem der skrupellose Prometheus deutlich die Züge Napoleons trägt. Das Dämonische zog Goethe aber auch in anderen Bereichen an und er fand es immer wieder in der erotischen Liebe. So widmen sich die während des Winters 1807/1808 entstandenen Sonette den dämonisch-irrationalen Seiten der erotischen Anziehung. Eine Ansprechpartnerin für seine neu entflammte Leidenschaft fand er in der 18-jährigen Wilhelmine Herzlieb. Die »Äugelchen«, die man sich machte, inspirierten ihn angesichts dieser wiederum unerreichbaren Geliebten zu neuen Gedichten:

Freundliches Begegnen

Im weiten Mantel bis ans Kinn verhüllet,
Ging ich den Felsenweg, den schroffen, grauen,
Hernieder dann zu winterhaften Auen,
Unruh'gen Sinns, zur nahen Flut gewillet.

Auf einmal schien der neue Tag enthüllet:
Ein Mädchen kam, ein Himmel anzuschauen,
So musterhaft wie jene liebe Frauen
Der Dichterwelt. Mein Sehnen war gestillet.

Doch wandt' ich mich hinweg und ließ sie gehen
Und wickelte mich enger in die Falten,
Als wollt' ich trutzend in mir selbst erwarmen;

Und folgt' ihr doch. Sie stand. Da war's geschehen!
In meiner Hülle konnt' ich mich nicht halten,
Die warf ich weg, sie lag in meinen Armen.
(HA 1, S. 294 f.)

Dieses Sonett, das zweite von 17, zeigt den alternden und verzweifelten Mann, der wieder einmal »zur nahen Flut gewillet« mit Selbstmordgedanken spielt. Wie Petrarca, dessen Sonette Goethe zum Vorbild nimmt, wird das poetische Selbst durch eine neue Liebe zu neuem Leben erweckt und auf einmal scheint »der neue Tag enthüllet«. Dies ist auch als Allegorie für Goethes Künstlertum zu lesen, das durch die erotische Liebe inspiriert wird. Diese Liebe ist aber ambivalent und das poetische Selbst zieht sich in der dritten Strophe wieder zurück. Es wickelt sich »enger in die Falten«, um in sich selbst Wärme und Geborgenheit zu finden. Nach diesem Rückzug kann es in der letzten Strophe seine »Hülle« abwerfen und sich der Liebe hingeben. Im Wechselspiel von leidenschaftlicher Anziehung und dunkler Ablehnung findet das poetische Selbst seine erotische und kreative Verwirklichung. Beides, Leidenschaft und Kreativität, bleiben letztlich unverständlich, ja dämonisch.

Das fünfte und sechste Sonett beschreiben, wie die verwirrende erotische Leidenschaft durch Versagung in Kunst verwandelt wird:

Wachstum

[...]
Ich fühl' im Herzen heißes Liebestoben.
Umfass' ich sie, die Schmerzen zu beschwicht'gen?

Doch ach! Nun muß ich dich als Fürstin denken:
Du stehst so schroff vor mir emporgehoben;
Ich beuge mich vor deinem Blick, dem flücht'gen.

Reisezehrung

Entwöhnen sollt' ich mich vom Glanz der Blicke,
Mein Leben sollten sie nicht mehr verschönen [...]

So kann ich ruhig durch die Welt nun reisen:
Was ich bedarf, ist überall zu haben,
Und Unentbehrlich's bring' ich mit – die Liebe.
    (HA 1, S. 296f.)

Das poetische Selbst fühlt seine Leidenschaft als »heißes Liebestoben« und es fragt sich, ob es durch die Umarmung seiner Geliebten tatsächlich seine Leiden »beschwicht'gen« kann. Es scheint dies zu verneinen und entrückt die Geliebte in eine unerreichbare Ferne: »Nun muß ich dich als Fürstin denken«. Die Geliebte wird so weit »emporgehoben«, dass sie nicht erreichbar ist. Dies erscheint wie bei Petrarca als

Voraussetzung der Kunst. Auch Petrarca schrieb seine berühmten »Sonette an Madonna Laura« an eine Frau, die er nie berühren konnte. Die Entsagung scheint das poetische Selbst in Goethes Sonetten aber auf eigentümliche Weise zu beruhigen: »So kann ich ruhig durch die Welt nun reisen«. Im Wechselspiel von leidenschaftlicher Verehrung und versagendem Rückzug gewinnt das poetische Selbst etwas Unentbehrliches, die schöpferische Liebe. Der Dichter, der die Welt mit seinem Werk poetisch durchstreift, findet Liebe und Kreativität: »Was ich bedarf, ist überall zu haben«. In der strengen Form des Sonetts erinnert Goethe an eine Leidenschaft, die durch Entsagung schöpferisch wird und sich auf einer anderen Ebene erfüllt, so wie er dies schon über dreißig Jahre früher in »Willkommen und Abschied« ausdrückt hat.

Minchen Herzlieb war nicht die Einzige, die ihn zu neuen Werken inspirierte. Die Sonette werden auch in Zusammenhang mit Silvie von Ziesegar gebracht, die Goethe seit ihrer Kindheit kannte, oft in Jena und Weimar sah und mit der er während der Sommerkur in Karlsbad poussierte. Auch die Erlebnisse mit der schwärmerisch-ungestümen Bettina Brentano flossen in die Dichtungen ein. Goethe steht am Ende seiner klassischen Phase, in der er den Konflikt zwischen leidenschaftlicher Liebe und entsagender Vernunft wie in einem leichten Spiel gestalten kann.

Die Problematik von leidenschaftlicher Anziehung und vernunftgemäßer Entsagung wird von Goethe in seinem gleichzeitig konzipierten Roman »Die Wahlverwandtschaften« ins Tragische gesteigert. Im Roman sehen wir, wie die dämonische Anziehung zwischen Mann und Frau in Kollision mit den herrschenden Moralvorstellungen gerät. Der ganze Roman ist wie ein naturwissenschaftliches Experiment angelegt: Vier Protagonisten kommen zusammen und werden mit der Zwangsläufigkeit von Naturgesetzen angezogen. Das bisher in Liebe verbundene Adelspaar Eduard und Charlotte empfängt auf ihrem Landsitz den Hauptmann und Ottilie. Wie in einem chemisch-physikalischen Prozess fühlen sich die Personen von dem entsprechenden Partner des anderen Paares angezogen. Während Eduard und Charlotte miteinander schlafen, denken sie in geistigem Ehebruch an Ottilie beziehungsweise den Hauptmann. Das Kind, das bei diesem Beischlaf gezeugt wird, trägt die Züge Ottilies und des Hauptmanns. Wie in einer antiken Tragödie wird durch das vermeintlich planvolle Handeln der Personen die Katastrophe nur umso konsequenter herbeigeführt. Die psychologischen

Themen der »Wahlverwandtschaften« sind sehr vielschichtig und wir finden zum Beispiel wie bereits angedeutet eine erneute Auseinandersetzung mit Mutterschaft und Kindstötung (s. Wendt, 2006).

In dieser Zeit begann Goethe mit seiner Lebensbeschreibung »Dichtung und Wahrheit«. Ein erstes Schema entstand 1809 und die ersten drei Teile erschienen von 1811 bis 1814. Möglicherweise durch den Tod der Mutter im September 1808 mitbedingt, richtete sich sein Blick in die Vergangenheit und er ließ seine frühe Kindheit und Jugend wieder aufleben. Auch diese Bemühungen kann man als Versuch verstehen, das unvermeidliche Schicksal schöpferisch zu bewältigen.

Nach mehr als zwanzig Jahren Krieg auf dem europäischen Kontinent begann mit dem Einzug der Koalitionsarmeen in Paris eine neue Friedensepoche. Während der Befreiungskriege hatte sich Goethe auf seine naturwissenschaftlichen Arbeiten und autobiographischen Schriften zurückgezogen: »Hier muß ich noch einer Eigenthümlichkeit meiner Handlungsweise gedenken. Wie sich in der politischen Welt irgend ein ungeheures Bedrohliches hervortat, so warf ich mich eigensinnig auf das Entfernteste« (FA 17, S. 255 f.).

Doch Goethe entschuldigt sich auch für seine politische Zurückhaltung. In seinem zum Jahrestag des Einmarsches in Paris aufgeführten Festspiel »Des Epimenides Erwachen« identifiziert er sich mit dem Seher Epimenides, der eine lange Zeit des Krieges verschläft, dadurch aber zu seherischen Kräften gelangt.

Im Sommer 1814 unternahm Goethe eine Reise an die Stätten seiner Kindheit und Jugend. Wiesbaden, Frankfurt und Heidelberg waren seine Stationen. In seinem Reisegepäck befand sich die Liedersammlung des persischen Dichters Hafis. Die weltüberschauende und gleichzeitig sinnlich-lebensfrohe Dichtung des Ostens weckte neue schöpferische Kräfte:

Phänomen

Wenn zu der Regenwand
Phöbus sich gattet,
Gleich steht ein Bogenrand
Farbig beschattet.

Im Nebel gleichen Kreis
Seh' ich gezogen,
Zwar ist der Bogen weiß,
Doch Himmelsbogen.

So sollst du, muntrer Greis,
Dich nicht betrüben:
Sind gleich die Haare weiß,
Doch wirst du lieben.
(HA 2, S. 13)

Ob Goethe ahnte, dass sich seine Prophezeiung »Doch wirst du lieben«
bald erfüllen sollte? In Frankfurt traf er mit Marianne von Willemer
zusammen, die gerade den Bankier Johann Jacob von Willemer geheiratet hatte. Marianne stammte aus Österreich, war Tänzerin und dann
Pflegekind bei Willemer. Aus der flüchtigen Begegnung mit Marianne
im Jahre 1814 wurde ein Jahr später eine tiefe wechselseitige Zuneigung.
Nach orientalischem Vorbild entspann sich zwischen beiden ein erotisch-
poetischer Dialog. Marianne antwortete Goethe mit eigenen Gedichten,
die er später in seinen »West-Östlichen Divan« aufnahm. Es entwickelte
sich eine poetische Liebe, die den 65-Jährigen zu neuen Hoffnungen inspirierte. Im Gespräch mit Eckermann wird er später von »temporärer
Verjüngung« und »einer wiederholten Pubertät« sprechen.

Im September 1815 treffen die beiden noch einmal auf dem
Schlossaltan in Heidelberg zusammen, doch eine geplante dritte Reise
zu Marianne kommt nicht zustande. Nach dem schwermütigen Abschied werden sich beide nicht wiedersehen. Doch die neuerliche Beziehung zu einer »entfernten Geliebten« gibt Goethe seine kaum noch
geahnte Schöpferkraft zurück. Es entstehen rund 400 Gedichte, die er
»mit viel Neigung, Liebe, Leidenschaft« erschafft. Alles, was er an der
orientalischen Dichtung bewundert, vereint er in seinem »Divan«:
Religiöse, philosophische und politische Themen werden ebenso leicht
behandelt wie poetische Liebesgespräche und die dichterische Selbstreflexion. Seine poetischen Selbst- und Welterfahrungen münden in
das Gedicht »Selige Sehnsucht«:

Selige Sehnsucht

Sag es niemand, nur den Weisen,
Weil die Menge gleich verhöhnet,
Das Lebend'ge will ich preisen,
Das nach Flammentod sich sehnet.

In der Liebensnächte Kühlung,
Die dich zeugte, wo du zeugtest,
Überfällt dich fremde Fühlung,
Wenn die stille Kerze leuchtet.

Nicht mehr bleibest du umfangen
In der Finsternis Beschattung,
Und dich reißet neu Verlangen
Auf zu höherer Begattung.

Keine Ferne macht dich schwierig,
Kommst geflogen und gebannt,
Und zuletzt des Lichts begierig,
Bist du, Schmetterling, verbrannt.

Und solang du das nicht hast,
Dieses: Stirb und werde!
Bist Du nur ein trüber Gast
Auf der dunklen Erde.
                    (HA 2, S. 18 f.)

Die erste Strophe spricht aus, dass das Schöpferische eine Beunruhigung darstellt, auf die viele abwehrend reagieren. Deswegen soll diese Erkenntnis »nur den Weisen« mitgeteilt werden und nicht dem Spott, als Ausdruck psychischer Abwehr, der »Menge« ausgeliefert werden. Kreativität kann persönliche Grenzen so weit labilisieren, dass sie Todesängste hervorruft: Das schöpferisch »Lebend'ge« gerät notwendigerweise in die Nähe des »Flammentods«.

In der zweiten Strophe wird das Mittel gegen die kreativen Gefährdungen beschrieben. Die »Liebesnächte«, das heißt die erotischen Begegnungen, führen zur Erschaffung des kreativen Selbst, das »zeugte, wo du zeugtest«. Doch auch in der erotischen Liebe und der kreativen Leidenschaft werden wir »mit fremder Fühlung« von der Vergänglichkeit berührt, der »stillen Kerze« als Symbol der Zeitlichkeit.

In der dritten Strophe befreit uns die erotische Schöpferkraft aus der »Finsternis Beschattung«. Sie führt uns zu einem »Verlangen« nach »höherer Begattung«, das heißt zum Streben nach Einssein mit der natürlichen und geistigen Welt. Dadurch erheben wir uns aus Angst und Finsternis und uns wachsen Flügel wie dem erotischen Paar in Platos Symposion, das eine höhere Stufe des Seins erreicht.

In der vierten Strophe scheint alles möglich, das poetische Selbst ist durch »keine Ferne« mehr »schwierig«, sondern »gebannt« und kommt zur erotischen Vereinigung »geflogen«. In der Erfüllung seiner Sehnsucht, »des Lichts begierig«, vergeht es wie der »Schmetterling« in der chinesischen Dichtung.

Die fünfte Strophe gemahnt, dass Werden und Vergehen, »Stirb und werde!«, unvermeidlich sind für schöpferische Lebendigkeit. Wer diesem Geworfensein in Leidenschaft und Kreativität ausweicht, bleibt ein »trüber Gast auf der dunklen Erde«.

Während der produktiven Zeit des »West-östlichen Divan« blieben sich Christiane und Goethe herzlich zugetan und ihre Verbindung wurde durch die Schicksalsschläge und die »Äugelchen«, die beide verschiedentlich machten, kaum getrübt. Im März 1815 schreibt Christiane ein Jahr vor ihrem Tod an Goethe nach Jena: »Es ist itzo mein einziger Gedanke, Dich wiederzusehen und Dir zu sagen, wie lieb ich Dich habe. Und wie freue ich mich, wenn ich jeden Morgen, wie ich aufwache, Dir danken kann, wie meine Kräfte wieder zugenommen haben« (Gräf, 1916, Bd. 2, S. 362).

Der Tod Christianes im Juni 1816 war ein schwerer Verlust für Goethe. Sie starb an Nierenversagen und musste vor ihrem Ableben schreckliche Schmerzen erleiden. Ihre Pein war so groß, dass sie sich die Zunge durchbiss. Die Pflegerinnen verließen ihr Zimmer, weil sie ihre Schmerzensschreie nicht mehr ertragen konnten. Goethe selbst war durch hohes Fieber an sein Bett gefesselt und ließ sie in den letzten Stunden allein. Hinzu kam sein Grauen vor Krankheit und Tod, das ihn zurückhielt, ihr beizustehen. Goethes Tagebuch ist zu entnehmen: »Nahes Ende meiner Frau. Letzter fürchterlicher Kampf ihrer Natur. Sie verschied gegen Mittag. Leere und Totenstille in und außer mir« (FA 35, S. 9).

An ihrem Todestag schreibt er folgende Verse für die Grabschrift:

Du versuchst, o Sonne, vergebens,
Durch die düsteren Wolken zu scheinen!
Der ganze Gewinn meines Lebens
Ist ihren Verlust zu beweinen.

Die Lebensgemeinschaft hatte fast drei Jahrzehnte gedauert. Goethe verlor nicht nur seinen »Bettschatz«, sondern auch eine fleißige Wirtschafterin, die seinen großen Haushalt führte und für Wärme und Wohlbehagen in seinem Leben sorgte. Sie hatte ihm auch mit ihrer Heiterkeit und Lebensfreude in seinen melancholischen und hypochondrischen Stimmungen beigestanden. Wenige Jahre vor ihrem Tod hielt er fest, dass er ihr nur Freuden zu danken habe, seitdem sie den ersten Schritt in sein Haus getan.

Goethe flüchtete nach Christianes Tod in die Arbeit. Er widmete sich besonders seinen Pflichten in der herzoglichen Staatsverwaltung. Er hatte die Oberaufsicht über die Anstalten für Wissenschaft und Kunst in Weimar und Jena übernommen. Dazu gehörten Bibliotheken, Parks und die Jenaer Universität. Erst nach mehreren Jahren sollte es zu einer erneuten poetischen Wiedergeburt gekommen.

Späte Liebe, Alter und Abschied 1821–1832 (Ulrike)

> *Und wenn der Mensch in seiner Qual verstummt*
> *Gab mir ein Gott zu sagen, was ich leide.*
> *(HA 1, S. 381)*

Von 1817 bis 1824 veröffentlichte Goethe eine Fülle von naturwissenschaftlichen Schriften. Auch seine jetzt entstehenden Gedichte
reflektieren wie »Eins und Alles« seine naturphilosophischen Anschauungen:

Eins und Alles

Im Grenzenlosen sich zu finden,
Wird gern der Einzelne verschwinden,
Da löst sich aller Überdruß;
Statt heißem Wünschen, wildem Wollen,
Statt läst'gem Fordern, strengem Sollen,
Sich aufzugeben ist Genuß [...]

Es soll sich regen, schaffend handeln,
Erst sich gestalten, dann verwandeln;
Nur scheinbar steht's Momente still.
Das Ewige regt sich fort in allen,
Denn alles muß ins Nichts zerfallen,
Wenn es im Sein beharren will.
(HA 1, S. 368 f.)

Dieses Gedicht ist 1821 in Jena entstanden und zeigt ein poetisches
Selbst, das mit dem Schicksal ausgesöhnt ist. Die engen Grenzen der
eigenen Person werden zugunsten des Aufgehens in einem größeren
kosmischen Ganzen aufgelöst. Inspiriert von fernöstlichen Vorstellungen wird diese Auflösung aber nicht als Bedrohung, sondern als
spannungsloses Glück erlebt: »Sich aufzugeben ist Genuß«. Wie im
Taoismus bedeutet dies nicht Stillstand, sondern Aktivität in einem
höherem Sinn, wo das schöpferische Wesen sich nicht verströmt,
sondern im Außer-sich-Sein ganz bei sich selbst ist. In der Tätigkeit zeigt sich das »Ewige«, das ein zentrales Thema Goethes noch in
seinem Altersgedicht »Vermächtnis« sein wird und auf das wir zum
Abschluss dieses Buchs eingehen werden. Dort steht eher der Aspekt
der Beständigkeit des Seins im Vordergrund, »Kein Wesen kann zu

nichts zerfallen«, während hier in »Eins und Alles« in dialektischer Antithese gesagt wird: »alles muß ins Nichts zerfallen.« Das Vergehen im Strom des Lebens ist eine Voraussetzung des Ewigen, »wenn es im Sein beharren will.« Das »Vermächtnis« wird diese scheinbare Paradoxie auflösen.

Im Sommer 1821 besuchte Goethe den neu in Böhmen entstandenen Kurort Marienbad. Dort traf er mit der 34-jährigen Witwe Amalie von Levetzow zusammen, die er schon aus seinen Karlsbader Kuraufenthalten kannte. Zu ihrer 17-jährigen Tochter Ulrike, die er schon als Vierjährige kennengelernt hatte, verspürte er eine väterliche Zuneigung. 1821 unternahm man gemeinsam ausgedehnte Spaziergänge und im Jahre 1823 verwandelte sich die väterliche Zuneigung zu der jungen Frau in Leidenschaft. Der 74-Jährige plante ernsthaft, die jetzt 19-jährige Ulrike von Levetzow zu heiraten. Er ließ sich von seinem Arzt beraten, der ihm versicherte, dass eine Heirat auch in seinem hohen Alter nicht schaden würde. Herzog Carl August war bereit, als Brautwerber zu dienen, und sprach bei der Mutter Ulrikes vor. Diese hielt Goethes Ansinnen für eine vorübergehende Laune, musste jedoch bald erkennen, dass er es ernst meinte, und verließ kurzentschlossen mit ihrer Tochter Marienbad, um unangenehme Verwicklungen zu vermeiden. Goethe wollte die Aussichtslosigkeit seines Werbens nicht wahrhaben und reiste den Levetzows nach Karlsbad nach. Diese lehnten seinen erneuten Antrag entschieden ab und er musste sich beschämt zurückziehen. Er war tief enttäuscht und dichtete in seiner Verzweiflung auf der beschwerlichen Heimreise nach Weimar die berühmte »Marienbader Elegie«. Diese fasste er mit den Gedichten »An Werther« und »Aussöhnung« zur »Trilogie der Leidenschaft« zusammen.

In der »Trilogie der Leidenschaft« fühlt sich Goethe an seelische Schmerzen erinnert, die er in den »Leiden des jungen Werthers« beschrieben hatte. So überschreibt er auch das erste Gedicht mit »An Werther« und beginnt folgendermaßen:

An Werther

Noch einmal wagst du, vielbeweinter Schatten,
Hervor dich an das Tageslicht [...]
Zum Bleiben ich, zum Scheiden du erkoren,
Gingst du voran – und hast nicht viel verloren.
[...]

Du lächelst, Freund, gefühlvoll, wie sich ziemt:
Ein grässlich Scheiden machte dich berühmt;
Wir feierten dein kläglich Missgeschick,
Du ließest uns zu Wohl und Weh zurück;
Dann zog uns wieder ungewisse Bahn
Der Leidenschaften labyrinthisch an;
Und wir, verschlungen wiederholter Not,
Dem Scheiden endlich – Scheiden ist der Tod!
Wie klingt es rührend, wenn der Dichter singt,
Den Tod zu meiden, den das Scheiden bringt!
Verstrickt in solche Qualen, halbverschuldet,
Geb' ihm ein Gott, zu sagen, was er duldet.
    (HA 1, S. 380 f.)

Es ist bemerkenswert, wie innig Goethe mit Empfindungen verbunden ist, die er fünfzig Jahre früher verspürte. Die »vielbeweinten Schatten« Werthers sind ihm ganz nah. Die Gefühlswelt des »Werther«, der seine Erlebniswelt aus den Jahren 1772 bis 1774 wiedergibt, ist dem 74-Jährigen immer noch so präsent als hätte er die »Die Leiden des jungen Werthers« unlängst erlebt. Werther ist Goethe in den Tod vorausgegangen und hat »nicht viel verloren.« Goethe blieb hingegen zu »Wohl und Weh« am Leben, wurde von seinen Leidenschaften umgetrieben und »verschlungen widerholter Not«. Endlich muss sich aber auch das poetische Selbst der unerbittlichen Trennung stellen: »Scheiden ist der Tod!« Doch da erhebt sich die Stimme des Dichters, um den »Tod zu meiden«. Er ist »verstrickt in solche Qualen« und ruft einen Gott an, um »zu sagen, was er duldet«. Letztlich erwartet er dadurch, dass er im Werk Scheiden und Tod überwindet.

Seine kreative Arbeits- und Erinnerungskultur bewahrte Goethe immer wieder vor dem Suizid und ermöglichte ihm zeitlose Schöpfungen. In der »Trilogie der Leidenschaft« zeigt sich Goethe zutiefst dankbar für seine Fähigkeit, Enttäuschungen schöpferisch zu verarbeiten. So wählt er als Motto für die »Elegie« jene Verse, die wir diesem Kapitel vorangestellt haben:

Und wenn der Mensch in seiner Qual verstummt
Gab mir ein Gott zu sagen, was ich leide.
    (HA 1, S. 381)

In der »Elegie« rekapituliert Goethe die Beziehung zu Ulrike mit all ihren Höhen und Tiefen:

Was soll ich nun vom Wiedersehen hoffen,
Von dieses Tages noch geschloßner Blüte?
Das Paradies, die Hölle steht dir offen;
Wie wankelsinnig regt sich's im Gemüte! –
Kein Zweifel mehr! Sie tritt ans Himmelstor,
Zu ihren Armen hebt sie dich empor.
(HA 1, S. 381 ff.)

Das poetische Selbst ist zunächst schwankend und alles – »das Paradies, die Hölle« – steht ihm offen, bis die verklärte Geliebte erscheint: »Sie tritt ans Himmelstor, zu ihren Armen hebt sie dich empor.« Durch die vergöttlichte Liebe fühlt sich das poetische Selbst von irdischen Schmerzen befreit:

So warst du denn im Paradies empfangen,
Als wärst du wert des ewig schönen Lebens;
Dir blieb kein Wunsch, kein Hoffen, kein Verlangen,
Hier war das Ziel des innigsten Bestrebens,
Und in dem Anschaun dieses einzig Schönen
Versiegte gleich der Quell sehnsüchtiger Tränen.
(HA 1, S. 381 ff.)

In den folgenden zwanzig Strophen nimmt das poetische Selbst den Leser mit auf eine Reise in seligste Höhen der erotischen Liebe, um letztlich in tiefster Verzweiflung zu enden:

Mir ist das All, ich bin mir selbst verloren,
Der ich noch erst den Göttern Liebling war;
Sie prüften mich, verliehen mir Pandoren,
So reich an Gütern, reicher an Gefahr;
Sie drängten mich zum gabeseligen Munde,
Sie trennen mich, und richten mich zu Grunde.
(HA 1, S. 381 ff.)

Im dritten Gedicht der »Trilogie der Leidenschaft«, das der Pianistin Maria Szymanowska gewidmet ist, allerdings früher als »An Werther« und die »Elegie« verfasst wurde, wirkt Goethe mit seinem Schicksal wieder versöhnt:

Aussöhnung

Die Leidenschaft bringt Leiden! – Wer beschwichtigt
Beklommnes Herz, das allzu viel verloren?
Wo sind die Stunden, überschnell verflüchtigt?
Vergebens war das Schönste dir erkoren!
Trüb' ist der Geist, verworren das Beginnen;
Die hehre Welt, wie schwindet sie den Sinnen!

Da schwebt hervor Musik mit Engelsschwingen,
Verflicht zu Millionen Tön' um Töne,
Des Menschen durch und durch zu dringen,
Zu überfüllen ihn mit e'wger Schöne:
Das Auge netzt sich, fühlt im höhern Sehnen
Den Götterwert der Töne wie der Tränen.

Und so das Herz erleichtert merkt behende,
Daß es noch lebt und schlägt und möchte schlagen,
Zum reinsten Dank der überreichen Spende
Sich selbst erwidernd darzutragen.
Da fühlte sich – o daß es ewig bliebe! –
Das Doppelglück der Töne wie der Liebe.
    (HA 1, S. 385 f.)

In der ersten Strophe beschreibt das poetische Selbst die Schmerzen der leidenschaftlichen Liebe: »Leidenschaft bringt Leid«. Sie ist »das Schönste« einerseits und betrübt anderseits so stark, dass »die hehre Welt [...] den Sinnen« schwindet. In der zweiten Strophe wird das poetische Selbst durch künstlerische Bewältigung, durch »Musik mit Engelsschwingen«, wieder aufgerichtet und von einem Gefühl »e'wger Schöne« erfüllt. In der dritten Strophe fühlt es sich mit seinem Schicksal durch Kreativität und Leidenschaft, »das Doppelglück der Töne wie der Liebe«, versöhnt.

Trotz der Aussöhnung in der Dichtung zehrte der Schmerz über seine letzte und unerfüllbare Liebe an Goethe. Anfang November 1823 wurde er auch körperlich krank und er meinte, dass das eigentliche Alter jetzt begonnen habe. Auf belebende Phasen der Verjüngung konnte er nun nicht mehr hoffen. Goethe unternahm keine Badereisen mehr und er gelangte nicht mehr über den unmittelbaren Umkreis Weimars hinaus.

Dennoch blieb er tätig und beschäftigte sich mit seinen beiden großen Alterswerken, »Wilhelm Meisters Wanderjahre« und »Faust II«. Daneben begann er 1824 den vierten Teil von »Dichtung und Wahrheit« und schuf einen Typus der Autobiographie, in dem die Wechselwirkung von Ich und Welt im Mittelpunkt steht. Das Ineinanderfließen von Vergangenem und Gegenwärtigem, wie es in »Dichtung und Wahrheit« vorgeführt wird, sollte zu einem Charakteristikum von Goethes Spätwerk werden. Er widmete sich auch wieder seinen naturwissenschaftlichen Studien.

Goethe bewahrte bis ins hohe Alter eine große Arbeitsdisziplin. Er verließ gewöhnlich um sechs Uhr das Bett, nahm nach seinem Spaa-

Wasser abwechselnd Kaffee, Schokolade oder Fleischbrühe zu sich. Gegen acht Uhr kam einer der Sekretäre zu ihm und man erledigte die anstehende Korrespondenz. Nach einem Spaziergang nahm er ein zweites ausgiebigeres Frühstück zu sich und begann ab 10 Uhr mit seinen Studien. Zum Mittagessen gegen 14 Uhr lud er häufig Gäste ein. Er selbst achtete auf die Qualität der Speisen und trank gerne Wein, mitunter bis zu drei Flaschen pro Tag. Doch dies waren Ausnahmen. Am Nachmittag widmete sich der alte Goethe seinem Garten und zahlreichen Sammlungen und am Abend erneut seiner dichterischen und wissenschaftlichen Arbeit. Gegen 21 Uhr ging er zu Bett und las bis Mitternacht. Oft verbrachte er aber auch den Abend mit seiner Familie. Sein Sohn August bewohnte gemeinsam mit seiner Frau Ottilie und den drei Kindern das Haus am Frauenplan. Auch im Alter war es Goethe gelungen, Menschen um sich zu versammeln, die verhinderten, dass er einsam seinen melancholischen Stimmungen ausgeliefert blieb. Dennoch sah er das gemeinschaftliche wie das schöpferische Leben als eine mühevolle und oft unbehagliche Aufgabe an. In einem Gespräch mit Eckermann findet sich folgende Zusammenfassung: »Man hat mich immer als einen vom Glück besonders Begünstigten gepriesen; auch will ich mich nicht beklagen und den Gang meines Lebens nicht schelten. Allein im Grunde ist es nichts als Mühe und Arbeit gewesen, und ich kann wohl sagen, dass ich in meinen fünf und siebzig Jahren keine vier Wochen eigentliches Behagen gehabt« (FA 39, S. 84).

Goethes Sohn August konnte die hohen Erwartungen, die in ihn gesetzt wurden, nicht erfüllen. Er litt unter Depressionen, konnte jedoch das Hausmittel des Vaters – kreative Arbeit – nicht nutzen und flüchtete zunehmend in den Alkohol. Auch seine Ehe war glücklos. Seine Frau Ottilie war launenhaft und exaltiert, konnte sich für die Haushaltsführung nicht interessieren und ließ sich mit anderen Männern ein. Goethe, der für Ottilie große Sympathien hatte, konnte in den Streitereien des Ehepaars kaum vermitteln und musste sich oft in seine Arbeitsstube zurückziehen, wenn es zu Auseinandersetzungen zwischen den Ehepartnern kam. In seiner Einsamkeit war ihm sein Sekretär Johann Peter Eckermann eine große Stütze. Seit 1823 war er der engste Mitarbeiter und Vertraute Goethes. Er stellte sich ganz in den Dienst des bewunderten Dichters und die von Eckermann aufgezeichneten Gespräche sind eindrucksvolle Dokumente der Lebens- und Gedankenwelt des späten Goethe. Sie zeigen, wie sehr der alternde

Dichter an den zeitgenössischen Entwicklungen von Wissenschaft und Literatur teilnahm. Neben der europäischen Literatur gerieten jetzt indische und chinesische Werke in sein Blickfeld und regten ihn zum Beispiel zu den »Chinesisch-Deutschen Jahres- und Tageszeiten« an. Diese Gedichte wirken leicht, schwebend und hoffnungsvoll:

> Sag', was könnt uns Mandarinen,
> Statt zu herrschen, müd zu dienen,
> Sag', was könnt' uns übrigbleiben,
> Als in solchen Frühlingstagen
> Uns des Nordens zu entschlagen
> Und am Wasser und im Grünen
> Fröhlich trinken, geistig schreiben,
> Schal' auf Schale, Zug in Zügen?
> [...]
> Hoffnung breitet lichte Schleier
> Nebelhaft vor unsern Blick:
> Wunscherfüllung, Sonnenfeier,
> Wolkenteilung bring' uns Glück!
> (HA 1, S. 387)

Goethe scheint mit seinem Schicksal versöhnt und die unterschwellig lauernde Todangst wirkt durch die Dichtung besänftigt: »Sich aufzugeben ist Genuß«. Unvermeidlich trifft ihn jedoch ein weiterer Schicksalsschlag: Im Juni 1828 stirbt Herzog Carl August. Goethe flieht vor den Begräbnisfeierlichkeiten und bewältigt den »schmerzlichsten Zustand« mit traurig schönen Dichtungen:

> Dem aufgehenden Vollmonde
>   Dornburg, 25. August 1828
>
> Willst du mich sogleich verlassen?
> Warst im Augenblick so nah!
> Dich umfinstern Wolkenmassen,
> Und nun bist gar nicht da.
>
> Doch du fühlst, wie ich betrübt bin,
> Blickt dein Rand herauf als Stern!
> Zeugest mir, dass ich geliebt bin,
> Sei das Liebchen noch so fern.
>
> So hinan denn! Hell und heller,
> Reiner Bahn, in voller Pracht!
> Schlägt mein Herz auch schmerzlich schneller,
> Überselig ist die Nacht.
> (HA 1, S. 391)

Das poetische Selbst beklagt den Abschied und spricht sich – und den Leser – direkt an: »Dich umfinstern Wolkenmassen«. Es ist betrübt und wendet sich dem Kosmos zu: »Blickt dein Rand herauf als Stern!« Hier fühlt es sich aufgehoben in einem größeren Ganzen, dass ihm zeigt, dass es geliebt ist, «Sei das Liebchen noch so fern.« Es fühlt sich mit den Entfernten und Dahingegangenen verbunden und von Liebe erfüllt. Auch wenn dies schmerzlich ist, so ist die kosmische Verbundenheit doch »überselig«. Die Liebe, die Goethe mit Eltern, Schwester, Freundinnen und Freunden, Christiane und Carl August empfinden durfte, macht ihn dankbar. Sie führt ihn dazu, Schönheit in »voller Pracht« zu schaffen und auch im Schmerz eine Seligkeit zu erleben, die zeitlos weiter wirkt:

Dornburg, September 1828

Früh, wenn Tal, Gebirg und Garten
Nebelschleiern sich enthüllen,
Und dem sehnlichsten Erwarten
Blumenkelche bunt sich füllen,

Wenn der Äther, Wolken tragend,
Mit dem klaren Tage streitet,
Und ein Ostwind, sie verjagend,
Blaue Sonnenbahn bereitet,

Dankst du dann, am Blick dich weidend,
Reiner Brust der Großen, Holden,
Wird die Sonne, rötlich scheidend,
Rings den Horizont vergolden.
(HA 1, S. 391)

Diese gemessene Feier der sinnlich-farbigen Natur mit lebendigen Bildern ist eines der letzten Gedichte Goethes. Es ist auf dem Hintergrund der Todesahnungen des 79-Jährigen verfasst.

Am 27. Oktober 1830 stirbt Goethes Sohn August in Rom im Alter von nur vierzig Jahren. Auch diesmal lässt Goethe seine Trauer nicht öffentlich werden, reagiert mit Schweigen und Erfüllung seiner täglichen Arbeit. Selbstverständlich übernimmt er die Funktion des Familienoberhaupts und versucht seinen Enkeln den Vater zu ersetzen. Neben den Sorgen, die sie ihm bereiten, sind sie jedoch auch Quelle von Freude und Hoffnung. Goethe schreibt im Juni 1831 über das Mädchen und die beiden Knaben: Sie »sind wirklich wie heiteres Wetter, wo sie hintreten, ist es hell. Im Augenblick Freude, er sey wie er wolle; das theilt sich denn unmittelbar auch den Ältesten mit, und so wollen wir die guten Geister loben, die uns dergleichen Lichtlein angezündet haben« (FA 38, S. 407).

Im August 1831 unternahm er mit den beiden Buben eine Reise zu seinen alten Wirkstätten in Ilmenau und es ist bemerkenswert wie einfühlsam und liebevoll der scheinbar so unnahbare Staatsmann und Dichterfürst mit den Kleinen umgehen konnte (s. Damm, 2007). Wenn er allein war, bedrückte ihn jedoch die Nähe des Todes und er schwankte manchmal zwischen verzagter Resignation und der Hoffnung auf ein Weiterleben nach dem Tod. Im Februar 1830 bemerkt er zu Eckermann: »Der Mensch soll an Unsterblichkeit glauben, er hat dazu ein Recht, es ist seiner Natur gemäß« (FA 39, S. 300 f.).

Neben diesem Glauben, der wie ein Protest gegen die Unvermeidlichkeit des Todes klingt, hielt ihn die dichterische Arbeit lebenszugewandt und er widmete sich in seinen letzten Jahren dem Abschluss von »Wilhelm Meisters Wanderjahren« und »Faust II«. Zwei Seiten seines eigenen Strebens werden darin durchgearbeitet: Wilhelm Meister erkennt entsagend seine eigenen Grenzen an, während Faust danach trachtet, die irdischen Beschränkungen zu überwinden. Am 22. Juli 1831 findet sich in seinem Tagebuch der Eintrag, dass der »Faust« beendet und damit »das Hauptgeschäft zustande gebracht« sei. Er bezeichnet den »Faust« als sein Vermächtnis, mit dem er seinem Lebenskampf mit Leidenschaft und Kreativität bleibenden und allgemein gültigen Ausdruck verleiht.

Wie sein Leben so ist Goethes Tod gekennzeichnet von Angst und Verzweiflung, Hoffnung und Versöhnung. Am 14. März 1832 beginnt eine fiebrige Erkältung, am 20. März erleidet er einen vernichtenden Schmerz in der Brust, der wahrscheinlich Symptom eines Herzinfarkts gewesen ist. Der Hausarzt notiert in seinem medizinischen Bericht: »Fürchterlichste Angst und Unruhe trieben den seit langem nur in gemessenster Haltung sich zu bewegen gewohnten, hochbejahrten Greis mit jagender Hast bald ins Bett [...] Die Gesichtszüge waren verzerrt, das Antlitz aschgrau, die Augen tief in ihre livide Höhlen gesunken, matt, trübe; der Blick drückte die grässlichste Todesangst aus« (FA 38, S. 554).

Doch die Schmerzen lassen nach, Goethe wird ruhiger und äußert den Wunsch, wieder tätig zu werden. An seinem letzten Morgen spricht er von Versuchen zur Farbenlehre und vom Frühling, in dem er sich von seiner Krankheit zu erholen hofft. Es wird berichtet, dass kurz vor seinem Tode nicht die geringste Todesangst in ihm gewesen sei. Goethe stirbt am 22. März 1832 mittags um halb zwölf. Die von seiner Schwiegertochter Ottilie aufgegebene Todesanzeige endet mit folgenden Worten: »Geisteskräftig und liebevoll bis zum letzten Hauche, schied er von uns im drei und achtzigsten Lebensjahre.«

Teil 2: Kreativität, Lebenskunst und Krankheit

Leben als kreative Selbstverwirklichung: »Wilhelm Meister«

> *Kennst du das Land, wo die Zitronen blühn,*
> *Im grünen Laub die Gold Orangen glühn [...]*
> *(FA 9, S. 181)*

Wie Werther und Faust trägt die Romangestalt Wilhelm Meister unverkennbar autobiographische Züge. Goethe spricht von seinem »geliebten dramatischen Ebenbilde«. Das Wilhelm-Meister-Projekt geriet jedoch häufig ins Stocken und begleitete Goethe von der »Theatralischen Sendung« über »Wilhelm Meisters Lehrjahre« bis zu »Wilhelm Meisters Wanderjahre« über fünfzig Jahre. Die Romane zeigen die Bildungsgeschichte eines Menschen in seiner Beziehung zur Gesellschaft. Das Risiko, sein Leben selbst mit allen Möglichkeiten des Scheiterns zu gestalten, wird anhand verschiedener Figuren symbolisch und allegorisch dargestellt.

Wilhelm Meisters Theatralische Sendung

»Wilhelm Meisters Theatralische Sendung«, 1777 begonnen und 1785 nach dem vierzehnten Kapitel des sechsten Buches unvollendet geblieben, ist ein eindrucksvolles Dokument von Goethes psychischer Entwicklung. Anders als in »Die Leiden des jungen Werthers« betrachtet sich Goethe in diesem, seinem zweiten, Roman abgeklärter und weniger von selbstbezüglichen Leidenschaften zerrissen. Im »Wilhelm Meister« reflektiert er seine persönliche Entwicklung im Kontakt mit der familiären und gesellschaftlichen Umgebung. Er beschreibt gleich zu Beginn des Romans einen Vater, der sich mit seiner Frau nicht wohl fühlt. Mit seiner Mutter bespricht er pädagogische Fragen und betont wie moderne Psychologen, zum Beispiel Bruno Bettelheim (1993), dass das Spielen mit Puppen, Märchen und »Komödien« für die kindliche Entwicklung unerlässlich ist.

Das zweite Kapitel schildert, wie am Weihnachtsabend biblische Geschichten um Saul und David aufgeführt werden und Wilhelm allein im Dunkel seines Zimmers über das Geschehene nachdenkt. Goethe beschreibt sich in seinem Pseudonym Wilhelm als Kind, das oft unbefriedigt ist und sich deswegen in seine Innenwelt zurückzieht. Im nächsten Kapitel wird dieser Rückzug in die eigene Phantasiewelt mit Enttäuschungen an der Mutter in Zusammenhang gebracht: »Er bat seine Mutter, sie mögte es ihn doch wieder spielen lassen, von der er eine harte Antwort bekam, weil sie keine Freude an dem Spaße, den die Großmutter ihren Enkeln machte, haben konnte da dieses ihr einen Vorwurf ihrer Unmütterlichkeit zu machen schien. Es ist mir leid, dass ich es sagen muß, indes ist es wahr, dass diese Frau, die von ihrem Manne fünf Kinder hatte, zwei Söhne, und drei Töchter, wovon Wilhelm der Älteste war, noch in ihren älteren Jahren eine Leidenschaft für einen abgeschmackten Menschen kriegte, die ihr Mann gewahr wurde, nicht ausstehen konnte, und worüber Nachlässigkeit, Verdruß, und Hader sich in den Haushalt ein schlich« (FA 9, S. 16).

Hier wird eine Affäre der Mutter beschrieben, die zu ihrem Desinteresse an den Spielen des Knaben führt und das häusliche Zusammenleben erheblich beeinträchtigt. Es scheint aber, dass Wilhelm und damit auch Goethes Spielfreude und Kreativität sich auch gegen den Widerstand der Mutter entwickeln kann. Dies ist ein Umstand, den man häufig bei kreativen Persönlichkeiten antrifft. Sie werden nicht nur sorgsam gefördert, sondern entwickeln ihre schöpferischen Kräfte auch in widriger Umgebung.

Anders als im »Götz« und im »Werther«, wo Frauen als faszinierende und schillernde, aber auch gefährliche und vernichtende Wesen dargestellt werden, schildert Goethe hier mit stärkerem Realitätsbezug die Rolle der Mutter für Wilhelms psychische und künstlerische Entwicklung: »[…] die Mutter hatte in ihrer Unbefriedigung meistens auch üble Launen, und wenn sie diese nicht hatte, so schimpfte sie doch wenigstens auf den Alten […] Wilhelmen schmerzte das etliche mal […] Er kriegte dadurch eine Entfremdung gegen seine Mutter, und war daher recht übel dran, weil sein Vater auch ein harter Mann war; daß ihm also nichts übrig bliebe als sich in sich selbst zu verkriechen, ein Schicksal, dass bei Kindern und Alten von großen Folgen ist« (FA 9, S. 16 f.).

Goethes Alter Ego Wilhelm Meister reagiert auf die misslichen Verhältnisse, indem er sich seinen Phantasien zuwendet und dort eine

Bewältigung der schmerzlichen Erfahrungen sucht: »Wilhelm hatte in seiner Kindlichkeit eine Zeitlang hin gelebt, manchmal an jenen glücklichen Weihnachts-Abend überhin gedacht, immer gerne Bilder gesehen, Feen und Helden Geschichte gelesen, als die Großmutter die doch auch so viel Mühe nicht umsonst wollte gehabt haben, bei dem langüberlegten Besuch einiger Nachbarskinder, veranlasste, daß das Puppenspiel wieder aufgeschlagen und wieder geben wurde« (FA 9, S. 17).

Familiäre Enge und Neugier führen Wilhelm zur Erforschung seiner Umwelt. Er will den Geheimnissen des Puppenspiels auf den Grund gehen und sich das Gesehene auf seine Weise zu eigen machen. Er belauscht die Magd beim Einpacken der Puppen und sucht die Hintergründe nicht nur des Puppenspiels, sondern auch der Vorgänge um ihn herum zu verstehen. Dies geschieht auch aus einer inneren Not heraus, denn in der Familie herrscht eine üble Stimmung. Der Vater ist durch das üble Betragen seiner Frau zunehmend verzweifelt: »Und wenn er seine Kinder nicht gehabt hätte, auf die ein Blick ihm nicht manchmal wieder Mut und Überzeugung, daß er doch für etwas in der Welt arbeite, gegeben hätte, so wäre ihm nicht möglich gewesen es auszuhalten. In solcher Stimmung verliert der Mensch ganz allen Sinn für die Kinderfreuden, die auch eigentlich zu erfinden und anzuwenden nicht des Vaters sondern der Mutter Sache ist, und ist dann diese ein Unhold, so bleibt der armen Familie in ihren seligsten Jahren gar wenig Trost. Dieser Trost war ihnen hier die Großmutter« (FA 9, S. 21).

Auch in »Dichtung und Wahrheit« wird Goethe seiner Großmutter eine wichtige Rolle für seine persönliche Entwicklung einräumen. Aus dem mit der Großmutter assoziierten Puppenspiel erwuchs eine Phantasiewelt, die sich im Theater ausbilden sollte. Dennoch betont Goethe auch in der »Theatralischen Sendung«, wie wichtig das Alleinsein für die persönliche Entwicklung ist: »Oft lud er seine Geschwister und Kameraden hinauf öfter aber noch war er allein. Seine Einbildungskraft und seine Lebhaftigkeit brüteten über der kleinen Welt die so, gar bald eine andere Gestalt gewinnen mußte« (FA 9, S. 23).

Die Pubertät wird auch für Wilhelm zu einer schwierigen Lebenszeit, doch kann er auf seine in der Kindheit geförderte und geforderte Einbildungskraft zurückgreifen, um diese kritische Lebensphase kreativ zu gestalten: »Wilhelm kam nun in die Jahre, wo körperliche Kräfte sich meist zu entwickeln anfangen, und wo man oft nicht begreifen kann, warum ein witziges und munteres Kind zusehends dumpf, und unbetulich wird. Er las nunmehro viel, und fand in Komödien immer seine beste Befriedigung« (FA 9, S. 29).

Wilhelm bemerkt die körperlichen Veränderungen und fühlt sich nicht wohl in seiner eigenen Haut: »Das Knaben Alter ist, glaub ich, darum weniger liebenswürdig, als die Kindheit, weil es ein mittlerer, halber Zustand ist. Das Kindische klebt ihnen noch an, sie noch am Kindischen, allein sie haben mit der ersten Beschränktheit die liebevolle Behaglichkeit verloren, […] sie ahmen nach, sie stellen vor, was sie nicht sein können noch sollen. Ebenso ist's mit dem innern Zustand ihres Körpers, ebenso mit ihrer Gestalt« (FA 9, S. 32).

Wilhelm entzieht sich diesen Spannungen und Selbstzweifeln, indem er sich von kleinen und kränkenden Liebesgeschichten fern hält und in seiner Theaterwelt geschützt bleibt: »Ein besonderes Schicksal war's, dass hierin Wilhelms guten natürlichen Eigenschaften zu Hülfe kam, dass keine von den Mädgen für die er zeitig genug eine Neigung empfand mit von der theatralischen Gesellschaft sein konnten, seine Liebe zum Theater blieb ganz rein, und er konnte es ohne Mitwerben ansehen, wenn jeder von den anderen seine Prinzessin auf den Thron setzen wollte« (FA 9, S. 31).

Wilhelm erschafft sich eine konfliktfreie Sphäre, in der er sich indirekt mit seinen Problemen auseinandersetzen kann. Dies geht allerdings nur so lange gut, bis er einer sexuell erfahrenen Frau begegnet, die seine Begierde entflammt: »Ich nenne sie hier Madam, und erinnre mich sie vorher als Mädgen eingeführt zu haben. Um alles Mißverständnis aufzuheben, will ich hier gleich entdecken, dass sie eine Gewissensheurat mit einem Menschen ohne Gewissen eingegangen war, er verließ kurz drauf die Gesellschaft, und sie war, bis auf weniges, wieder Mädgen wie vorher, den Namen, den sie einmal hatte, behielt sie, und galt wechselweise für Jungfrau, Frau, und Witwe. Wilhelmen war dran gelegen sie für das letzte zu halten und er fand wirklich die stärksten Gründe auf dieser Seite. Verlegenheit, und Herzklopfen als er sie sah machten ihn lebhafter und angenehmer« (FA 9, S. 38).

In Madam, alias Mariane, klingen eine Vielzahl von Liebesbeziehungen Goethes nach. Man wird an Gretchen, Käthchen Schönkopf, Charlotte Buff und Lili Schöneman erinnert. Für Wilhelm Meister ist Madam beziehungsweise Mariane eine einschneidende

Begegnung: »[…] und Nachts und nächsten Tags kam ihr Bild ihm so oft vor's Gesicht, dass er ganz zerstreut und ungeschickt in seiner Arbeit war. Abends da er den Laden zumachte, fasste ihn eine unsichtbare Hand beim Schopf, er fühlte sich fortgeführt, und fand sich wie im Traum auf dem Kanapee sitzend, an der Seite seiner Angebeteten« (FA 9, S. 41).

Wilhelm begehrt und fühlt sich begehrt. Er reagiert zunächst tolerant, dann aber geängstigt auf die sexuellen Vorerfahrungen seiner Geliebten: »Ein Mädgen das zu mehrern Liebhabern die es unter sich gebracht hat, noch einen frischen gewinnt, gleicht der Flamme, wenn auf bald verzehrte Brände ein neu Stück Holz gelegt wird. Geschäftig schmeichelt sie dem ankommenden Liebling, leckt sich an ihm betulich hinauf, rings an ihn herum, dass er in vollem herrlichen Glanz leuchtet, ihre Gierigkeit scheint nur an ihm hinzuspielen, aber mit jedem Zuge fasst sie tiefer, und zehrt ihm das Mark bis in's Innerste aus. Bald wird er, wie seine verlassne Nebenbuhler, am Grunde liegen, und in angeschmauchter Trauer, in sich glühend, verglimmen« (FA 9, S. 41).

Wilhelm alias Goethe fürchtet augenscheinlich nicht nur, verlassen zu werden, sondern auch, seine schöpferische Potenz zu verlieren, wenn er sich auf die sexuelle Liebe einlassen würde. Bemerkenswert an dieser Textstelle erscheint aber noch ein anderer Aspekt: Ist es wahrscheinlich, dass ein Mann ohne jede sexuelle Erfahrung so einfühlsam und kundig von der sexuellen Liebe schreibt? Mit anderen Worten, ist die Meinung Eisslers (1963), dass Goethe erstmals im 38. Lebensjahr während seines Romaufenthaltes eine sexuelle Beziehung mit einer Frau hatte, wirklich plausibel?

Der Text der »Theatralischen Sendung« schildert Wilhelms Einschätzung des Sexuallebens Marianes und seine eigene Haltung dazu folgendermaßen: »Sie hatte in ihren ersten Jahren gar zu bald die kindlichen Freuden der Liebe von sich weg gescheucht gesehen, sie war sich so mancher Erniedrigungen bewusst, denen sie sich in den Armen eins und des andern hatte hingeben müssen, auch gegenwärtig opferte sie sich den heimlichen Vergnügungen eines reichen und unausstehlich platten Muttersöhngens auf, und da sie von Natur aus eine gute Seele war wurd's ihr niemals recht wohl, wenn Wilhelm ihr die Hand mit treuem Herzen hielt und küßte, wenn er ihr mit dem vollen reinen Blick jugendlicher Liebe in die Augen sah, sie konnte den Blick nicht aushalten, sie fürchtete er mögte Erfahrenheit in den ihrigen lesen, verwirrt schlug sie die Augen nieder, und der glückliche Wilhelm glaubte Ahndung, liebliches Geständnis der Liebe zu finden, und seine Sinnen gingen durcheinander wie Saiten auf dem Psalter. Glückliche Jugend! Glückliche Zeiten des ersten Liebesbedürfnisses!« (FA 9, S. 42).

Aus diesen Zeilen spricht so viel eigenes Erleben, dass dies ohne realen Hintergrund kaum denkbar ist. Am wahrscheinlichsten ist es, dass Goethe in Weimar nicht nur auf flüchtigen Streifzügen mit Carl August, sondern auch über längere Zeit sexuelle Beziehungen unterhielt, möglicherweise mit einer von Carl Augusts Mätressen. Auf sexuelle Erfahrungen weisen auch die weiteren Beschreibungen Marianes, die Goethe Wilhelm Meister in den Mund legt: »Marianen lernte das Glück der Liebe, das ihr fremd war, in seinen Armen erst kennen, und die Herzlichkeit, mit der er sie an seinen Busen drückte, die Dankbarkeit der es oft an ihrer Hand genügte, durchdrang sie, und täglich lebte sie freier auf [...] Täglich aber versanken mehr die Leichtigkeit, Lebhaftigkeit, Witz, wodurch sie im Anfang ihrer Leidenschaft einander fest zu binden zu unterhalten gesucht, und jede Liebkosung gewürzt hatten [...] Und wenn sie nun gar wieder allein war, und aus den Wolken in denen seine Leidenschaft sie empor trug herab in die Erkenntnis ihres Zustands fiel, dann war sie bedauren [...] Nun aber hatte das arme Mädgen sich Augenblicke in eine bessere Welt hinüber gerückt gefühlt, hatte, wie von oben herab, aus Licht und Freude in's Öde, Verworfne ihres Lebens herunter gesehen, hatte gefühlt, welche elende Kreatur ein Weib ist, das mit dem Verlangen nicht zugleich Liebe und Ehrfurcht einflößt [...] Ganz im Gegenteil schwebte Wilhelm, ihm war auch eine neue Welt aufgegangen, aber voll glücklicher Aussichten. Kaum ließ das Übermaß der ersten Freuden in etwas nach, so stellte sich das licht vor seine Seele was ihn bisher dunkel durchwühlt hatte: Sie ist dein! Sie hat sich dir hingegeben!« (FA 9, S. 47 ff.).

Kann so ein sexuell vollkommen unerfahrener Autor schreiben? Dass es sich zwischen Goethes Alter Ego Wilhelm und Mariane um eine sexuelle Beziehung handelt, ist ganz eindeutig: »Wilhelms Zärtlichkeit hatte über ihre Klugheit gesiegt, und sie fühlte, dass ihr das unerwünschte Glück, Mutter zu werden bevorstehe« (FA 9, S. 53).

Sollte sich gerade in sexualibus Goethe in seinem Wilhelm Meister nicht spiegeln? Diese Annahme wäre aufgrund der nahtlosen

Identifikation mit seinem Protagonisten vollkommen unplausibel. Wilhelm Meister genießt die Freuden der sexuellen Liebe und tritt dadurch in eine andere Lebensphase, ja in einen neuen Entwurf seines Selbst ein. Das Liebesglück findet jedoch bald ein jähes Ende, als Wilhelm zu der – irrtümlichen – Meinung kommt, Mariane sei ihm untreu. Gleich Goethe nach den Trennungen von Gretchen im 14. Lebensjahr und von Käthchen Schönkopf im 18. gerät Wilhelm in eine tiefe Krise. Und wie seinerzeit Goethe selbst wird auch sein Spiegelbild Wilhelm körperlich krank: »[...] und so war der arme Wilhelm von seinem Schicksale überwältigt, dass in einem Augenblicke sein ganzes Eingeweide brannte [...] Die Zeiten des lauten, ewig in sich wiederkehrenden unerträglichen Schmerzens folgten darauf« (FA 9, S. 66).

Ähnlich Goethe, der in seinem Freund Behrisch und seiner Familie Halt gefunden hat, gelingt es Wilhelm die unterstützende Begleitung anzunehmen, die ihm sein Freund Werner und die Geschwister in der Verzweiflungskrankheit anbieten: »Ein lebhaftes Fieber mit seinen Folgen, den Arzneien und der Mattigkeit, die Bemühungen der Seinen ums Bette, die Nähe und Liebe der Mitgeborenen, die durch Mangel und Bedürfnis erst richtig fühlbar wird, waren so viele Zerstreuungen eines veränderten Zustandes« (FA 9, S. 67).

Wie Goethe zieht sich Wilhelm in seiner Verzweiflung zeitweise von sozialen Kontakten zurück: »Er floh die Menschen enthielt sich in seiner Stube, und konnte es nie warm genug darin haben [...] Er ward von falschen Launen gepeitscht, seine Begriffe waren verworren, und übertrieben, man erkannte ihn fast nicht wieder gegen die vorigen Zeiten« (FA 9, S. 68).

Letztlich führt die psychische und körperliche Krise Wilhelms wie bei Goethe nach seinem Leipziger Zusammenbruch zu einer produktiven Regression und zu einer höheren Gesundheit. Auch bei Wilhelm entwickelt sich aus der Krise eine besondere Schaffenskraft. Er eignet sich die Werke der großen Meister an, vertieft sich in poetische Fragen und wird selbst zum Dichter. Dies lässt ihn die alltäglichen Sorgen und Schmerzen bewältigen: »Er fühlt das Traurige und das Freudige jeden Menschenschicksals mit, wenn der Weltmensch in seiner abzehrenden Melancholie über großen Verlusten seiner Tage hinschleicht, oder in ausgelassener Freude seinem Schicksale entgegen gehet, so schreitet die empfängliche leichtbewegliche Seele des Dichters wie die wandelnde Sonne von Nacht zu Tag, mit leisen Übergängen, stimmt seine Harfe zu Freud und Leid. Eingeboren auf dem Grund seines Herzens wächst die schöne Blume der Weisheit hervor, und wenn die andern wachend träumen, und von ungeheuren Vorstellungen aus allen ihren Sinnen geängstigt werden, so lebt er den Traum des Lebens, als ein Wachender, und das Seltenste was geschieht ist ihm zugleich Vergangenheit und Zukunft« (FA 9, S. 82).

In der hier entwickelten poetischen Theorie, die gleichzeitig eine Anleitung zur Lebenskunst ist, spricht ein gereifter Dichter, der viele Krisen bewältigt hat. Anders als das poetische Selbst der »Oden an Behrisch« und der »Harzreise im Winter« findet Wilhelm zu innerer Ruhe und Selbstdistanz im Kunstwerk und reflektiert damit Goethes Befinden in der ersten Weimarer Zeit, allerdings unter augenblicklicher Vernachlässigung der Schattenseiten. Wilhelm erschafft ein Idealbild, wohl wissend, dass dies dem Schicksal täglich neu abgerungen werden muss. Die Gefährdungen des poetischen Lebens folgen der unbeschwerten Begeisterung auf den Fuß: »Nun versteh ich erst die Klagen der Dichter, der aus Not weise gewordenen Traurigen. Bisher hielt ich mich für unzerstörbar, für unüberwindlich; und ach! Und nun sehe ich, dass ein schwerer früher Schade nicht wieder ausgewaschen, nicht wieder hergestellt werden kann, ich fühle, dass ich ihn mit in's Grab nehmen muß, er kann und soll keinen Tag des Lebens von mir weichen, der Schmerz der mich noch zuletzt umbringt; und auch ihr Andenken soll bei mir bleiben, mit mir leben und sterben, das Andenken der Unwürdigen« (FA 9, S. 86).

Dies unterstreicht erneut die Bedeutung der Erinnerung auch schmerzlicher Erfahrungen für die dichterische Produktivität. Eissler (1963) sieht in dieser Einstellung masochistische Züge Goethes am Werk. Man kann das so nennen, doch übersieht man in dieser Pathologisierung leicht, dass die Verarbeitung schmerzlicher, schuldbeladener und beschämender Erfahrungen ein wesentliches Moment des Schöpferischen ist.

In den beiden zuletzt zitierten Textstellen findet sich eine wunderbar verdichtete psychologische Kreativitätstheorie. Der Dichter begibt sich ins »Traurige und Freudige des Menschenschicksals« und geht dabei oft bis an die Grenzen des Erträglichen. Mitunter gelingt ihm der poetische Triumph und er kann sich über die Schmerzen der Wirklichkeit erheben, um sogleich wieder von einem »frühen Schaden« eingeholt zu werden. Der Psychoanalytiker und Philosoph

Jaques Lacan (1949) spricht wie bereits erwähnt von einem »manque primordial«, einem ursprünglichen Mangel, der am Beginn aller kreativer Bemühungen herrscht. Wilhelm spürt wie Goethe eine immer wieder auftretende Gefahr, in die Leere und Vernichtung des ursprünglichen Mangels zu geraten. Dabei ist es von untergeordneter Bedeutung, ob diese Gravitation zum Chaos einem biologischen Gesetz gehorcht, das Freud Todestrieb (1923) nannte, oder sich mehr oder weniger ubiquitären Traumatisierungen und Frustrationen verdankt. Der Sog der Vernichtung wird vom Kreativen durch die Gestaltung von neuen Wirklichkeiten gemeistert. Doch auch dies verhindert nicht, dass der Kreative immer wieder Beschädigungen erleidet, die erneute Bemühungen erfordern. Wirkliche Ruhe kann er nicht finden.

Wilhelm ist wie Goethe zur Wanderschaft verdammt. Allerdings ist er ruhiger, weiser als die früheren Verdichtungen Goethes, allen voran Werther. Er ist eingebunden in eine Gesellschaft und sucht in dieser seinen Platz. Seine individuelle Bildungsgeschichte ist mit seinen sozialen Beziehungen enger verwoben. Werther sucht ekstatische Verschmelzungserlebnisse, während Wilhelm Meister die Grenzen seiner selbst und seiner Umwelt akzeptieren lernt. Insofern spiegelt er den erwachsen werdenden Goethe. Der Gefahr, in diesem Erwachsenwerden die kreativen Verrücktheiten der Adoleszenz gänzlich zu verlieren, begegnet er, indem er seine pubertäre Kreativität durch künstlerische Arbeit am Leben erhält.

Wilhelm kann eine gewisse soziale Isolation ertragen. Nachdem seine Schwester den Freund Werner geheiratet hat, geht er auf Reisen. Er findet im Alleinsein, der Versenkung in die Natur und in der schöpferischen Arbeit zu sich selbst. Dabei setzt er sich mit einer Vielzahl von Personen auseinander, die für unterschiedliche Lebensentwürfe typisch sind. Diese sollen im Folgenden unter dem Blickwinkel von Goethes individueller Entwicklung betrachtet werden. Besondere Einsichten sind zu gewinnen, wenn wir von der Annahme ausgehen, dass sich Goethe in vielen dargestellten Personen nicht nur als ganzer Charakter spiegelt, sondern verschiedene Aspekte seines Selbst, seiner Konflikte und seiner interpersonellen Beziehungen zum Ausdruck bringt. Unter diesem Gesichtspunkt erscheinen die anhängliche Mignon, die leichtlebige Philine und der schwermütige Harfner besonders bedeutsam:»Die Anhänglichkeit des Kindes, dieser geheimnisvollen

Kreatur gab seinem Wesen eine gewisse Konsistenz, mehr Stärke und Gewicht, welches immer geschieht, wenn zwei gute Seelen sich mit einander vereinigen, oder auch nur sich einander nähern. Die flüchtige Neigung zu Philinen regte seine Lebensgeister zu einer anmutigen Begierde, mit Harfenspiel und Gesang erhub ihn der Alte [Harfner] zu den höchsten Gefühlen und er genoß in Augenblicken mehr würkliche und würdigere Glückseligkeit als er sich von seinem ganzen Leben erinnerte« (FA 9, S. 238).

Diese Textstelle unterstreicht die Bedeutung der genannten drei Prinzipien für Wilhelm und Goethe selbst. Beginnen wir mit Mignon, der geheimnisvollsten Schöpfung der »Theatralischen Sendung«. Goethe führt sie als »junges Geschöpf« von schätzungsweise zwölf bis dreizehn Jahren ein, von dem Wilhelm nicht weiß, ob er es für einen Knaben oder ein Mädchen halten soll. Er wählt meist die zweite Möglichkeit, obwohl er sie auch immer wieder in der Männlichkeitsform beschreibt. Mignon verhält sich seltsam: »Wie nennst du dich? fragte er. – Sie heißen mich Mignon, antwortete sie. – Wie viele Jahre hast du? – Es hat sie niemand gezählt. – Wer war dein Vater? – Der große Teufel ist tot – […] Sie brachte ihre Antworten in einem gebrochenen Deutsch und mit einer Art vor, die Wilhelmen in Verwirrung setzte, dabei legte sie jedesmal die Hände an Brust und Haupt, und neigte sich tief« (FA 9, S. 139).

Mignon will sich aus der Schauspielertruppe freikaufen und Wilhelm aus zunächst unerfindlichem Grund dienen. Dieser ist anfänglich zurückhaltend, doch beginnt er sich bald für Mignon zu interessieren. Die geheimnisvolle Mignon verweist Wilhelm auf Rätselhaftes, das er in sich selbst verspürt. Er, der den Turbulenzen der Adoleszenz gerade entronnen ist, erinnert sich an die Zeit kurz vor und zu Beginn seiner Pubertät. Die mit dieser Zeit verbundenen unausgegorenen, quer zur Welt stehenden, sexuell noch nicht determinierten Selbstzustände kennt natürlich auch der Verfasser der »Theatralischen Sendung« und bringt diese Seiten seiner eigenen Entwicklung in der Mignon-Gestalt unter. Der Leser der entsprechenden Beschreibungen fühlt sich an Goethes eigene Verletzbarkeit in der frühen Pubertät erinnert. Wilhelm ist auf eigentümliche Weise vom Sonderbaren und Fremden Mignons so angezogen, als ahne er in ihr eine Seite seines eigenen unbewussten Selbst und wahrscheinlich auch derjenigen seiner Schwester.

Diese unbewussten Seiten müssen gewöhnlich verborgen bleiben und können nur unter besonderen Umständen, wie in der Poesie, hervortreten. Wie eng Wilhelm mit Mignon identifiziert ist, zeigt seine Reaktion auf ihren Gesang: »Wilhelm merkte nicht auf, wie sie die ersten Verse vortrug, doch da es an die letzten kam, sprach sie solche mit einer Emphase von Innigkeit und Wahrheit aus, daß er aus seinem Traum geweckt wurde, und es ihm klang als wenn ein anderer Mensch redete« (FA 9, S. 168).

Wie in einem Traum kommt Wilhelm in Mignon mit unbewussten Selbstaspekten in Berührung, die letztlich nur durch die Dichtung aufgeschlossen werden können. In dem berühmten Lied der Mignon, das Goethe vor November 1783 geschrieben hat, verdichten sich die Sehnsüchte und Befürchtungen Mignons und Wilhelms:

Kennst du das Land, wo die Zitronen blühn,
Im grünen Laub die Gold Orangen glühn,
Ein sanfter Wind vom blauen Himmel weht,
Die Myrte still und froh der Lorbeer steht,
Kennst du es wohl?
   Dahin! Dahin!
Mögt ich mit dir, o mein Gebieter ziehn.

Kennst du das Haus, auf Säulen ruht das Dach,
Es glänzt der Saal, es schimmert das Gemach,
Und Marmorbilder stehn und sehn mich an:
Was hat man dir, du armes Kind getan?
Kennst du es wohl?
   Dahin! Dahin!
Mögt ich mit dir, o mein Gebieter ziehn.

Kennst du den Berg und seinen Wolkensteg
Das Maultier sucht im Nebel seinen Weg
In Höhlen wohnt der Drachen alte Brut
Es stürzt der Fels und über ihn die Flut
Kennst du ihn wohl?
   Dahin! Dahin!
Geht unser Weg! Gebieter laß uns ziehn!
(FA 9, S. 181)

Die erste Strophe führt uns in das ersehnte Land Italien, das Goethe zur Zeit der Abfassung des Gedichts trotz seines lang gehegten Wunsches noch immer nicht bereist hat. Es ist ein Land von ruhiger Schönheit und natürlicher Erotik. Es werden Sehnsüchte nach

Arkadien geweckt, die »Myrte« verweist in der antiken Tradition auf Venus und der »Lorbeer« auf Apoll. Der Germanist Peter von Matt (1993) versteht die Orangen, Myrten und Lorbeer als Sexualsymbole. Psychologisch schildert die erste Strophe das Liebesverlangen eines jungen Paares, zumal in einer späteren Fassung das Wort Gebieter durch »Geliebter« ersetzt wird.

In der zweiten Strophe wird das Paar heimisch. Ein prächtiger Adelspalast wird angedeutet, wahrscheinlich hatte Goethe die Villa Rotonda in Vicenza im Sinn. Psychologisch bedeutet das Haus eine feste und geschützte Verbindung, in die sich das Paar einlebt. Die »Marmorbilder«, die wohl als Ahnenbilder anzusehen sind, deuten an, dass das Paar in die Genealogie der eigenen Vergangenheit eintritt. Allerdings ist Mignon in dieser Hinsicht beschädigt. Ihr wurde etwas angetan, was eine feste Bindung oder erfüllte Ehe verunmöglicht. Peter von Matt vermutet einen sexuellen Missbrauch, der angesichts der vorher geschilderten sexuellen Übergriffsthematik auch nicht unwahrscheinlich ist.

Die unwirtliche Berglandschaft der dritten Strophe erinnert an das Massiv des Sankt Gotthard, das Goethe auf seiner ersten Schweizer Reise bestieg. Gefühle von Bedrohung und Verlorensein, die wir aus der »Harzreise im Winter« kennen, klingen an und das Gedicht endet mit einem Bild der Vernichtung. In »Wilhelm Meisters Lehrjahren« ist das Wort Gebieter durch »o Vater« ersetzt und die letzte Strophe erhält eine christliche Färbung. Die Motive der dritten Strophe werden sich später in den »Wanderjahren« wiederfinden und dort tiefergehend verstanden werden können.

Eine geheimnisvoll unbestimmte Sehnsucht verbindet Wilhelm mit Mignon, die in einem im Juni 1785 entstandenen Gedicht ihren Ausdruck findet:

Mignon

Nur wer die Sehnsucht kennt,
Weiß was ich leide!
Allein und abgetrennt
Von aller Freude,
Seh ich ans Firmament
Nach jener Seite.
Ach! der mich liebt und kennt
Ist in der Weite.

Es schwindelt mir, es brennt
Mein Eingeweide.
Nur wer die Sehnsucht kennt,
Weiß was ich leide!
    (FA 9, S. 603 f.)

Dieses Lied der Mignon lässt auch Goethes lebenslanges Sehnen er-
klingen. Höchst aufschlussreich ist, dass sein Spiegelbild Wilhelm
von dem Lied in einer Zeit zutiefst berührt wird, in der er sich mit
verschiedenen Frauen eingelassen hat. Er ist der leichtlebigen Philine
näher gekommen, die alte Liebe zu Mariane regt sich wieder und die
flüchtige Begegnung mit einer »schönen Amazone« entzündet seine
Phantasie: »Wilhelm empfand einige Tage Philinens Abwesenheit, er
hatte an ihr eine treue Wärterin gefunden, eine muntere Gesellschaft
verloren, er war nicht mehr gewohnt allein zu sein […] Er gestand sich
selbst kaum das heimliche Verlangen sie [Mariane] wieder zu finden
[…] und unvermerkt schwebte das Bild der hülfreichen Schönen [der
fremden Amazone] wieder vor seinem Gemüte, er hing süßen Vorstellungen nach, und ein Verlangen bemächtigte sich seiner, das er nie
in seinem Busen gefühlt« (FA 9, S. 314 ff.).

In dieser Situation artikuliert Mignons Lied Wilhelms eigene
Sehnsucht und beschreibt sein kreatives Begehren. Wir wissen mittlerweile, dass Goethe aus unerfüllter Leidenschaft eine wunderbare
Schaffenskraft sog. Die Gefährdungen des schöpferischen Menschen
werden nun in der Gestalt des Harfners personifiziert. Der Harfner
wird als seltsamer Fremder vorgestellt, der mit seinem Gesang Wilhelms Einsamkeit und Schuldgefühle anspricht:

Wer nie sein Brot mit Tränen aß,
Wer nie die kummervollen Nächte
Auf seinem Bette weinend saß,
Der kennt euch nicht, ihr himmlischen Mächte.

Ihr führt ins Leben uns hinein,
Ihr lasst den Armen schuldig werden,
Dann überlasst ihr ihn der Pein:
Denn alle Schuld rächt sich auf Erden.
    (FA 9, S. 491)

Der Harfner drückt in diesem Gesang das schöpferische Credo Goethes
aus. Einsamkeit, Trauer und Entsagung sind notwendig, um persönliche und künstlerische Möglichkeiten zu entwickeln und die »himm-

lischen Mächte« der Kreativität auszuschöpfen. Dabei bleibt der Mensch kein unschuldiges Kind, sondern wird »ins Leben« geworfen und man »lässt ihn schuldig werden«. Er muss die Anstrengungen des Lebens aktiv mit allen Freuden und Schmerzen bewältigen und die Rechnung für seine Taten letztlich mit dem Tod begleichen: »Denn alle Schuld rächt sich auf Erden«. Mit diesem Schicksal kann er sich nur durch die Kunst versöhnen, die ihm schöne und tröstliche Augenblicke verschafft. So wird auch Wilhelm vom traurigen Gesang des Harfners glücklich beseelt: »Alle Schmerzen die seine Seele druckten, lösten sich zugleich auf; er überließ sich ihnen ganz, stieß die Kammertüre auf und stand vor dem Alten [...] Was hast du in mir für Empfindungen rege gemacht guter Alter! Rief er aus, alles was in meinem Herzen steckte hast du losgelöst« (FA 9, S. 225).

Der Harfner verkörpert die Schattenseiten des weltabgewandten Lebens und Schaffens und die Gefahren der selbstquälerischen Reflexion. Geselligkeit und Erotik sind wirksame Heilmittel gegen schwermütige Einsamkeit. Diese Seiten versinnbildlicht Goethe in einer jungen und munteren Schauspielerin. Er gibt ihr den Namen Philine und erinnert damit an griechische Tänzerinnen und Dienerinnen der Liebe. Wilhelm wird von Philine angezogen und gleichzeitig abgestoßen: »[…] gewiß war es, dass er sie mit Nachsicht, und einer Art von Gefälligkeit betrachtete, ob er sie gleich weder schätzen noch lieben konnte. Sie hatte von früher Zeit an mit einem unglaublichen Leichtsinne dahin gelebt, und jeden Tag und jede Nacht, gleichsam als wenn er der erste und der letzte wäre, sorglos der Freude gewidmet« (FA 9, S. 209).

Wilhelm empfindet für Philine, die man gemeinhin als Flittchen bezeichnen könnte, eine eigentümliche Sympathie. Er ist gleichermaßen fasziniert wie angewidert und wehrt sich gegen ihre vielfältigen Verführungsversuche. Ihre Leichtlebigkeit zieht ihn an und beunruhigt ihn gleichzeitig. Dies ist einer der Grundkonflikte von Goethe selbst: eine Neigung zur Lebenslust und andererseits die Angst, oberflächlich, stumpf und unkreativ zu werden, wenn er sich Vergnügungen hingibt. Wilhelm befindet sich in einem Wechselbad von Anziehung und Abstoßung, wenn Philine die Leichtigkeit des Seins besingt:

Singet nicht in Trauertönen
Von der Einsamkeit der Nacht,
Nein, sie ist, o holde Schönen,
Zur Geselligkeit gemacht.

Wie das Weib dem Mann gegeben
Als die schönste Hälfte war,
Ist die Nacht das halbe Leben,
Und die schönste Hälfte zwar.

Könnt ihr euch des Tages freuen
Der nur Freuden unterbricht?
Er ist gut sich zu zerstreuen,
Zu was anderm taugt er nicht.

Aber wenn in nächt'ger Stunde
Süßer Lampe Dämmrung fließt,
Und vom Mund zum nahen Munde
Scherz und Liebe sich ergießt;

Wenn der rasche lose Knabe,
Der sonst wild und feurig eilt,
Oft, bei einer kleinen Gabe,
Unter leichten Spielen weilt;

Wenn die Nachtigall Verliebten
Liebevoll ein Liedchen singt,
Das Gefangnen und Betrübten
Nur wie Ach und Wehe klingt:

Mit wie leichtem Herzensregen
Horchet ihr die Glocke nicht,
Die mit zwölf bedächt'gen Schlägen
Ruh und Sicherheit verspricht!

Darum an dem langen Tage
Merke dir es, liebe Brust:
Jeder Tag hat seine Plage
Und die Nacht hat ihre Lust.
    (FA 9, S. 685 f.)

Goethe hat dieses Gedicht geschrieben, lange nachdem er aus Rom zurückgekehrt war und mit Christiane zusammenlebte. Doch die Gestalt der Philine ist vorher konzipiert und auch die vorangehenden Beschreibungen wurden vor seiner Italienreise verfasst. Sie zeigen eine überraschende Offenheit für die »leichte Liebe«. In der »Theatralischen Sendung« erliegt Wilhelm letztlich den Verführungen Philines, die er dann als »angenehme Sünderin« beschreibt. Es erscheint unwahrscheinlich, dass Goethe in der Realität nicht auch solche Verführungen suchte und sich ihnen ergab.

Gleichwohl durchzieht eine beständige Ambivalenz das Liebesleben Wilhelms wie auch Goethes und dies findet in der Beziehung zu Philine immer wieder Ausdruck: »Eines Morgens als Wilhelm erwachte fand er sich mit ihr in einer sonderbaren Nähe. Er war auf seinem weiten Lager schlafend ganz an die hintere Seite gerutscht, Philine lag quer über den vorderen Teil hingestreckt [...] Die Unordnung des Schlafs erhöhte mehr als Kunst und Vorsatz ihre Reize, eine kindische lächelnde Ruhe schwebte über ihrem Gesichte, er sah sie eine Zeitlang an und schien sich selbst über das Vergnügen zu tadeln womit er sie ansah, ja wir wissen nicht ob er seinen itzigen Zustand segnete, oder verwünschte« (FA 9, S. 310).

Nach Philines Abreise ist Wilhelm einerseits erleichtert über die Befreiung von der Verführerin und bedauert andererseits, wieder allein zu sein. In seiner Sehnsucht erinnert er sich der »schönen Amazone« und stellt sich ihr Bild immer vor Augen, wie sie reitend aus den Büschen hervorkommt, sich ihm nähert und das sie umhüllende Kleid von ihren Schultern fallen lässt. Dies ist nun ganz goethisch. In ihrer Abwesenheit schwärmt Wilhelm von der entfernten Geliebten, entzündet an ihr seine Phantasie und seine Kreativität. Aber welch ein Unterschied zum jungen Goethe der Frankfurter, Leipziger, Straßburger und Wetzlarer Zeit!

Neben seinen Träumereien pflegt Wilhelm Beziehungen mit ganz realen Frauen: Da ist nicht nur die leichtlebige Philine, sondern besonders Mariane, die im Zentrum des Anfangs der »Lehrjahre« stehen wird. Schon in der »Theatralischen Sendung« wird eine sexuelle und erfüllte Liebe zu ihr beschrieben, die an ihrer Beziehung zu einem älteren Liebhaber, der sie aushält, scheitert. Wilhelm verlässt sie, bleibt jedoch sehnsuchtsvoll an sie gebunden: »Er gestand sich selbst kaum das heimliche Verlangen sie wieder zu finden, sie in seine Arme zu schließen, und sie wegen seiner Härte um Vergebung zu bitten« (FA 9, S. 315).

Hier spricht nicht mehr der adoleszentäre Schwärmer des »Werther«, sondern ein noch junger, aber gereifter Mann, der partnerschaftliche Bindungen mit allen ihren Licht- und Schattenseiten sucht und auch die Vaterschaft für das gemeinsame Kind übernehmen wird. Er kann seine Fehler erkennen, Schuldgefühle empfinden und Verantwortung übernehmen. Wilhelm alias Goethe benutzt Frauen nicht mehr ausschließlich, um sich exaltiert zu verlieben, in ihren »Augen zu ruhen«, aber bei realer Annnäherung zu fliehen, sondern wird zu einem verständnisvollen Partner, der auf die Gefühle anderer eingehen kann.

Er kann auch von seinen eigenen Freuden und Leiden absehen und anderen einfühlsam zuhören.

An mehreren Stellen des Romans fällt Wilhelm die Aufgabe zu, seelisch Leidenden zu helfen. Er erfüllt durchaus psychotherapeutische Funktionen. Er zeigt hierbei eine bemerkenswerte Empathie, besonders für Frauen, die durch ihre Liebe ins Unglück geraten sind. Dabei erscheint immer wieder das Thema der Selbsttötung, und zwar nicht in Bezug auf seine eigene Person, sondern als Lösungsversuch anderer. Mignon will sich oft etwas antun und auch die junge Witwe Aurelia spielt mit dem Gedanken der Selbstmords, von dem er sie abbringt. Wilhelm sieht allerdings auch die Grenzen seiner Verständnismöglichkeiten: »Ich gestehe mein schülerhaftes Wesen und bitte um Vergebung, versetzte er. Ich habe von Jugend auf mehr einwärts, als auswärts gesehen, und da ist es sehr natürlich, daß ich den Menschen bis auf einen gewissen Grad habe kennen lernen ohne mich auf die Menschen im geringsten zu verstehen« (FA 9, S. 335).

Wilhelm erkennt, dass er noch viel zu lernen hat. Er versucht sich an erfahrenen Frauen und Männern zu orientieren, um sich weiterzuentwickeln. Er ist überzeugt, dass die Ausbildung seiner Persönlichkeit nur gelingen kann, wenn er in Kontakt mit dem Unreifen (Mignon), Verzweifelten (Harfner), unglücklich Verlassenen (Aurelia), künstlerisch Suchenden (Serlo) und Leichtlebigen (Philine) bleibt. Dies alles ist getönt von einer nach wie vor bestehenden Sehnsucht nach der »entfernten Geliebten«, dem unerfüllt Unerfüllenden.

Und so endet die »Theatralische Sendung«, nachdem er seine wesentlichen Ziele erreicht hat und in eine Gemeinschaft von freundlich und sittlich Gesinnten aufgenommen worden ist, mit folgenden Worten: »Er konnte ihnen nicht wiedergeben, denn er stand wie betäubt in ihrer Mitte, und fiel ohngeachtet ihrer Gegenwart in ein stilles Nachsinnen. Seine Gedanken schweiften hin und wider, und auf einmal erfüllte der Waldplatz wieder seine Einbildungskraft. Auf einem Schimmel kam die liebenswürdige Amazone aus den Büschen, nahte sich ihm, stieg ab, ihr menschfreundliches Bemühen hieß sie gehen und kommen, sie stand, das Kleid fiel von ihren Schultern, und deckte den Verwundeten. Ihr Gesicht, ihre Gestalt glänzte wieder auf, und verschwand« (FA 9, S. 354).

Wilhelm Meisters Lehrjahre

Goethe war mit seinem »Wilhelm Meister« seit 1777 beschäftigt gewesen, doch erst im Januar 1795 erschien der erste Band. Er verzweifelte oft über seinem Ebenbild und erst die Freundschaft mit Friedrich Schiller ermöglichte ihm die Vollendung der »Lehrjahre«. Schiller hebt die Darstellung subjektiver Erfahrungen hervor, die allerdings gegenüber »Werthers Leiden« künstlerisch gereifter ausgedrückt werden. Im Unterschied zu »Wilhelm Meisters Theatralischer Sendung«, die mit Wilhelms Geburt begonnen hat, beginnen die »Lehrjahre« mit Wilhelms Ablösung aus dem Elternhaus und seiner ersten Liebe. Ansonsten finden sich in psychologischer Hinsicht weitgehende Übereinstimmungen. Erst im fünften Buch der »Lehrjahre« werden neue psychologische Themen aufgenommen wie die Bedeutung des Todes des Vaters und die eigene väterliche Verantwortung für ein Kind. Zudem werden die gegensätzlichen Lebensentwürfe von Wilhelm und Werner weiter ausgeführt. Werner möchte Wilhelm gerne für eine bürgerlich geordnete Existenz gewinnen, doch fühlt sich dieser noch nicht so weit, seine persönliche Entwicklung abzuschließen: »Was hilft es mir, gutes Eisen zu fabrizieren, wenn mein eigens Innere voller Schlacken ist? Und was, ein Landgut in Ordnung zu bringen, wenn ich mit mir selber immer uneins bin?« (FA 9, S. 657).

Es schließt sich eine Kritik an bürgerlichen Lebensformen an, die eine umfassende persönliche Bildung verunmöglichen würden. Mit bemerkenswertem Selbstbewusstsein fühlt sich Wilhelm zu etwas Besserem berufen: »Ich habe nun einmal gerade zu jener harmonischen Ausbildung meiner Natur, die mir die Geburt versagt, eine unwiderstehliche Neigung [...] Nun leugne ich dir nicht, dass mein Trieb täglich unüberwindlicher wird, eine öffentliche Person zu sein, und in einem weitern Kreis zu gefallen und zu wirken [...] damit ich nach und nach auch bei dem Genuß, den ich nicht entbehren kann, nur das Gute wirklich für gut und das Schöne für schön halte« (FA 9, S. 659).

Wilhelm meint diese Entwicklungsmöglichkeiten, die eigentlich nur dem Edelmann möglich seien, im Theater finden zu können, doch auch hier wird er enttäuscht werden. Auf einer psychologischen Ebene reflektiert Goethe hier das Spannungsverhältnis von realistischer Lebensbewältigung und phantasievoller Lustbefriedigung.

Bei seiner Suche nach dem Guten und Schönen begegnet Wilhelm verschiedenen Formen des Scheiterns. Besonders psychische Störungen finden sein Interesse. Er beschäftigt sich mit dem Wahnsinn und studiert die Behandlungsverfahren, die ein Landgeistlicher bei seinen psychisch kranken Schützlingen anwendet. Es sind einfache und doch sehr wirksame therapeutische Anwendungen: »Es sind eben dieselben, wodurch man gesunde Menschen hindert wahnsinnig zu werden. Man errege ihre Selbsttätigkeit, man gewöhne sie an Ordnung, man gebe ihnen einen Begriff, daß sie ihr Sein und Schicksal mit so vielen gemein haben, daß das außergewöhnliche Talent, das größte Glück und das höchste Unglück nur kleine Abweichungen von dem gewöhnlichen sind« (FA 9, S. 716).

Dies ist eine bemerkenswerte Zusammenfassung von psychotherapeutischen Prinzipien, die auch heute noch Gültigkeit haben: Anleitung zur Selbstwirksamkeit, Hilfe zur Strukturierung der eigenen Lebenswelt und Reflexion von Erfahrungen im sozialen Umfeld. Wilhelm ist beeindruckt von den Lehren des Landgeistlichen und seines Freundes, einem Arzt, der betont, dass das Hauptunglück für den Menschen sei, »wenn sich irgendeine Idee bei ihm festsetze, die keinen Einfluß ins tätige Leben habe oder ihn wohl gar vom tätigen Leben abziehe« (FA 9, S. 717).

Hier klingt wieder einmal Goethes eigene Gesundheitsphilosophie an, dass man sich nicht zu weit der Einsamkeit ergeben und vom aktiven sozialen Leben entfernen solle. Die religiösen Momente der psychischen Gesundheit finden sich in den »Bekenntnissen einer schönen Seele«, dem sechsten Buch der »Lehrjahre«, ausgeführt. Goethe beschreibt die religiöse Lebensform, das vorwiegend nach innen gewandte Leben der zu seiner Zeit einflussreichen Strömung des Pietismus und Herrnhutertums. Zu diesen religiösen und kirchlichen Dimensionen, die sich an die Lebensgeschichte Katharina von Klettenbergs anlehnen, findet sich eine ausführliche Darstellung bei Boyle (2000).

Im siebten Buch wird die Enträtselung und Auflösung des Romangeschehens vorbereitet. Wilhelm kommt auf Lotharios Gut an, der im Mittelpunkt der Turmgesellschaft steht. Diese Gesellschaft pflegt wie die Freimaurer aufklärerische Tugenden. Individualpsychologisch setzt Wilhelm seinen Bildungsprozess, der auch in einer Selbstaufklärung besteht, fort. Er erfährt von Marianes Schicksal und Tod und entwickelt tiefe und real begründete Schuldgefühle. Er kann jedoch auch die Vaterschaft für das Kind, das aus der Liebe zu Mariane entstanden ist, übernehmen.

Die Maximen der Turmgesellschaft münden, wie diejenigen der Freimauerer, denen Goethe zugehörte, in aktive Tätigkeit. Durch diese Prinzipien gerät Wilhelm mit seiner »schlendernden Lebensform« zunehmend in Widerspruch. Er entscheidet sich letztlich für die Turmgesellschaft und beendet seine Theaterlaufbahn. Mit der Bestätigung seiner Vaterschaft wird eine Zäsur in seinem Leben symbolisiert, die unbeschränkte und unbestimmte Phase der Jugend ist beendet und Wilhelm ist erwachsen geworden. Gleichwohl bleibt es eine Bedingung seiner inneren Lebendigkeit, dass vergangene Entwicklungsstufen nicht einfach abgeschlossen sind, sondern auf einer entwickelteren Ebene immer wieder neu gestaltet werden: »[...] denn alles was uns begegnet läßt Spuren zurück, alles trägt unmerklich zu unserer Bildung bei [...] Die Geschichte des Menschen ist sein Charakter« (FA 9, S. 798 ff.).

Nachdem Wilhelm dies eingesehen hat, reflektiert er sein Verhalten bewusster und entwickelt reife Einstellungen zu Liebe, Bindung und Pflichterfüllung. Er kann mit seinen eigenen Wünschen zurücktreten und den Prinzipien der Turmgesellschaft zustimmen: »Es ist gut, daß der Mensch, der erst in die Welt tritt, viel von sich halte, daß er sich viele Vorzüge zu erhalten denke, daß er alles möglich zu machen suche; aber wenn seine Bildung auf einem gewissen Grade steht, dann ist es vorteilhaft, wenn er sich in einer größern Masse verlieren lernt, wenn er lernt um anderer willen zu leben, und seiner selbst in einer pflichtgemäßen Tätigkeit zu vergessen« (FA 9, S. 871).

Im achten Buch werden Themen und Motive der vorigen Bücher aufgenommen und verdichtet. Wilhelm und Werner treffen wieder zusammen und bemerken, dass sich der Unterschied zwischen ihnen vertieft hat. Werner hat sich ungut entwickelt, er ist kraft- und farblos geworden, und Goethe symbolisiert in ihm den Preis für ein Leben, das Entwicklungskrisen nicht annimmt und aktiv gestaltet. Im Gegensatz zu Werner führen bei Wilhelm die Beschränkungen der bürgerlichen Gesellschaft nicht zur Abstumpfung, weil er sich auf einen komplexen Bildungsprozess einlässt und schmerzliche Erinnerungen, beschämende Erlebnisse sowie schuldhafte Verstrickungen bewusst durchlebt. Dieses Bildungsideal Wilhelms korrespondiert dem selbsttherapeutischen Programm Goethes, das Krisen als Übergänge und nicht als Krankheiten auffasst.

Dieser Prozess ist nie abgeschlossen. Nach Auflösung der verwirrenden Liebesgeschichten und seinem Abschied vom Theaterleben wird Wilhelm in die Turmgesellschaft aufgenommen und weiß, dass auch sein künftiges Leben ein Bildungsprozess bleiben wird: »O! rief er aus, wer weiß, was noch für Prüfungen auf mich warten, wer weiß wie sehr mich begangene Fehler noch quälen, wie oft mir gute und vernünftige Pläne für die Zukunft mißlingen sollen« (FA 9, S. 888 f.).

Am Ende der »Lehrjahre« kommt es zu einer Verbindung Wilhelms mit der »schönen Amazone«, die seine verschlungenen Beziehungen zu Frauen märchenhaft auflöst. Er heiratet sie, doch nur für kurze Zeit dauert diese Übereinstimmung von Realität und Phantasie. Die Turmgesellschaft drängt ihn zu einer Reise, um seine »höheren« Pflichten zu erfüllen. Erneut wird die Entsagung zur Bedingung des weiteren Fortschritts. Wilhelms Weg zu einem sozial verantwortlichen und sinnerfüllten Leben ist noch nicht beendet. Das Ziel, eine Gemeinschaft von tätigen »Weltbürgern« zu verwirklichen, die Wohlstand, Freiheit und Gleichheit ohne revolutionäre Gewalt erreicht, erscheint noch in weiter Ferne.

Wilhelm Meisters Wanderjahre

Im Mai 1807 beginnt Goethe das erste Kapitel von »Wilhelm Meisters Wanderjahren« zu diktieren. Auch an diesem Werk wird er jahrelang arbeiten, um sich seiner selbst und seiner Stellung in der Welt zu vergewissern. Im Vergleich mit der »Theatralischen Sendung« und anderen frühen Werken ist der Tonfall abgeklärt und weise. Goethe entwickelt seinen Altersstil, in dem die impulsiven Ausbrüche der Jugendzeit einer kontemplativen Distanz zu sich selbst gewichen sind. Im 71. Lebensjahr beendet er das letzte Kapitel und gibt dem Manuskript ein Begleitgedicht mit auf den Weg:

> Die Wanderjahre sind nun angetreten,
> Und jeder Schritt des Wandrers ist bedenklich.
> Zwar pflegt er nicht zu singen und zu beten;
> Doch wendet er, sobald der Pfad verfänglich,
> Den ernsten Blick, wo Nebel ihn umtrüben,
> Ins eigne Herz und in das Herz der Lieben.
>   (HA 8, S. 521)

Wir sehen, dass Goethe wie seit fünfzig Jahren ein Wanderer geblieben ist. Dabei bedenkt er jetzt sein Handeln gelassener und lässt sich auf schwierigen Wegen durch Selbstreflexion, den Blick »ins eigene Herz«, und Empathie gegenüber seinen Mitmenschen, den Blick in das »Herz der Lieben«, leiten. So sind auch die »Wanderjahre« die Fortsetzung einer lebenslangen Bemühung um sein Selbst und seine Beziehungen. Aber diese Arbeit kann nie abgeschlossen sein und er beschäftigt sich noch als 79-Jähriger mit seinem Roman. Im November 1829 schreibt er: »Mit solchem Büchlein aber ist es wie mit dem Leben selbst: Es findet sich in dem Komplex des Ganzen Notwendiges und Zufälliges; Vorgesetztes und Angeschlossenes, bald gelungen, bald vereitelt, wodurch es eine Art von Unendlichkeit erhält« (HA 8, S. 526).

Im gleichen Brief hält er fest, dass die Maxime »Handle besonnen« die praktische Seite von »Erkenne dich selbst« sei. Dementsprechend steht in den »Wanderjahren« die praktische Tätigkeit in und für die Gemeinschaft im Vordergrund des Selbstfindungsgeschehens. Der Mensch findet den Sinn seines Lebens, indem er im Gemeinwesen fruchtbar tätig wird.

Die Rahmenerzählung von »Wilhelm Meisters Wanderjahren oder Die Entsagenden« knüpft an die »Lehrjahre« an. Die Turmgesellschaft, die sich in den »Lehrjahren« mit der Ausbildung junger Menschen befasste, widmet sich jetzt umfassenderen sozialen und politischen Aufgaben. Sie versucht der armen Bevölkerung, die seit der Einführung maschineller Produktionsweisen dem wirtschaftlichen Untergang geweiht ist, durch die Auswanderung nach Amerika eine neue Perspektive zu eröffnen. Wilhelm Meister kommt bei diesen Planungen mit sehr verschiedenen Menschen in Berührung. Da ist zunächst ein adliger Großgrundbesitzer, der von seinem Vater in Amerika große Ländereien geerbt hat. Dann trifft er auf eine weise Frau, die er in ihrem Schloss aufsucht. In deren Auftrag reist er zu ihrem Neffen Lenardo, der die Ländereien in Amerika bebauen soll. Lenardo und die Turmgesellschaft schließen sich zusammen und man plant ein großes Auswanderungsunternehmen, das sowohl landwirtschaftliche und handwerkliche Siedlungen als auch industrielle Anlagen umfasst. Lenardo ist tatkräftig, organisatorisch und technisch geschickt und der geeignete Mann, um die Unternehmung zu führen. Während er sich um das Technisch-Organisatorische kümmert, leitet ein Abbé den Zusammenschluss weltanschaulich.

Man wirbt um tüchtige Menschen aus einer besonderen Ausbildungs-anstalt, der Pädagogischen Provinz, die als Bildungsmodell eingehend beschrieben wird. Aber es ergeben sich auch neue Lebensmöglichkei-ten im eigenen Land. Ein deutscher Fürst stellt in einer abgelegenen Provinz Siedlungsmöglichkeiten zur Verfügung. So geht ein Teil der Auswanderer nach Amerika und ein anderer nimmt das europäische Projekt in Angriff.

Die leitenden Männer der Unternehmungen sind die Hauptgestal-ten des Romans. Sie kennen ihre eigenen Grenzen und wissen, dass sie für fruchtbare Tätigkeit auf manches verzichten müssen. Aus ihrer Le-benserfahrung und ihrer Zielsetzung heraus sind sie »Entsagende«. Sie haben aus ihren Erfahrungen gelernt und können deswegen Menschen führen, welche sich noch nicht ihrer eigenen Grenzen bewusst gewor-den sind. Bei aller Betonung ihrer Fähigkeiten und Leistungen verblas-sen jedoch die männlichen Hauptfiguren hinter weiblichen Gestalten, allen voran Makarie, der die höchste Weisheit zugesprochen wird.

Psychologisch wirkt Wilhelm, in dem sich Goethe auch in den »Wanderjahren« spiegelt, gereift, abgeklärt und frei für gemeinschafts-bezogene Zielsetzungen. Der Roman beginnt, indem Wilhelm nicht mehr nur sich selbst bildet, sondern seinen Sohn Felix erzieht und mit ihm die Welt durch dessen Kinderaugen neu entdeckt. In einem Brief beschreibt er die Pflichten und Prüfungen, die er auf sich genommen hat und bejaht die fortwährende Wanderschaft und den ständigen Wechsel: »Das Leben gehört den Lebendigen an, und wer lebt, muß auf Wechsel gefasst sein« (HA 9, S. 27).

Dennoch klingt immer wieder an, dass er sich nach einem häus-lichen Leben mit einer Frau sehnt. Die entbehrungsreiche Wan-derschaft, ein Symbol für den individuellen und gesellschaftlichen Lebensweg, ist allerdings unerlässlich, um ethisch verantwortlich handeln zu können. Das Leben ist eine Reise und aktive Entwicklung von Anfang bis zum Ende. Auf diesem Weg begegnen ihm Personen, die seine Reifung begleiten und fördern. Eine zentrale Bedeutung ge-winnt Makarie, die als »heilige Gestalt« geschildert wird, aber gänzlich im Alltäglichen und Irdischen wirkt. Sie ist geistreich und intuitiv und führt Menschen zu ihrem eigenen Ich, indem sie ihnen widerspiegelt, wie sie sein können. In ihr schildert Goethe eine empathische Beglei-terin, die wie Auguste von Stolberg und Charlotte von Stein vielfältige psychotherapeutische Funktionen erfüllt. Sie wird aber auch in transzendente Sphären entrückt. Wilhelm träumt von Makarie: »Ich lag sanft, aber tief eingeschlafen, da fand ich mich in den gestrigen Saal versetzt, aber allein. Der grüne Vorhang ging auf, Makariens Sessel bewegte sich hervor, von selbst wie ein belebtes Wesen; er glänzte golden, ihre Kleider schienen priesterlich, ihr Anblick leuchtete sanft; ich war im Begriff, mich niederzuwerfen. Wolken entwickelten sich um ihre Füße, steigend hoben sie flügelartig die heilige Gestalt empor, an der Stelle ihres herrlichen Angesichts sah ich zuletzt, zwischen sich teilendem Gewölk, einen Stern blinken, der immer aufwärts getragen wurde und durch das eröffnete Deckengewölb sich mit dem ganzen Sternenhimmel vereinigte, der sich immer zu verbreiten und alles zu umschließen schien« (HA 8, S. 122).

Diese Apotheose der Weiblichkeit, die uns auch am Ende des »Faust« begegnet, steht in den »Wanderjahren« wie in den früheren Wilhelm-Meister-Romanen in einem merkwürdigen Spannungsverhältnis zu alltäglichen Liebesverhältnissen: Am Morgen nach dem verklärenden Traum trifft Wilhelm im Garten auf seinen Sohn, »den er zu seiner Verwunderung durch eine Anzahl Mädchen bearbeitet sah; alle, wo nicht schön, doch keine hässlich, keine, die das zwanzigste Jahr erreicht zu haben schien« (HA 8, S. 122).

An vielen Stellen betrachtet Wilhelm gelassen und freundlich das erotische Treiben seines Sohns und es entsteht der Eindruck, als würde auch Goethe aus einer großväterlichen Distanz die heiteren Seiten der Sexualität leicht nehmend beschreiben. Doch das Gefährliche und Abgründige der Geschlechterbeziehung bleibt auch in den abgeklärten und altersweisen »Wanderjahren« ein erschütterndes Thema: Wilhelm erzählt ein Jugenderlebnis, in dem er von einem wenig älteren Adoleszenten, der ihn bei »seinem ersten Auftreten gleich besonders angezogen hatte«, zum Angeln eingeladen wird. Angesichts des verlockenden Wassers kann der Freund nicht widerstehen, sich auszuziehen, um im Strom zu schwimmen.

Dem zuschauenden Wilhelm wird »ganz wunderlich zumute«: »Es war umher so warm und so feucht, man sehnte sich aus der Sonne in den Schatten, aus der Schattenkühle hinab ins kühlere Wasser. Da war es denn ihm leicht, mich hinunterzulocken, eine nicht oft wiederholte Einladung fand ich unwiderstehlich und war, mit einiger Furcht vor den Eltern, wozu sich die Scheu vor dem unbekannten Elemente gesellte, in ganz wunderlicher Bewegung. Aber bald auf dem Kies entkleidet, wagt' ich mich sachte ins Wasser, doch nicht tiefer, als es der leise abhängige Boden erlaubte; hier ließ er mich weilen, entfernte sich in dem tragenden Elemente, kam wieder, und als er sich heraushob, sich aufrichtete, im höheren Sonnenschein sich abzutrocknen, glaubt' ich meine Augen von einer dreifachen Sonne geblendet: so schön war die menschliche Gestalt, von der ich nie einen Begriff gehabt. Er schien mich mit gleicher Aufmerksamkeit zu betrachten. Schnell angekleidet standen wir uns noch immer unverhüllt gegeneinander, unsere Gemüter zogen sich an, und unter den feurigsten Küssen schwuren wir ewige Freundschaft« (HA 8, S. 272).

Von dieser Schilderung einer Jugendliebe geht ein besonderer Zauber aus. Wilhelm alias Goethe beschreibt nicht nur die körperliche Schönheit des Freundes, sondern entdeckt auch durch diese Begegnung seinen eigenen körperlichen Reiz. Gleich im Anschluss an diese Szene trifft Wilhelm die Tochter seines Gastgebers und verliebt sich in sie: »[...] denn der Spaziergang in einem wohlgehaltenen Ziergarten, wohin die Tochter, etwas jünger als ich, mir den Weg begleitend anwies, war mir höchst unterhaltend [...] Meine Begleiterin war schön, blond, sanftmütig, wir gingen vertraulich zusammen, fassten uns bald bei der Hand und schienen nichts Besseres zu wünschen [...] Betracht' ich nach so viel Jahren meinen damaligen Zustand, so scheint er mir wirklich beneidenswert. Unerwartet, in demselben Augenblick, ergriff mich das Vorgefühl von Freundschaft und Liebe. Denn als ich ungern Abschied nahm von dem schönen Kinde, tröstete mich der Gedanke, diese Gefühle meinem jungen Freunde zu eröffnen, zu vertrauen und seiner Teilnahme zugleich mit diesen frischen Empfindungen mich zu freuen« (HA 8, S. 273).

Diese neuen Empfindungen verdanken sich der Entdeckung der Schönheit seiner eigenen Sexualität. Das Aufblühen der erotischen Kraft kommt Wilhelm wie das Erscheinen der »eigentlichen Originalnatur« vor, die ihn zu kreativer Tätigkeit treibt: »Wie müssten wir verzweifeln, das Äußere so kalt, so leblos zu erblicken, wenn nicht in unserem Innern sich etwas entwickelte, das auf eine ganz andere Weise die Natur verherrlicht, indem es uns selbst in ihr zu verschönern eine schöpferische Kraft erweist« (HA 8, S. 274).

Die sexuelle und schöpferische Kraft der Adoleszenz ist aber schon in ihrem ersten Aufkeimen bedroht: Die Pfarrerin hat Wilhelms neu gewonnenen Freund nicht ins Haus gelassen, weil sie ihn unschicklich findet, und sie beauftragt ihn, Krebse im Fluss für ihre Gäste zu fangen. In der Dämmerung erwartet nun Wilhelm seinen Freund am Waldrand und wird bei seinem Ausbleiben unruhig und besorgt. Da trifft die Nachricht ein, dass Wilhelms neuer Freund und weitere vier Knaben ertrunken sind. Sie haben versucht, den Auftrag der Pfarrerin zu erfüllen und Krebse aus dem Fluss zu fischen. Dabei sind die drei schwächeren Knaben abgetrieben worden, Wilhelms Freund hat versucht, sie zu retten und ist selbst in die Tiefe gezogen worden. Nur der jüngste der Knaben, der am Ufer geblieben ist, hat überlebt. Dieser tritt nun vor und reicht dienstbeflissen der Frau Pfarrerin die Krebse. Wilhelm ist verzweifelt und schleicht sich heimlich zu den toten Kindern: »In dem großen Saale, wo Versammlungen aller Art gehalten werden, lagen die Unglückseligen auf Stroh, nackt, ausgestreckt, glänzend-weiße Leiber, auch bei düsterem Lampenschein hervorleuchtend. Ich warf mich auf den größten, auf meinen Freund; ich wüsste nicht von meinem Zustand zu sagen, ich weinte bitterlich und überschwemmte seine breite Brust mit unendlichen Tränen. Ich hatte etwas von Reiben gehört, das in solchem Falle hülfreich sein sollte, ich rieb meine Tränen ein und belog mich mit der Wärme, die ich erregte. In der Verwirrung dacht' ich ihm Atem einzublasen« (HA 8, S. 275 f.).

Die hilflosen Wiederbelebungsversuche Wilhelms werden von seinen Eltern unterbrochen und am nächsten Morgen erwacht er verdüstert. Er ist überrascht, dass er Mutter, Tante und Köchin in »wichtiger Beratung« antrifft. Es wird darüber gesprochen, dass man die Krebse nicht gesotten anrichten solle, damit der Vater nicht an das gerade geschehene Unglück erinnert werde. Die Tante ist darüber nicht traurig, sie plant die Krebse zu mästen, um sie einem Gönner servieren zu können.

Beim Lesen dieser Szene stellt sich das Bild eines eigentümlichen Trauerrituals ein. Die Mütter wirken einerseits gefährlich, weil sie wie die Pfarrersfrau den Tod der Knaben mit verursacht haben. Andererseits werden sie auch als nachlässig und gefühllos geschildert, indem sie gleich nach dem Unglück zur Tagesordnung übergehen. Wir werden an Goethes Beschreibung der tückischen »Weibergunst« erinnert, die ihre Nachkommenschaft »dem Tod und der Verwesung übergibt«.

Wilhelm hingegen versucht seine Trauer und seinen Schmerz nicht durch alltägliche Tätigkeiten zu verdrängen. Suchte er früher im Theater die Lösung für seine Probleme, so ist es jetzt die praktische Tätigkeit, mit der er das Unheil zu bewältigen trachtet. Er eignet sich medizinische Kenntnisse an, fasst den Plan, Arzt zu werden und schöpft daraus neue Zukunftshoffnungen. Es ist der Wunsch nach Wiederbelebung der Toten, der Wilhelms medizinisches Interesse begründet. Wir sehen, wie sich auch Goethe verändert hat. Bediente er sich in seiner Jugend vorwiegend der Dichtung, um mit Trauer und Vernichtungsängsten umzugehen, so ist es jetzt das praktisch wirksame Handeln: »Wie kann man sich selbst kennen lernen? Durch Betrachten niemals, wohl aber durch Handeln. Versuche deine Pflicht zu tun, und du weißt gleich, was an dir ist« (HA 8, S. 283).

Dies ist aber nur die eine Seite der Medaille. Die andere besteht darin, dass zu sozialem Handeln auch persönliche Entwicklung notwendig ist. Nur ein zeitlich aufwendiger und das gesamte Leben begleitender Selbstbildungsprozess ermöglicht wirksames Handeln. Dadurch ist es möglich, die alltäglichen Begierden und Schmerzen hinter sich zu lassen und sie in einer höheren Geistigkeit aufzulösen. Dies geschieht in »Wilhelm Meisters Wanderjahren« auf exemplarische Weise durch Makarie. Sie hat eine große praktische Vernunft und scheint gleichzeitig geboren, »um sich von dem Irdischen zu entbinden, um die nächsten und fernsten Räume des Dasein zu durchdringen« (HA 8, S. 449).

Dies ist der Weg der Weisheit, doch Goethe behält auch im hohen Alter seine Sympathie für die jugendliche Triebhaftigkeit. Nachdem er von der heiligen Makarie berichtet hat, erzählt er, wie Wilhelms Sohn um seine geliebte Hersilie wirbt und in seinem Überschwang samt seinem Pferd von einem Abhang in ein Wasser stürzt. Er wird zwar von Schiffern geborgen, scheint jedoch tot zu sein und erst durch die ärztliche Kunst seines Vaters kann er zum Leben wiedererweckt werden. Wilhelm betrachtet seinen Sohn wie einen Bruder oder wie einen anderen Aspekt seiner selbst, den er wiederbelebt hat.

Es ist bemerkenswert, wie der alte Goethe sich in jugendliches Erleben einfühlen kann. Wir haben schon häufiger bemerkt, dass die Fähigkeit, frühere Lebensphasen in sich zu wach zu halten, ein wesentlicher Aspekt seiner Schöpferkraft und psychischen Gesundheit ausmacht. In der Beziehung von Wilhelm und Felix finden wir den leidenschaftlichen Schwung der Jugend und die schöpferische Kraft des seiner Grenzen bewussten reifen Mannes auf zwei Personen verteilt dargestellt. Es scheint, als hätte Goethe in Wilhelm und Felix eine Lösung dieser Konflikte erreicht und die Gefährdungen durch das Weibliche überwunden. Dadurch eröffnet sich ihm eine gelassene Weltsicht, die die irdischen Bindungen enthält und gleichzeitig transzendiert:

> Alles Vergängliche
> Ist nur ein Gleichnis;
> Das Unzulängliche,
> Hier wird's Ereignis;
> Das Unbeschreibliche,
> Hier ist's getan;
> Das Ewig-Weibliche
> Zieht uns hinan.
>   (HA 3, S. 364)

Goethes Kreativität aus Sicht der modernen Forschung

Kreativität leitet sich von dem lateinischen Wort »creare« ab, das »schaffen, erzeugen, gestalten« bedeutet. Es ist eng verwandt mit »crescere«, das wir als »werden, gedeihen, wachsen lassen« übersetzen. Im ursprünglichen Verständnis von »creare« und »crescere« klingen zwei Aspekte der Kreativität an, die von großer Bedeutung sind: das bewusste Schaffen des Neuen und die Entwicklung unbewusster Potentiale. Eine eingehende Behandlung des Themas findet sich in meinem Buch »Kreativität. Konzept und Lebensstil« (2007). Hier soll einleitend ein kurzer Abriss der Ergebnisse der Kreativitätsforschung gegeben werden und anschließend diese auf Goethe angewandt werden.

Biologen betrachten Kreativität nicht nur als Charakteristikum besonderer Individuen, sondern als grundlegende Eigenschaft aller Lebewesen. Leben besteht für sie in einem kontinuierlichen Anpassungsprozess des Individuums an seine Umgebung. So wie die einfachsten Lebewesen bedarf auch der biologisch hoch entwickelte Mensch einer beständig wirkenden Kreativität, um überlebensfähig zu sein. In Anlehnung an die Encyclopaedia Britannica kann man zusammenfassen, dass in allen höheren Organismen eine kontinuierliche Spannung besteht zwischen der Etablierung und Aufrechterhaltung von konstanten Strukturen und der Unterbrechung des erreichten Gleichgewichts, um neue Erfahrungen zu ermöglichen.

Evolutionsbiologisch kann Kreativität als beständige Rekombination und Transformation des Bestehenden definiert werden. Dieser Prozess wird nicht nur durch die Gene, sondern auch durch sogenannte »meme« (Dawkins, 1978) bestimmt. Meme sind Informationseinheiten, die das kulturelle Erbe enthalten und eine komplexere Evolution von Individuum und Gesellschaft bewirken als die Gene.

Kultur- und Sozialwissenschaftler betrachten die kreative Gestaltung der Wirklichkeit als grundlegende Aufgabe der menschlichen Entwicklung. Kreativität ist kein Zeitvertreib für Müßiggänger, sondern ein Erfordernis jeder sozialen Gemeinschaft. Ohne Kreativität ist die Welt nicht nur langweilig, sondern liefert sich Kräften aus, die sie zerstören.

Entwicklungspsychologen sehen im kindlichen Spiel ein Grundmodell kreativen Verhaltens. Schon der Säugling schafft durch Vorformen von Gedanken und Vorstellungen eine innere Welt, die chaotischen Erregungen eine gewisse Kohärenz und Struktur verleihen. Später entwickelt das Kind spielerisch seine persönliche Welt, die aus vielgestaltigen Ideen und Phantasien komponiert wird. Im Erwachsenenleben findet sich die spielerische Freude aus der Kinderzeit in produktiver und kreativer Arbeit wieder.

Wegen ihrer Vielschichtigkeit lässt sich Kreativität nur sehr vage definieren als *Fähigkeit, etwas Neues zu schaffen,* sei es eine neue Problemlösung, eine Entdeckung oder ein neues Produkt. Diese neuen Problemlösungen, Entdeckungen oder Produkte müssen, um als kreativ anerkannt zu werden, bedeutsame Beiträge zu einer spezifischen Domäne darstellen. In Anlehnung an den nordamerikanischen Kreativitätsforscher Mihalyi Cszikszentmihalyi (1996) kann man aus der genannten Definition die Grundbedingungen der kreativen Persönlichkeit ableiten: *Kreativ kann eine begabte Person sein, wenn sie sich auf einem erfolgversprechenden Gebiet und in einem fördernden soziokulturellen Kontext produktiv betätigt.*

Bei Goethe lässt sich aufgrund der gegebenen Definitionen zweifellos feststellen, dass er eminent kreativ war. Er brachte eine Vielfalt neuer literarischer Formen und Ausdrücke hervor, die die deutsche Sprache nachhaltig beeinflussten.

Aber wie entsteht eine so außergewöhnliche Schaffenskraft und Originalität? Um diese Frage zu beantworten, kann man die Bedingungen der Kreativität in fünf Bereiche unterteilen: Begabung, Wissen, Motivation, Persönlichkeit und Umgebungsbedingungen.

Begabung

Begabungen kann man aufgrund der modernen Intelligenzforschung in sieben Bereiche einteilen (Gardner, 2002): sprachlich, logisch-mathematisch, musikalisch, körperlich-kinästhetisch, räumlich, interpersonal und intrapersonal.

Bei Goethe zeigte sich die sprachliche Begabung sehr früh. Er war kein Wunderkind wie Mozart, aber hatte früh in seinem Leben Freude am Sprechen. Sein hervorragendes Gedächtnis kam ihm beim

Rezitieren zu Hilfe und er gewann damit zunächst eine besondere Beachtung, die später zur Bewunderung wurde. Seine logisch-mathematischen und musikalischen Begabungen waren wahrscheinlich durchschnittlich. Körperlich-kinästhetisch war er geschickt, er konnte gut, wenn auch nicht herausragend reiten, tanzen und Schlittschuh laufen. Sein räumliches Vorstellungsvermögen war wahrscheinlich auch nicht herausragend, wenn man seine Zeichnungen als Maßstab gelten lassen will. Er konnte sich in andere und in sich selbst gut einfühlen, was sicherlich zu seiner dichterischen Kreativität beitrug.

Kreativitätsforscher haben neben den intellektuellen Begabungen bestimmte Denkstile herausgearbeitet, die für Kreativität günstig sind: flüssig, assoziativ, divergent und originell.

Flüssig war Goethes Denken sicherlich und er übte sich früh im assoziativen Verbinden von Ideen. Doch das Lernen des Althergebrachten stand mindestens bis zum 16. Lebensjahr im Vordergrund. Er übte sich, wie beschrieben, zunächst überwiegend im Lernen traditioneller Wissensbestände. Divergente und originelle Lösungen finden sich erst später. Allerdings neigte er seit früher Kindheit zum Phantasieren. Er liebte es, sich Szenen vorzustellen und mit fiktiven Personen zu sprechen. Möglicherweise hat sich Goethe durch das eifrige Lernen Sprachfiguren und Strukturen erarbeitet, die er später, nachdem er durch eigene emotionale Turbulenzen gegangen war, mit den Erfahrungen und den Stimmungen seines werdenden Selbst kombiniert und auf diesem Wege zur Originalität geführt hat. An dieser Stelle könnte man von emotionaler Intelligenz (Goleman, 1996) sprechen.

Wissen

Handwerkliches Können und intellektuelles Wissen werden in ihrer Bedeutung für Kreativität häufig unterschätzt. Dabei sind diese Faktoren von besonderer Bedeutung. In unserer Zeit ist es nicht überflüssig zu betonen, dass aus Daten nur durch Wissen Informationen werden. Goethe erwarb sich seit früher Kindheit ein breites Wissen und sein ausgezeichnetes Gedächtnis kam ihm dabei zu Hilfe, Informationen neu und originell zu kombinieren. Die biographische Forschung zeigt, wie wichtig handwerkliches Können, Gedächtnis und Wissen auch für Künste wie Musik und Malerei sind. Dies lässt sich zum Beispiel an Leben und Werk von Picasso und Mozart illustrieren (s. Holm-Hadulla, 2007).

Motivation

Damit aus Begabungen auch kreative Produkte entstehen, sind verschiedene Motivationen vonnöten. Es lassen sich drei motivationale Faktoren der Kreativität unterscheiden: Neugier, Interesse und Ehrgeiz.

Neugier ist eine elementare Motivation, die bei fast jedem Menschen von Geburt an zu beobachten ist. Das kindliche Neugierverhalten ist einerseits angeboren, wird aber auch durch Umgebungseinflüsse entscheidend geprägt. Neugier ist Ausdruck von Lebendigkeit. Sie führt aber nur zu kreativen Leistungen, wenn auch genügend Sicherheit in der Person und ihrer Umgebung vorhanden ist. Dies kann man schon am Explorationsverhalten von Säuglingen studieren. Sie lassen ihrem Neugierverhalten freien Lauf und spielen kreativer, wenn sie über hinreichend sichere Bindungen verfügen. Das Wechselspiel von Neuem und Bewährtem, die Balance von Veränderungslust und Sicherheitsgefühl, muss von jedem Kreativen und seinem Umfeld immer wieder neu gestaltet werden.

Goethe war bis zu seinem Tode ausgesprochen neugierig. Er betrachtete das Leben als ständigen Wandlungsprozess, in dem er neuen Erfahrungen offen begegnete. Allerdings waren ihm auch die Wurzeln wichtig und er zeigte die katastrophalen Folgen einer bindungslosen Neugier zum Beispiel im »Faust II«.

Interesse bedeutet Bedürfnis und Fähigkeit, sich von einer Sache oder Tätigkeit ganz gefangen nehmen zu lassen. Dies war bei Goethe schon früh in der Kindheit zu sehen, etwa beim Lernen oder bei der jahrelangen Beschäftigung mit seinem Puppenspiel. Dieses primäre Interesse musste man nicht erzeugen, sondern ihm nur Raum und Nahrung geben. Goethe ließ sich von seinen Beschäftigungen ganz gefangen nehmen, hatte jedoch auch die Fähigkeit, sie unbewussten Bearbeitungen zu überlassen. Ergreifen und Geschehenlassen, die Dialektik von Aktivität und Passivität im kreativen Interesse wurde von ihm meisterhaft beherrscht.

Ehrgeiz, das Streben nach Anerkennung, trägt durch den Begriffsanteil »Geiz« eine negative Bedeutung. Ehrgeiz enthält aber auch das positive menschliche Streben danach, beachtet und angenommen zu werden. Das Bedürfnis nach Beachtung und Anerkennung war bei Goethe zeitlebens ganz augenfällig. Schon als Kind tat er sich hervor, wobei er sich mitunter lächerlich machte. Man könnte das Topfwerfen unter dem Beifall der Nachbarskinder als erstes Zeichen einer Neigung werten, sich hervorzutun und in die Öffentlichkeit zu treten. Als 14-Jähriger bemühte er sich – erfolglos – um Aufnahme in die »Arkadische Gesellschaft zu Phylandria«, wahrscheinlich um ein öffentliches Forum für seine ersten schriftstellerischen Versuche zu finden. Verletzungen seines Ehrgeizes und Beschämungen, etwa wenn seine erste Liebe Gretchen ihn nicht ernst nahm oder Kommilitonen in Leipzig sich über ihnen lustig machten, führten nicht zu Rückzug, sondern zu verstärkter Aktivität, selbst besser zu werden. Er sagte auch zu sich selbst: »Man muss die Menschen nicht so behandeln wie sie sind, sondern wie sie sein können.«

Das Gemeinsame der Motivationen zur Kreativität ist die Leidenschaft. Der Begriff bezeichnet einen starken Antrieb und eine intensive Intention mit dem ein Weg gegangen und ein Ziel auch unter Entbehrungen erreicht werden soll. Neugier, Interesse, Ehrgeiz werden dann kreative Faktoren, wenn sie in ein leidenschaftliches Engagement für die gestellte Aufgabe münden.

Persönlichkeitseigenschaften

Folgende Persönlichkeitseigenschaften sind häufig mit Kreativität assoziiert: Flexibilität, Originalität, Selbstvertrauen, Widerstandsfähigkeit, Authentizität und Transzendenz.

Flexibilität bezeichnet die Fähigkeit und Bereitschaft, neue Erfahrungen zu machen. Wie das Kind mit Offenheit und Erstaunen neue Ereignisse wahrnimmt, so überlässt sich der Kreative ungewöhnlichen Einfällen mit spielerischer Freude. Goethe beschrieb, wie sich Phantasien, Gedichte und literarische Gestalten ohne sein bewusstes Zutun entwickelten und er selbst ein biegsames Medium zu ihrer Verwirklichung war. Er konnte sich einem inneren Spielraum überlassen, in dem auch ungewöhnliche Ideen geschehen konnten. Goethes Flexibilität wurde begünstigt von klaren Strukturen. Wie Offenheit und Veränderungsbereitschaft im Allgemeinen nur auf dem Boden ausreichender Sicherheit möglich ist, so war bei ihm im Besonderen die Erdung durch seine Familie und Freunde eine sichere Basis, auf der er aufbauen konnte.

Originalität entstand bei Goethe erst, nachdem er die alten Sprachen gelernt, Shakespeare im Originaltext gelesen und sich ein breites Bildungsfundament erarbeitet hatte. Er hatte zwar früh eine besondere Fähigkeit, sich auf phantasievolle Spiele einzulassen, nonkonformistisch war er jedoch erst sehr viel später. Seine Originalität ist aus der schöpferischen Arbeit erwachsen und war vorher nicht vorhanden. Dies ist eine Botschaft, die man so manchem Spaßtheoretiker der Kreativität senden möchte. Wie bei Mozart, Picasso, Einstein und zahlreichen anderen entsteht Kreativität und Originalität erst, nachdem der Schaffende sich auf sein Material, die Technik und die Arbeit eingelassen hat, und nicht vorher.

Selbstvertrauen war bei Goethe reichlich vorhanden. Er war aber auch leicht kränkbar und konnte in Situationen, in denen er den Eindruck gewann, sich lächerlich gemacht zu haben, äußerst verstimmt reagieren. Allerdings führten Beschämungen und Zurückweisungen nicht zu Apathie, Rückzug und Anklagen, sondern zu einer Art von kreativem Protest. Die intensive Beschäftigung mit Kränkungen, zum Beispiel durch seine Studentenliebe Käthchen Schönkopf, und Zurückweisungen wie durch Charlotte Buff und Maximiliane von Brentano labilisierten sein Selbstwertgefühl erheblich. Andere wären zum Angriff übergegangen und hätten die Freundinnen entwertet. Goethe hingegen hat aus dieser Labilisierung seines Selbstwertwertgefühls bleibende Kunstwerke geschaffen.

Widerstandsfähigkeit ist im kreativen Prozess notwendig, weil das Selbst durch intensive kreative Arbeit labilisiert, ja bedroht werden kann. Der Kreative tritt aus seinen alltäglichen Bindungen heraus, ob er sich nun als »Prometheus« oder »mad scientist« fühlt. Originelle Menschen leiden häufig unter dem Verlust der gewohnten Sicherheiten, sie fallen aus dem Rahmen und benötigen eine besondere Widerstandsfähigkeit, um die Anfechtungen seitens der Umgebung zu überwinden. Bei Goethe kamen die Anfechtungen seines Selbstgefühls hauptsächlich aus seinem Inneren. Bei der Niederschrift des »Werther« war er wie von Sinnen und noch als über 70-Jähriger dichtet er: »Ich bin mir selbst, ich bin der Welt verloren.« Eine wohlwollende Umgebung, klare Arbeitsstrukturen und eine unter Mühen erworbene

Widerstandsfähigkeit halfen ihm jedoch, in kreativen Phasen sein Selbst zu stabilisieren.

Authentizität, das Gefühl sich in einem bedeutenden Beitrag selbst zu finden und darzustellen, war bei Goethe sehr ausgeprägt. Die ersten dichterischen Fingerübungen erscheinen konventionell und angepasst. Erst nach seinen studentischen Leidenserfahrungen sprach, beispielsweise in den »Oden an Behrisch«, sein authentisches Ich. Die meisten Menschen suchen in ihren Tätigkeiten eine authentische Selbstwirksamkeit. Goethe verspürte sehr früh in seinem Leben die Sehnsucht, seinem Selbst Ausdruck zu verleihen und sich selbst zu vergegenständlichen. Auch dies ist eine wesentliche Seite der Leidenschaft, die zu Kreativität führt.

Transzendenz, die Realisierung von Werten, die außerhalb egoistischer Bedürfnisse liegen, ist eine wesentliche Voraussetzung der Kreativität. Sie wird von jeder Mutter praktiziert, die auf das Spiel ihres Kindes eingeht, und dem Liebenden, der sich dem geliebten Menschen öffnet. »Das Über-sich-hinaus-Sein« im Anderen war für Goethes Leben und Werk von zentraler Bedeutung. Er suchte beständig nach einem größeren Ganzen. Er konnte sich in der Natur und anderen Menschen verlieren und die vermenschlichte Natur dachte und lebte in ihm. Die Hingabe an Phantasien, welche die engen Grenzen des individuellen und sozial normierten Selbst überschreiten, war eine wesentliche Grundbedingung seiner Schaffenskraft.

In den Dichtungen Goethes werden wesentliche Aspekte des Schöpferischen ausformuliert, die bis heute von großer Bedeutung sind: Er versteht Kreativität einerseits als Erschaffung des Neuen, das gegen Konventionen revoltiert. Prometheus rebelliert gegen das Althergebrachte und setzt an seine Stelle die originelle Schöpfung. Dementsprechend beansprucht das Genie besondere Rechte, seine Aggressivität unterwirft, ja vernichtet das Althergebrachte. Rücksichtslosigkeit zeichnet sowohl den einzelnen Schöpfer als auch den kreativen Prozess aus. Der Kreative fühlt sich nur sich selbst und seiner Aufgabe leidenschaftlich verpflichtet.

Andererseits stellt Goethe dem aggressiv ungebundenen Aspekt der Kreativität das naturverbundene Entfalten der schöpferischen Potenzen gegenüber. Die Einbettung in das natürliche Werden und Vergehen führt den Wissenschaftler und Künstler zur höheren Einsicht. Beide müssen die Gesetze der Natur und der Geschichte verstehen und demütig befolgen. Der Kreative ist nicht nur wie Prometheus, der sich gegen die göttliche und natürliche Ordnung erhebt, sondern auch ein irdischer Mensch, der sich in den großen Kreislauf der Natur- und Weltgeschichte einfügt und erst dadurch schöpferisch ist. Dieses einfühlende und respektvolle Geschehenlassen des in Naturgeschichte und Tradition Schlummernden im Sinne von »crescere« steht dem mutwilligen, ungebundenen und aggressiven Schaffen des Neuen im Sinne des »creare« gegenüber.

Kreativitätsfördernde Entwicklungsbedingungen

Goethes Begabung, Neugier, Interesse, Ehrgeiz und leidenschaftliche Hingabe zeigten sich schon in der Kindheit. All dies hätte sich aber ohne günstige Rahmenbedingungen nicht entfalten können. Da war zunächst die liebevolle und heitere, aber auch unzugängliche und versagende Mutter. Es hat den Anschein, als hätte deren Zuneigung und Bewunderung seine Kreativität angespornt. In einer Tiefendimension war die Auseinandersetzung mit erschreckenden Aspekten seines Mutterbildes jedoch noch bedeutsamer für seine kreative Entwicklung. Diese Auseinandersetzung war allerdings in der beschriebenen Breite und Intensität nur möglich, weil seine reale Mutter ihm auch Sicherheit und Zuneigung vermittelte. Die Schwester war immer eine treue und verständige Spielgefährtin, die ihm gleichfalls Liebe und Bewunderung entgegenbrachte. Vor ihr konnte er sich hervortun, ohne Spott fürchten zu müssen. Der bildungsbeflissene Vater suchte in seinem Sohn alles zu verwirklichen, was ihm selbst nicht erreichbar war. Goethe wurde sehr früh gefördert und gefordert, augenscheinlich in einer sowohl liebevollen als auch strengen Atmosphäre. Auch die finanziellen Verhältnisse waren günstig und er blieb lange Zeit in seinem Leben von Krieg und Not verschont.

Goethes emotionale Krisen haben wir eingehend beschrieben. Sie gaben ihm Anlass und Nahrung für kreative Bewältigungsbemühungen. Zusammenfassend kann man sagen, dass Goethe aus Zurückweisungen und Kränkungen Impulse für seine Arbeit gewann. Er nahm Enttäuschungen wahr, akzeptierte Defizite und tröstete sich mit Aktivitäten, in denen er glänzen konnte. In seine schriftstellerischen Versuche konnte er sich geduldig und mit Hingabe versenken. Für seine Kreativität waren Lehrer, Freunde und geliebte Frauen, denen er sich offenherzig anvertraute, von größter Bedeutung.

Die kreative Arbeit

Die kreative Arbeit kann man in fünf Phasen, die miteinander in Wechselwirkung stehen, unterscheiden: Vorbereitung, Inkubation, Illumination, Realisierung und Verifikation (Holm-Hadulla, 2007).

In der *Vorbereitungsphase* wird das Problem oder das Thema gesichtet und es entwickelt sich eine – mitunter unbewusste und diffuse – Zielsetzung. Genau genommen muss man auch die Kindheit, Schul- und Studienzeit zur Vorbereitungsphase des kreativen Prozesses rechnen. In dieser Zeit entwickeln sich die Talente, um einmal in kreative Leistungen zu münden. Goethe genoss wie Mozart, Picasso und Einstein eine sehr breite Ausbildung und wurde wie die Genannten aus Musik, Malerei und Wissenschaft zu geduldigem Üben angehalten. Wie wir in den Ausführungen zur kreativen Persönlichkeit gesehen haben, ist die Ausbildung der Begabungen allein aber nicht ausreichend. Der potentiell Kreative muss auch genügend Leidenschaft entwickeln, um sich einer Sache neugierig, begeistert und ausdauernd widmen zu können. Goethes Motivationen wurden durch die kontinuierlichen Bestätigungen, die er für seine Fortschritte seitens Großmutter, Mutter, Schwester und Vater erhielt, unterstützt. Diese Unterstützung ermöglichte ihm auch, langweilige und zermürbende Zeiten des Lernens zu ertragen, sodass er in seinem späteren Leben sagen konnte: »Genie ist Fleiß.«

Die *Inkubationsphase* leitet sich vom lateinischen Wort »incubatio« ab, das »auf etwas liegen« und »brüten« bedeutet. In der Biologie definiert man Inkubation als »entwicklungsfördernde Erwärmung«. In der Antike wird als Inkubation der Schlaf an den Kultstätten bezeichnet, um ein Orakel, eine Heilung von Krankheit oder eine höhere Einsicht zu erhalten. Auch an christlichen Wallfahrtsstätten fand sich dieser Brauch. Dementsprechend zeichnet sich die Inkubationsphase dadurch aus, dass die Aufgabe beiseite gelegt und einer unbewussten Bearbeitung überlassen wird. Wie die Vorbereitungs- so ist auch die Inkubationsphase ein komplexes Phänomen: Eine lange

Ausbildung hat vielschichtige Spuren hinterlassen und der Schaffende kombiniert, oft unbewusst, das Gelernte in origineller Weise. Er überlässt sich seinen Themen über längere Zeit. Dies ist nicht immer einfach und kann zu erheblichen emotionalen Spannungen führen. In der Inkubationsphase ist es notwendig, die Gedanken auch ohne greifbares Ergebnis schweifen zu lassen und geduldig das richtige Gleichgewicht von zielgerichteter Aktivität und freiem Phantasieren auszubilden. Goethe beschrieb zum Beispiel, wie er nach einer langen Vorbereitungs- und Inkubationsphase »fast unbewusst und nachtwandlerisch« seinen »Werther« zu Papier brachte.

In der dritten Phase kommt es zur *Illumination,* zur Erleuchtung. Im Hintergrund dieses Begriffs klingt die Lehre von Augustinus an, nach der die menschliche Erkenntnis durch ein geistiges Licht ermöglicht wird. Die Illumination im kreativen Prozess tritt selten als plötzliche Eingebung auf, sondern ist meist eine komplexe Wahrnehmungsgestalt, die sich schrittweise entwickelt. Der kreative Funke bereitet sich meist lange vor, tritt immer wieder wie ein Rauchsignal bei der Arbeit auf und verschwindet wieder, um dann irgendwann als greifbare Gestalt bewusst zu werden. Die plötzlichen Eingebungen wie Kekulés Traum von der Schlange, die sich in den Schwanz beißt und ihn so zur Vorstellung des Benzolrings inspirierte, sind große Ausnahmen. Selbst hier zweifelt man an einer plötzlichen Illumination und gewinnt den Eindruck, dass die Erzählung von Kekulé eine anekdotische Verkürzung seines jahrelangen Schaffensprozesses darstellt.

Auch Goethes Gedichte, die ihm so oft nach dem Schlaf in fertiger Gestalt vor Augen standen, sind lange vorbereitet, entwickeln sich hier- und dorthin, werden bewusst und unbewusst ständig bearbeitet, bis sich die fertige Gestalt scheinbar »wie von selbst« einstellt. Kreativ ist jedoch nicht nur der Einfall, sondern seine Durchführung in einer komplexen literarischen Gestaltung. Dennoch ist es wichtig, auf den Punkt der Illumination zu achten und das sich in ihm Verdichtende festzuhalten. Goethe beschreibt den Zusammenhang zwischen Vorbereitung, Eingebung und Durchführung folgendermaßen: »Alles, was wir Erfinden, Entdecken im höheren Sinne nennen, ist die bedeutende Ausübung, Betätigung eines originalen Wahrheitsgefühles, das, im stillen längst ausgebildet, unversehens mit Blitzesschnelle zu einer fruchtbaren Erkenntnis führt« (HA 8, S. 302).

Viele Gedichte standen Goethe vor Augen wie Traumbilder. Sie waren Verschmelzungen unbewusster Phantasien mit sprachlichen Formen. Goethe beschrieb, wie diese Gedichte ihm »auf einmal und ganz in den Sinn kämen [...] oft unwillkürlich, ja wider Willen [...] beim nächtlichen Erwachen« (HA 1, S. 417). Über die Entstehung des Gedichts »Um Mitternacht« sagte Goethe, dass es ihm »desto lieber und werter ist, da ich nicht sagen könnte, woher es kam und wohin es wollte« (HA 1, S. 419).

Sein gutes Gedächtnis kam ihm dabei zu Hilfe, diese Abkömmlinge des Unbewussten festzuhalten. Die persönlichsten Gedichte, die ihm »noch ans Herz geknüpft« waren, mochte er nur ungern preisgeben. Andererseits waren ihm gerade die spontanen und »herzensnahen« Gedichte die liebsten. Manche Gedichte wie »Über allen Gipfeln« waren ihm so nah, dass er sie erst Jahrzehnte nach der Niederschrift veröffentlichte.

In der *Realisierungsphase* werden die lange vorbereiteten, langsam gewachsenen und dann mitunter plötzlich sichtbar gewordenen Themen ausgearbeitet. Viele Talente sind gut ausgebildet, widmen sich einer Aufgabe hingebungsvoll und empfangen auch einen kreativen Funken. Um eine Idee zu realisieren, braucht es jedoch mehr als Vorbereitung, Inkubation und Illumination. Neben Leidenschaft, Neugier und Originalität ist jetzt die Widerstandsfähigkeit gefragt, um den meist langsamen Fortschritt der Arbeit und die Enttäuschung, dass mit der beglückenden Illumination noch gar nichts gewonnen ist, ertragen zu können. So sagt Goethe, wie später Thomas Edison, dass in seinen Werken ein Prozent Inspiration und 99 Prozent Transpiration enthalten seien.

Viele Kreative scheitern in der Realisierungsphase. Während der mühevollen Arbeit, die den glücklichen Einfällen nur hinterherschleicht, fehlt es an Geduld und Widerstandsfähigkeit und oft gerät das Selbstgefühl ins Wanken. Die meisten Kreativen berichten von den Anfechtungen während der langen Zeit der Realisierung ihres Werks. Sie werden labilisiert, verwerfen selbst gute Einfälle und haben Schwierigkeiten, in Einsamkeit mit sich und ihrer Aufgabe zu ringen. In der Hingabe an ihr Werk müssen sie sich von alltäglichen Beschäftigungen zurückziehen und den Kontakt mit ihrer Umwelt lockern. In entscheidenden Phasen der Realisierung spüren sie, dass sie auf eine sehr radikale Weise allein sind und auch allein sein müssen. Dies kann Angst erzeugen und zu einem Verlust des Selbstwertgefühls führen. Aus diesen Gründen ziehen sich manche Kreative von ihrer Arbeit zurück und bleiben trotz leidenschaftlichen Interesses und origineller Einfälle unfruchtbar. Goethe bekämpfte solche Anfechtungen durch strenge Arbeitsrituale. Dazu gehörte ein geregelter Tagesablauf mit wohlgeplanter, klar gestalteter Arbeits- und Freizeit. Dies war kein Symptom von Zwanghaftigkeit, sondern, wie bei so vielen Kreativen, ein Schutz vor den seelischen Erschütterungen, die mit der kreativen Arbeit verbunden sind (s. Holm-Hadulla, 2007).

Die letzte Phase im kreativen Prozess kann man als *Verifikation*, also Überprüfung und Bestätigung bezeichnen. Der Schaffende betrachtet sein eigenes Werk und andere prüfen die Qualität seiner Arbeit. Oft betrachtet der Kreative sein Produkt mit Zweifeln und zögert, es von einer größeren Expertengemeinschaft beurteilen zu lassen. Dies stellt aber den entscheidenden Abschluss des kreativen Prozesses dar. Goethe war in der glücklichen Lage, dass sein Hang zur Selbstdarstellung in der Kindheit positiv beantwortet und in produktive Bahnen geleitet wurde. Man freute sich an den auswendig hergesagten Gedichten und ließ sich später durch Rezitation von dramatischen Stücken unterhalten. Cornelia war eine neugierige und unterstützende Zuhörerin und Freunde ein beliebtes Publikum. Es konnte Goethe auch nicht abschrecken, dass er manchen auf die Nerven ging und er zum Beispiel von der Arkadischen Gesellschaft nicht aufgenommen wurde, weil er ein »Plappermaul« sei.

Später, angefangen mit Behrisch zu Beginn seiner Studienzeit, Herder in Straßburg, Lavater in Frankfurt und Zürich bis hin zu Schiller in Weimar, fand Goethe immer wieder Freunde, denen er seine Arbeiten vorlegen konnte und die ihn in seinem Schaffensprozess wohlwollend förderten, aber auch kritisch forderten. Besonders in seinen Liebesbeziehungen spielte Goethe leidenschaftlich mit seinem eigenen Selbst und erhielt die für ihn notwendigen Antworten. Dies gab ihm Sicherheit und steigerte sein Selbstwertgefühl, so dass er sich zu immer besseren Leistungen inspiriert und angetrieben fand.

Goethes Lebenskunst

Es existiert ein allgemein menschliches Bedürfnis nach dem richtigen und gelungenen Leben. Wir müssen unser Leben führen und gestalten. In dieser Hinsicht ist Kreativität Bestandteil der Lebenskunst. Leben kann nur gelingen, wenn wir unsere innere und äußere Welt aktiv gestalten. Dies geschieht in einem kontinuierlichen inneren Monolog mit den eigenen Emotionen und Phantasien und den Antworten der anderen auf diese Gefühle, Gedanken und Handlungen.

Goethe hat auf eine besondere Weise vor Augen geführt, wie der kreative Austausch zwischen Person und Umwelt als Bestandteil der Lebenskunst vonstatten geht. Dieser Austausch geschieht nicht von selbst, sondern muss der alltäglichen Trägheit, die eine Spielart von Destruktivität ist, abgerungen werden. Wirksame Kommunikation ist ein zentraler Bestandteil der Lebenskunst und hängt mit kreativer Selbstaktualisierung zusammen. Leben und Werk von Goethe unterstreichen die große Bedeutung der Gestaltung von Ereignissen, die erst durch die Symbolisierung zu strukturierten psychischen Erlebnissen werden.

Aber auch in der alltäglichen Lebenskunst sind Erinnerungen, Vorstellungen und Gespräche Begleiter, die das quasi biologische Bedürfnis nach Kohärenz erfüllen. Das Kohärenzgefühl ist eine der wesentlichen Grundlagen menschlicher Identität. Der nordamerikanische Philosoph Richard Rorty formuliert dies folgendermaßen: »Wir Pragmatiker glauben, dass die Menschen nicht aus Wahrheitsliebe nach Kohärenz ihrer Meinungen streben, sondern dass sie gar nicht anders können. Unser Geist kann genauso wenig Inkohärenz ertragen wie unser Gehirn eine neurochemische Imbalance, oder was immer das physiologische Korrelat von Inkohärenz ist [...] Unser Geist ist gezwungen unsere Überzeugungen und Begierden in einem vernünftigen und verständlichen Ganzen zu verankern« (2001, S. 15).

In dieser Hinsicht gelang es Goethe durch seine Schöpfungen, die Wirklichkeit als kohärent und bedeutungsvoll zu erleben. Dabei sind seine Werke nicht bloß nachfolgende Illustrationen des Erlebten, sondern lassen das Dargestellte durch das Werk erst ganz sein, was es ist. Goethes Worte »Und wenn der Mensch in seiner Qual verstummt, gab mir ein Gott zu sagen, was ich leide«, führen nicht nur zur Entlastung von schmerzlichen Erfahrungen. Vielmehr werden leidvolle Ereignisse in einen größeren Erfahrungszusammenhang eingefügt. Damit ermöglicht Poesie ein strukturiertes Erleben der Wirklichkeit und trägt dem Bedürfnis Rechnung, die eigene Welt – trotz all ihrer Brüche – als kohärent zu erleben. Dies ist ein therapeutisches Moment des kreativen Schreibens, auf das Heimes (2008) hinweist.

Nicht nur das Hervorbringen ist kreativ, sondern auch das Hören, Sehen und Fühlen. Der Kunstgenuss ist nicht nur ein schöner Luxus, sondern wesentlicher Bestandteil der Lebensgestaltung. Die Kunst erfüllt darüber hinaus eine soziale Funktion. Griechische Tragödien und moderne Filme fesseln nicht nur Individuen, sondern erzeugen kollektive Phantasien und Werte. Sie schaffen durch kathartische Kommunikation im Guten wie im Schlechten eine gemeinschaftliche Kultur.

Aber auch jenseits der künstlerischen Lebenskunst finden sich in Leben und Werk Goethes interessante Hinweise zum vernünftigen Leben, Umgang mit Krankheiten, Ernährung und Hygiene, die von Nager (1999) und Schipperges (2001) beschrieben wurden. Wir konzentrieren uns hier weiterhin auf die Bedeutung der kreativen Lebenskunst für die psychische Gesundheit: Das Spiel mit Erinnerungen, Ideen und Phantasien war für Goethe lebenswichtig, um seine immer wieder bedrohte psychische Gesundheit zu bewahren. Sein Leben kann man als Inkarnation von Schillers berühmtem Dictum, der Mensch sei »nur da ganz Mensch, wo er spielt«, ansehen. Vom frühkindlichen Phantasieren über sein Puppenspiel bis hin zu seinen großen Werken konnte sich Goethe auf ein lebensbegleitendes Spiel mit Wahrnehmungen, Erinnerungen, Ideen, Phantasien und imaginierten Personen einlassen.

Die moderne Entwicklungspsychologie hat belegt, dass Spielen für die gesunde menschliche Entwicklung unerlässlich ist. Der englische Kinderarzt und Psychoanalytiker Donald W. Winnicott (1971) beschrieb, wie ganz unscheinbare Spielzeuge, ein weicher Lappen oder ein Bettzipfel, für Kinder eine unverwechselbare Bedeutung haben. Die Wichtigkeit dieser Spielzeuge wird häufig erst bewusst, wenn der bevorzugte Schnuller, die geliebte Puppe oder der Teddybär unauffindbar sind. Die Kinder sind dann untröstlich und haben etwas Unersetzliches verloren. Fast alle Kinder verfügen über die

Fähigkeit, ein Spielobjekt mit Leben zu erfüllen. Das Kind spielt mit allem, dem Bettzipfel, seinen Lauten, mit dem Mond, in dem es ein Gesicht sieht. Das Spielen der Kinder setzt sich im Erwachsenenleben fort: Wissenschaft, Kunst und Religion entwickeln sich aus der spielerischen Selbstverständigung des Kindes in seiner Umwelt.

Die Quintessenz der psychoanalytischen Erkenntnisse ist, dass ein geradezu biologisches Bedürfnis zum kreativen Spielen existiert: »Die Akzeptierung der Realität ist als Aufgabe nie ganz abgeschlossen, und kein Mensch ist frei von dem Druck, innere und äußere Realität in Beziehung zu setzen [...] Die Befreiung von diesem Druck ist nur möglich durch einen intermediären Erfahrungsbereich (Imagination, Kunst, Religion und schöpferische wissenschaftliche Arbeit) [...] Dieser intermediäre Bereich entwickelt sich direkt aus dem Spielbereich kleiner Kinder, die in ihr Spiel ›verloren‹ sind« (Winnicott, 1971, S. 25).

Somit stehen Spiel, Phantasie und Kunst nicht im Gegensatz zur Realität, sondern stellen einen unverzichtbaren Bestandteil ihrer Bewältigung dar. Kreatives Spielen mit Ideen, Bildern und musikalischen Eindrücken verleiht chaotischen menschlichen Emotionen Struktur und Kohärenz.

Sigmund Freud zeigte, dass jeder Mensch seine Welt phantasievoll gestaltet, um sich als konsistentes Wesen erfahren zu können. Diese kreative Strukturbildung beginnt in der frühesten Kindheit und dient der Bewältigung lust- und unlustvoller Erlebnisse: »Beim Kinderspiel glauben wir erst zu begreifen, dass das Kind auch das unlustvolle Erlebnis darum wiederholt, weil es durch seine Aktivität eine weit gründlichere Bewältigung des starken Eindruckes erwirbt, als beim bloßen passiven Erleben möglich war« (Freud, 1920, S. 36).

Das psychische Leben der Erwachsenen hat in dieser Hinsicht die gleiche Funktion: Es dient der phantasievollen Bewältigung der Erfahrungen. Dabei sind auch die unbewusst ablaufenden Phantasieprozesse des Alltags Wege, die Wirklichkeit wahrzunehmen, zu gestalten und zu bewältigen. Goethe war nun in der Lage, seine persönlichen Phantasien den Eigengesetzlichkeiten der Sprache zu unterwerfen und damit seinem Selbstausdruck generelle Bedeutung zu verleihen. Dies machte ihn zum Künstler, der die Gravitation zum Chaos, die dem Leben eigen ist, durch allgemein gültige Werke bewältigte.

Wenn wir Goethes selbsttherapeutische Prinzipien resümieren, so können wir erstens festhalten, dass er von früher Jugend bis ins hohe Alter erfreuliche oder quälende Erlebnisse in Bilder und Sprache verwandelte. Dies gab ihm intellektuelle Klarheit und emotionale Ausgeglichenheit.

Die zweite Bewältigungsstrategie bestand im offenen Gespräch mit Vertrauenspersonen. Zunächst waren dies besonders die Großmutter und die Schwester. Nach der ersten Trennung aus dem Elternhaus gelang es ihm auch in fremder Umgebung, die Aufmerksamkeit von wohlwollenden und erfahrenen Menschen auf sich zu ziehen und tiefgehende Freundschaften, wie die zu Behrisch, zu knüpfen: »Was mich aber in dieser Zeit besonders aufrichtete, war, zu sehen, wie viel vorzügliche Männer mir unverdient ihre Neigung zugewendet hatten. Unverdient, sage ich: denn es war keiner darunter, dem ich nicht, durch widerliche Laune, beschwerlich gewesen wäre, keiner, den ich nicht durch krankhaften Widersinn mehr als einmal verletzt, ja den ich nicht, im Gefühl meines eigenen Unrechts, eine Zeitlang störrisch gemieden hätte« (HA 9, S. 331).

Später waren es dann Freundinnen wie Friederike Brion, Lili Schönemann, Charlotte Buff, Charlotte von Stein, Christiane Vulpius und Freunde wie Karl August und Friedrich Schiller, mit denen Goethe seine Konflikte mit Zusammen- und Getrenntsein erinnerte, wiederholte und durcharbeitete.

Aus psychoanalytischer Sicht ist im Hinblick auf Goethes Lebenskunst bemerkenswert, dass er sich unbewussten psychischen Vorgänge neugierig und interessiert öffnete. Frei aufsteigende Phantasien und Träume waren ihm bedeutungsvolle Begleiter, die ihm halfen, sich in seiner Welt zu orientieren. Durch die künstlerische Arbeit wurde er zu dem, was er sein konnte, so wie ein Gen erst bedeutsam wird, wenn es sich in einem Merkmal ausprägt.

Es wird immer wieder behauptet, dass Kunst im Wesentlichen eine Suche nach den verlorenen Paradiesen sei. Mindestens ebenso wichtig ist allerdings, dass Kunst auch eine Auseinandersetzung mit den tragischen Ereignissen des Lebens ist. Auch dies führt uns Goethe vor Augen. Auf Hindernisse seiner Entwicklung reagiert er mit Aktivität und persönlichen Bindungen. Aus psychoanalytischer Sicht dient Kreativität immer auch der Bewältigung von Schmerz, Ohnmacht und Tod. Durch die kreative Gestaltung versucht der Künstler angesichts von Verzweiflung und Chaos ein Stück Ganzheit, sei es auch nur für einen Augenblick, wiederherzustellen. Goethe war mit dieser Aufgabe sein gesamtes Leben beschäftigt. Entscheidend für seine Lebenskunst war letztlich, dass er verwirrende Erlebnisse in seinen Werken, Briefen und Beziehungen verarbeiten konnte. Die moderne Psychoanalyse spricht auch von Mentalisierung (Fonagy et al., 2005). Das bedeutet, dass Ereignisse wahrgenommen, im Gedächtnis gespeichert und mit früheren Beziehungserfahrungen verknüpft werden. Dies gelang Goethe in besonderer Weise und er fand dadurch zu einem kohärenten Selbst, fruchtbaren Handlungen und einem gelungenen Leben.

Goethes »gesunde Krankheit«

Seit Plato bringt man in der westlichen Kultur Kreativität und psychische Störungen in einen Zusammenhang. Plato meinte, in allen kreativen Persönlichkeiten wirke eine göttliche Manie und Melancholie. Politiker, Künstler und Philosophen würden hervorragende Leistungen in einem Zustand der Ekstase, des Außer-sich-Seins, vollbringen. Plato unterschied vier Formen des göttlichen Wahnsinns: poetisch, prophetisch, rituell und erotisch. Auch Aristoteles fand bei großen Denkern und Künstler eine Neigung zur Melancholie. Demgegenüber findet sich in der Aufklärung und den folgenden klassischen Kunstauffassungen eine Absage an die Nobilitierung von melancholischen und anderen psychischen Störungen (s. Borchmeyer, 1988, Schings, 1977). Goethe dürfte wohl der Denker sein, der das Thema vom »Werther« und »Torquato Tasso« bis zu »Wilhelm Meister« und »Faust« am eingehendsten durchlebt und bearbeitet hat.

1862, als sich die Psychiatrie als ernstzunehmendes medizinisches Fach etablierte, erschien Lombrosos unseliges Buch »Genie und Wahnsinn«, in dem behauptet wird, dass Genialität mit der Degeneration des Gehirns zusammenhänge. Später wurde bei kreativen Persönlichkeiten immer wieder eine Häufung von schizophrenen und manisch-depressiven Erkrankungen sowie Alkohol- und Drogenmissbrauch behauptet. Moderne Untersuchungen zeigen jedoch, dass psychische Störungen bei herausragenden Menschen nicht häufiger sind als in der Durchschnittsbevölkerung. Viele Kreativitätsforscher kommen sogar zu dem Schluss, dass Kreativität einen Schutz vor psychischen Krankheiten darstellt (s. Runco u. Richards, 1996).

Allerdings hängt die psychische Gesundheit von kreativen Personen sehr von dem Feld ab, in dem sie tätig sind. Während Wissenschaftler, Politiker, Wirtschaftsfachleute, Entdecker, Maler, Musiker und Schriftsteller (»essay writers«) eher psychisch gesund sind, findet man zwei Gruppen von kreativen Persönlichkeiten, die vermehrt psychische Störungen aufweisen: die Dichter (»poetic writers«) und die darstellenden Künstler (»performing artists«). Dichter leiden wahrscheinlich dreimal so häufig unter depressiven Störungen wie die Durchschnittsbevölkerung (s. Runco u. Richards, 1996). Bei Sängern,

Bühnendarstellern und Tänzern findet sich besonders häufig Alkohol und Drogenmissbrauch. Entgegen der landläufigen Auffassung, dass Drogen kreativitätsfördernd wirken können, zeigen wissenschaftliche Studien das Gegenteil (s. Runco u. Richards, 1996): Alkohol in hoher Dosis und andere Suchtstoffe wirken sich immer negativ auf die Kreativität aus. Alkohol und Drogenmissbrauch findet man fast nie während kreativer Schaffensperioden, sondern eher vor und nach den Arbeitsphasen.

Wie verhielt es sich nun mit Goethe? Wie wir gesehen haben, litt er unter ausgeprägten Stimmungsschwankungen. Diese waren in der Familie sonst nicht nachweisbar. Auch schwere Depressionen sowie Selbsttötungen sind in der Familie nicht bekannt geworden. Die Großeltern, sowohl seitens der Mutter als auch des Vaters, zeigten nie Anzeichen einer psychischen Erkrankung und seine Mutter war zeitlebens von heiterem Gemüt. Demgegenüber wurde der Vater als gelegentlich melancholisch und hypochondrisch beschrieben, ohne dass dies je das Ausmaß einer Erkrankung angenommen hätte. Bei der Schwester wurden schwere Verstimmungszustände beschrieben. Sie war nach der Geburt ihres ersten Kindes lange Zeit körperlich geschwächt, traurig, missmutig, antriebs- und hoffnungslos. Dieser Zustand wiederholte sich in der Schwangerschaft mit dem zweiten Kind und sie starb kurze Zeit nach dessen Geburt.

Nach der schwierigen Geburt fielen in Goethes frühester Kindheit Angstträume auf. Eine erste psychische Krise, die auch ihm selbst bewusst wurde, stellte sich im Alter von 14 Jahren ein. Nach ersten sexuellen Versuchen, einer Liebesenttäuschung und beschämenden Befragungen durch Autoritäten war er verstimmt und zog sich von seinen gewohnten sozialen Aktivitäten zurück. Tiefreichender war die psychische Krise während seiner Leipziger Studienzeit. Erneut im Zusammenhang mit einer enttäuschten Liebe kam es zu einem monatelangen Verstimmungszustand, der in Selbsttötungsgedanken und auch Suizidplänen mündete. Allerdings kam es nicht zu einer gedanklichen Einengung auf die Selbsttötung, die immer als sehr bedrohliches Anzeichen zu werten ist. Goethe blieb aktiv, er las und schrieb und hielt auch den Kontakt zu Freunden aufrecht. In »Dichtung und Wahrheit« beschreibt Goethe seinen Zustand folgendermaßen: «Schon von Hause hatte ich einen gewissen hypochondrischen Zug mitgebracht, der sich in dem neuen sitzenden und schleichenden

Leben eher verstärkte als schwächte. Der Schmerz auf der Brust, den ich seit dem Auerstädter Unfall von Zeit zu Zeit empfand und der, nach einem Sturz mit dem Pferde, merklich gewachsen war, machte mich mißmutig. Durch eine unglückliche Diät verdarb ich mir die Kräfte der Verdauung; das schwere Merseburger Bier verdüsterte mein Gehirn, der Kaffee, der mir eine ganz triste Stimmung gab, besonders mit Milch nach Tische genossen, paralysierte meine Eingeweide und schien ihre Funktionen völlig aufzuheben, so dass ich deshalb große Beängstigungen empfand, ohne jedoch den Entschluß zu einer vernünftigeren Lebensart fassen zu können. Meine Natur, von hinlänglichen Kräften der Jugend unterstützt, schwankte zwischen den Extremen ausgelassener Jugendlichkeit und melancholischem Unbehagen« (HA 9, S. 329 f.).

Der Arzt, Maler und Naturphilosoph Carl Gustav Carus, der mit Goethe befreundet war, sprach von »gesunden Krankheiten« (1842), während der Psychiater Lange-Eichbaum (1928) Goethes Schilderungen wörtlich nahm und eine manisch-depressive Erkrankung diagnostizierte. Ernst Kretschmer (1929) vermutete eine zyklische Psychopathie, die man in moderner Terminologie als leichtere, anlagebedingte bipolare Störung bezeichnen würde. In seiner sehr detaillierten und interessanten, in den psychologischen und psychiatrischen Ergebnissen aus meiner Sicht aber falschen Studie ging der Psychiater und Psychoanalytiker Eissler (1963) sogar so weit, eine psychotische Störung schizophrenen Typs festzustellen.

Zu den genannten Diagnosen ist Folgendes zu sagen: Depressive Störungen sind definiert durch eine Kombination von gedrückter Stimmung, Interessenverlust und vermindertem Antrieb. Die Antriebsstörung äußert sich in einer deutlich sichtbaren Aktivitätseinschränkung und nicht nur in einem subjektiven Gefühl. Hinzu kommen Rhythmus- und sogenannte somatische Störungen wie Tagesschwankungen, Schlafstörungen, körperliche Missempfindungen, Appetit- und Lustlosigkeit. Häufig sind auch Schuldgefühle und Gefühle der eigenen Wertlosigkeit. Man unterscheidet leichte, mittelschwere und schwere depressive Episoden.

Wendet man die beschriebenen Kriterien auf Goethe an, so kann man leichte bis mittelschwere depressive Verstimungszustände feststellen. Zu einer ausgeprägten depressiven Phase mit Wochen bis Monate andauernder Antriebsstörung ist es jedoch nie gekommen.

Auch Interesselosigkeit trat nur kurzzeitig und nicht sehr tiefreichend auf. So kann man von leichten depressiven Episoden sprechen.

Manische Phasen sind definiert durch gehobene Stimmung, Antriebssteigerung und ein Gefühl besonderer psychischer und körperlicher Leistungsfähigkeit. Bleiben in diesen Zuständen die Arbeitsfähigkeit und die soziale Einbindung erhalten, so spricht man von Hypomanie. Echte manische Phasen gehen meist mit Aufmerksamkeits- und Konzentrationsstörungen einher, führen zu Reizbarkeit, Selbstüberschätzung und Unfähigkeit, der gewohnten Arbeit nachzugehen. Stimmung und Verhalten werden situationsinadäquat und die üblichen sozialen Hemmungen gehen verloren. Die berufliche und soziale Funktionsfähigkeit ist in schweren Manien aufgehoben und nicht selten kommt es auch zu Wahnsymptomen und Sinnestäuschungen.

Betrachten wir Goethe unter dem Gesichtspunkt der genannten Kriterien, so können wir feststellen, dass allenfalls leichte hypomanische Zustände vorhanden waren, die aber nie das Ausmaß einer Erkrankung annahmen. Deswegen ist die Einschätzung von Lange-Eichbaum, dass Goethe unter einer manisch-depressiven Krankheit gelitten habe, zurückzuweisen. Goethes Stimmungsschwankungen erreichten allenfalls in depressiven Zeiten klinisches Ausmaß.

Kommen wir zur von Eissler 1963 gestellten Diagnose, der Schizophrenie. Für schizophrene Erkrankungen sind folgende Symptome charakteristisch:

– *Ich-Störungen:* Diese äußern sich als Überzeugung, dass die eigenen Gedanken sich nach außen ausbreiten oder von außen eingegeben werden. Patienten berichten Phänomene wie Gedankenlautwerden, Gedankenentzug, Gedankenausbreitung und Gedankeneingebung. Auch Körpergefühle können als von außen gemacht und manipuliert erlebt werden. Die Patienten sind überzeugt, dass diese Vorgänge real stattfinden und keine Phantasien sind.

– *Beeinflussungswahn:* Patienten sind überzeugt, von außen beeinflusst zu werden, etwa durch Strahlen, die ihre Gedanken und Gefühle steuern. Die Patienten sind von der Realität dieser Erlebnisse überzeugt. So meinte ein Patient, dass der Tagesschausprecher durch das Umblättern eines Papiers ihm bedeuten wollte, dass er jetzt eine ganz persönliche Nachricht für ihn habe. Tatsächlich habe er danach in seinem Kopf einen Lichtstrahl gespürt und er sei sich vollkommen sicher, dass seit dieser Zeit der Tagesschausprecher sein Denken und Verhalten beeinflussen und steuern würde.

– *Sinnestäuschungen:* Die Patienten hören Stimmen, die ihr Verhalten kommentieren, sich über sie unterhalten und ihnen Befehle geben. Andere Sinnestäuschungen können sich auf den Körper beziehen. So erzählte beispielsweise eine Patientin, dass die »Quäler meine Gedanken wegnehmen und sie verbrennen. Ich merke diesen Brand in meinem Herzen, von dem sich kleine Stücke ablösen und sich auf- und abbewegen«.

– *Denkstörungen:* Die für Schizophrenie typische Denkstörung der Zerfahrenheit ist für psychiatrisch Unerfahrene schwer zu verstehen. Deswegen sei beispielhaft die Interpretation des Sprichworts »Eine Schwalbe macht noch keinen Sommer« durch einen an Schizophrenie erkrankten Patienten erwähnt: »Ja, klar, also Schwalben fliegen im Sommer, viele, viele, heute morgen auf der Visite, Vögel, meine Freundin kommt zu Besuch, ach so Schwalben, flieg nur, mein Kopf, wer hat meine Gedanken, die Quäler sind aber schwarz, Schwalben sind weiß, nein keine Quäler ...« Zur Beurteilung dieser Antwort ist wichtig, dass der befragte Patient keinen dadaistischen Text kreieren wollte, sondern ernsthaft darum bemüht war, das Sprichwort korrekt zu interpretieren.

– *Negativsymptome:* Diese äußern sich durch unerklärliche Apathie, sozialen Rückzug, Veränderung der Persönlichkeit und einschneidend verminderte Leistungsfähigkeit. Die Negativsymptome können nur einer Schizophrenie zugeordnet werden, wenn auch die anderen Symptome vorhanden sind oder vorhanden waren.

Betrachtet man diese Liste der für schizophrene Psychosen charakteristischen Symptome, so finden wir keinen Hinweis, dass Goethe an solch einer Erkrankung gelitten haben könnte. Goethe litt unter Stimmungsschwankungen, vielfältigen leichten Ängsten und hypochondrischen Befürchtungen, keinesfalls aber unter einer Psychose. Man könnte in seinem Verhalten und Erleben allenfalls hysterische und narzisstische Züge erkennen.

Hysterische oder histrionische Persönlichkeiten werden dadurch definiert, dass sie die eigene Person dramatisieren, sich theatralisch verhalten und zu einem übertriebenen Ausdruck von Gefühlen neigen.

Daneben ist diesen Personen ein dauerndes Verlangen nach Anerkennung eigen und eine Tendenz sich in den Mittelpunkt der Aufmerksamkeit zu stellen. Dies alles könnte man Goethe unterstellen, doch gehört zur histrionischen Persönlichkeitsstörung noch mehr. Diese fällt durch leichte Beeinflussbarkeit, oberflächliche und labile Affekte sowie die Unfähigkeit, allein zu sein, auf. Letzteres konnte Goethe jedoch sehr gut und ein Quäntchen Hysterie im eingangs beschriebenen Sinn kann sozial durchaus sinnvoll sein, zum Beispiel um Kontakte zu knüpfen.

Narzisstische Persönlichkeitsstörungen zeichnen sich durch eine besondere Selbstbezüglichkeit aus. Diese kann man bei Goethe wie bei vielen Künstlern ohne Weiteres finden, doch die für narzisstische Persönlichkeitsstörungen so charakteristische Kälte in persönlichen Beziehungen ist bei Goethe in keiner Lebensphase sichtbar geworden. Er konnte roh und abweisend sein, doch pflegte er zu jeder Zeit enge persönliche Kontakte.

Zusammenfassend kann man sagen, dass Goethe unter leichten bis mittelschweren depressiven Schwankungen litt, die ihm Antrieb und Inhalt für künstlerische Aktivitäten gaben. Insofern ist zweifelhaft, ob man sie als krankhaft bezeichnen sollte und Bezeichnung »gesunde Krankheiten« nicht angemessen wäre (Carus 1842). Andere psychische Auffälligkeiten Goethes, wie leichte hysterische oder narzisstische Züge, haben niemals klinisches Ausmaß angenommen. Unter einer modernen Behandlung mit Antidepressiva wären die Stimmungsschwankungen wahrscheinlich gelindert worden. Eine wesentliche Wirkung dieser Medikamente, dass sie gegen unangenehme Empfindungen abschirmen, hätte aber wahrscheinlich auch dazu geführt, dass eines der größten Genies der Geschichte von entscheidenden Quellen seiner Kreativität abgeschnitten worden wäre. Antidepressiva sind nur ein Segen für Patienten mit depressiven Störungen, die ihr Leiden nicht kreativ transformieren können. Psychotherapeutisch hat sich Goethe, wie gezeigt worden ist, einerseits selbst behandelt und andererseits von Bezugspersonen bei seiner Selbstbehandlung helfen lassen.

Die eingehendste Studie zu Goethes Psychopathologie hat der bereits erwähnte nordamerikanische Psychiater und Psychoanalytiker Kurt Robert Eissler 1963 veröffentlicht. Sie ist ungeheuer detailliert und kenntnisreich, doch kommt sie zu drei wesentlichen Ergebnissen, die nicht haltbar sind. Diese drei Irrtümer bestehen erstens in der Fehldiagnose von Goethes psychischen Krisen als psychotische Episoden. Zweitens stigmatisiert Eissler Goethes innige Freundschaften mit Männern als homosexuell und bringt dies in einen Zusammenhang mit den vermeintlich psychotischen Episoden. Drittens bewertet Eissler die Beziehung zu Cornelia als inzestuös und zieht hieraus weitreichende Konsequenzen für Goethes Kreativität, die problematisch erscheinen und sich – wie die skandalisierende Auffassung der Homosexualität – nur aus einer zeit- und kulturbedingten Verengung erklären lassen.

Beginnen wir mit Eisslers Fehldiagnose der paranoiden Psychose. Er stützt sich in seiner Argumentation besonders auf einen Brief Goethes an Behrisch aus dem Oktober 1767, in dem Goethe die vermeintliche Treulosigkeit von Käthchen beklagt: »Sie hat mich unter den heftigsten Liebkosungen gebeten sie nicht mit Eifersucht zu plagen, sie hat mir Geschworen immer mein zu seyn. Und was glaubt man nicht wenn man liebt. Aber was kann sie schwören? Kann sie schwören, nie anders zu sehn als jetzt, kann sie schwören dass ihr Herz nicht mehr schlagen soll. Doch ich wills glauben, dass sie's kann. Aber nun gesetzt – nichts gesetzt, es klingt als wenn ich nicht mit der Sprache heraus wollte. – Heute – Ein Blick auf einen Liebhaber hebt ihn in Himmel, aber seine Schöne kann ihn bald herunter bringen sie darf nur die Augen auf einen anderen wenden. Eine Sentenz. Du musst sie mit meinem verwirrten Kopf entschuldigen. Heute stand ich bey ihr, und redete, sie spielte mit den Bändern an ihrer Haube. Gleich kam der jüngste herein und forderte eine Tarockkarte von der Mutter, die Mutter ging nach dem Pulte, und die Tochter fuhr mit der Hand nach dem Auge, und wischte sichs als wenn ihr etwas hineingekommen wäre. Das ists was mich rasend macht. Ich binn närrisch denckst du. Nun höre weiter. Diese Bewegung kenne ich schon an meinem Mädgen. Wie oft hat sie ihre Röthe ihre Verwirrung vor ihrer Mutter zu verbergen eben das getan, um die Hand schicklich ins Gesicht bringen zu können. Sollte sie nicht eben das thun, ihren Liebhaber zu betrügen was sie getahn hat ihre Mutter zu hintergehn. Es ist ein Argwohn der bei mir einen hohen Grad von Gewissheit hat. Setze es wäre gewiß, und – ich zittre deine Antwort zu hören – wie soll ich sie entschuldigen. Ja, das will ich, sie entschuldigen. Sage mir Gründe vor sie, keine wider sie. Du würdest – Genug – Verliebte Augen sehen schärfer, als die Augen des Herrn; aber oft zu scharf. Rahte mir im ganzen, und tröste mich wegen des letzten. Nur spotte mich nicht, wenn ich's auch verdient hätte« (WA 4, Bd. 1, S. 100 f.).

Dieser Brief enthüllt Goethes beunruhigte Empfindlichkeit und brennende Eifersucht. Diese war sicher nicht unberechtigt. Käthchen war zwei Jahre älter und befand sich im besten Heiratsalter. Eine eheliche Verbindung hatte Goethe ausgeschlossen und ein erotisches Abenteuer war beiden aus inneren und äußeren Gründen nicht gestattet. In dieser Situation war Käthchen zunehmend von Goethes Liebesschwärmereien entnervt und sie sah sich sicherlich nach einem ernst zu nehmenden Bräutigam um. Wenig später konnte sie Goethe nicht mehr ertragen und untersagte ihm den Umgang mit ihr. Nach ein paar Monaten kam eine eheliche Verbindung in Sicht und sie heiratete.

Eissler findet den Brief unheimlich und meint, Goethe verliere zunehmend die Kontrolle, »dass er nicht unter dem Druck der drohenden Sintflut zerschmettert wird« (Eissler, 1963, S. 101). Es gebe ein Detail in diesem Brief, das die Diagnose erlaube, »ja fast erforderlich macht, dass wir es mit einer akuten paranoid psychotischen Episode zu tun haben. Goethe weist auf die Geste seiner Geliebten hin, wie sie mit der Hand nach dem Auge fuhr. Er isoliert diese Geste vom Gesamtinhalt und misst ihr eine Bedeutung bei, die eindeutig ein Abkömmling seines eigenen Unbewussten ist. Das ist ein typisches Verhaltensmuster, das man im allgemeinen bei Patienten findet, die an schizophrenen Störungen leiden« (S. 101). Dazu ist Folgendes zu sagen: Die meisten Interpretationen von Handlungen anderer Menschen sind getönt vom eigenen bewussten und unbewussten Vorverständnis. Goethe ist eifersüchtig und versteht die Geste Käthchens im Horizont seiner Eifersucht. An keiner Stelle dieses Briefs wird aber ein schizophrenes Symptom beschrieben. Eissler scheint die Schwäche seiner Argumentation gespürt zu haben und greift zu folgender Hilfskonstruktion: Im Gegensatz zum Hysteriker lebe der Schizophrene »vorwiegend, wenn nicht gar ausschließlich, in einer Welt der Gefühle« (S. 101). Eine solche Behauptung ist durch keine wissenschaftliche oder klinische Erfahrung gedeckt. Zweitens meint Eissler, der Schizophrene »hebt die fragliche Geste oder emotionale Äußerung aus ihrem eigentlichen Zusammenhang heraus und verbindet sie mit einem weiteren Segment seines eigenen Gefühlslebens« (Eissler, 1963, S. 102). Dies beschreibt den alltäglichen psychologischen Mechanismus des assoziativen Denkens, der nicht den Schluss auf eine psychotische Erkrankung zulässt.

In einer feinsinnigen Interpretation des genannten Briefes und des Gedichts »An den Schlaf« entwickelt Eissler dann folgende These: »Das paranoide Symptom, insofern es mit Bildern einer Mutter verbunden ist, bezieht seine Triebkraft aus einem Mordimpuls gegen seine eigene Mutter. (Dieser Impuls stammt – wenn man die tiefsten Schichten in Betracht zieht – aus der Rivalität mit seiner Mutter darüber, ob sie oder er Cornelia und die nachfolgenden Babys bemuttern wird.)« (Eissler, 1963, S. 102 f.).

Mit dieser weitreichenden Vermutung verlässt Eissler die Ebene wissenschaftlich nachvollziehbarer psychopathologischer Analyse. Er selbst stellt in Rechnung, dass es sich bei Goethes Interpretation der Geste Käthchens nur um einen Verdacht gehandelt habe, den er abwägt und einem Freund zur Beurteilung mitteilt. All das sind Kriterien, die einen Wahn ausschließen. Ein Wahn ist durch eine feste und nicht korrigierbare Überzeugung definiert, die volle Realität beansprucht. Noch wichtiger ist, dass der Brief zwar emotionale Erregung zeigt, aber dennoch wohl komponiert ist und eine intentionale Spannung verrät, die man bei schizophrenen Patienten meistens vermisst.

Eisslers Missverständnis von Goethes Psychopathologie lässt sich an der Interpretation eines Traums des Dichters illustrieren. Goethe schreibt im Oktober 1767 an seinen Freund Behrisch: »Noch so eine Nacht, wie diese, Behrisch, und ich komme für alle meine Sünden nicht in die Hölle. Du magst ruhig geschlafen haben, aber ein eifersüchtiger Liebhaber, der ebensoviel Champagner getrunken hatte, als er brauchte um sein Blut in angenehme Hitze zu setzen und seine Einbildungskraft auf's äuserste zu entzünden! Erst konnte ich nicht schlafen, wälzte mich im Bette, sprang auf, raßte; und dann ward ich müde und schlief ein; aber wie lange, da hatte ich dumme Träume, von langen Leuten, Federhüten, Tobackspfeifen, Tour d'adresse, Tours de passe passe, und darüber wachte ich auf, und gab alles zum Teufel. Darnach hatte ich eine ruhige Stunde, hübsche Träume. Die gewöhnlichen Minen, die Wincke an der Tühre, die Küsse im Vorbeifliegen, und dann aufeinmal, Ft. Da hatte sie mich in den Sack gesteckt! Ein rechter Taschenspielerstreich! Meerschweinchen hext man wohl vorm Peterstohre hinein, aber einen Menschen wie mich das ist unerhört. Aber so unwahrscheinlich es mir vorkam, so wahr fühlte ich es. Ich philosophierte im Sacke, und jammerte ein dutzend Allegorien im Geschmack vom Schäckespear wenn er reimt. Darnach schien mirs als wenn ich weg wäre, weg von ihr, aber nicht aus dem Sacke, ich wünschte mich in Freiheit, und wachte auf« (FA 28, S. 86 f.).

Eissler meint, der erste Teil des Traums bestünde aus Penissymbolen in Form von »langen Leuten, Federhüten, Tobackspfeifen«. Er fragt sich, ob diese Symbole Goethes eigener Erregung entstammten oder ob er sich den erigierten Penis von Behrisch vorstellte. Es war die letzte Nacht von Behrischs Aufenthalt und das Verlangen nach ihm müsse sehr stark gewesen sein. Dies mag man so betrachten, doch hat es nichts mit einer psychotischen Störung zu tun. Dass ein junger Mann eine nächtliche Erektion erlebt, ist Zeichen seiner Gesundheit, und dass er diese im Traum verarbeitet, ist psychologisch und neurobiologisch naheliegend. Dass aber das sexuelle Verlangen nach Behrisch sehr stark gewesen sein muss, wird in keiner Weise begründet. Und auch wenn dies so gewesen wäre, hätte es keine interpretatorische Bedeutung für Goethes vermeintliche Psychose. Ich komme auf das Thema der Homosexualität später zurück.

Plausibler und den Phänomenen näher ist aus meiner Sicht die Interpretation des »In-den-Sack-gesteckt-Werdens«. Eissler erwähnt, dass Goethe die Abreise von Behrisch als großen Verlust erlebt hat. Wie in seinen Briefen und Gedichten dargestellt, empfand Goethe Behrisch tatsächlich als Beschützer. Er half ihm, seine Gefühle zu kontrollieren, sie durch Schreiben zu strukturieren und auch die Ängste vor Frauen zu besänftigen. Nach der Abreise von Behrisch mussten Goethes Ängste zunehmen, durch eine Frau gefangen und entmächtigt zu werden. Der anschließende Gedanke, dass Goethe durch eine sexuelle Begegnung mit Schwangerschaft, Geburt und Todesbedrohung in Berührung gekommen wäre und er deswegen diesen Kontakt vermied, erscheint auch mir naheliegend. Eissler zitiert aus einem Brief an Cornelia von Ostern 1766:

And so from hour to hour we ripe and ripe,
And then from hour to hour we rot and rot.
(FA 28, S. 44)

Dieses Shakespeare-Zitat klingt wie eine Beschwörung der schicksalhaften Todesbedrohung. Im Traum, eingeschlossen im Sack, reimt Goethe in Shakespeare'scher Manier, um sich durch die Poesie am

Leben zu erhalten. Goethe fürchtete, dass ihm eine reale sexuelle Beziehung dieses Remedium genommen hätte. Ob man solchen Spekulationen folgen mag oder nicht, ist für die psychiatrische Beurteilung von untergeordneter Bedeutung. Diagnostisch relevant ist jedoch, dass die Form der träumerischen Verarbeitung psychischer Konflikte alles andere als wahnhaft ist.

Ein Wahn ist wie gesagt dadurch definiert, dass Ideen und Gedanken wie Realitäten behandelt werden. So wäre es wahnhaft gewesen, wenn Goethe in den Tagen und Wochen nach dem Traum gemeint hätte, dass lange Leute auf der Straße ihn verfolgten und Käthchen Schönkopf mit ihnen unter einer Decke steckte, um ihn tatsächlich in einen Sack zu stecken. Goethes Traum ist geradezu das Gegenteil eines Wahns. Er bringt in einer Erzählung eine tiefe Beunruhigung zum Ausdruck. Wahnkranke und schizophrene Patienten leiden im Gegenteil gerade darunter, dass sie ihre subjektiven Eindrücke ungenügend artikulieren und von objektiven nicht unterscheiden können. Sie haben Schwierigkeiten, sich anderen anzuvertrauen, und finden nicht die adäquaten Worte für ihr psychisches Drama. Sie leiden unter ihrer eingeschränkten Mentalisierungs- und Symbolisierungsfähigkeit, was sie häufig zur Verzweiflung bringt. Wenn es in einer Behandlung gelingt, das persönliche Erleben zu symbolisieren und die konkretistische Verdinglichung im Wahn zu beheben, so befindet sich der Kranke auf dem Wege der Besserung. Mit anderen Worten: Träume, Phantasien und Geschichten, die das persönliche Erleben zum Ausdruck bringen, sind Zeichen von psychischer Gesundheit.

Eissler würde dies einräumen, gleichzeitig jedoch einwenden, dass Goethes Träume, Phantasien und Geschichten zur Abwehr einer latenten Psychose oder Schizophrenie dienten. Ein solcher Psychosebegriff ist aber problematisch. Denn dann diente alles menschliche Verhalten der Abwehr einer Psychose. Selbst wenn man dies bejahen würde, so hätte die Rede von einer latenten Psychose den gleichen Stellenwert wie diejenige von einer latenten Krebserkrankung, der wir alle beständig ausgeliefert wären, da ja das immunologische System beständig Krebszellen abwehrt.

Der zweite Irrtum Eisslers entsteht aus seiner Bewertung von Goethes Homosexualität. Eissler steht in der Tradition der Psychoanalyse, wenn er der abgewehrten und projizierten Homosexualität eine bedeutende Rolle in der Genese von Eifersucht und Wahn einräumt. Freud (1911) hatte im »Fall Schreber« eine detaillierte Analyse der autobiographischen »Denkwürdigkeiten eines Nervenkranken« von Daniel Paul Schreber vorgelegt. Hierin wird ein Zusammenhang von Homosexualität und Paranoia vermutet, der sich empirisch nicht bestätigt hat. Die Freud'sche Analyse ist in einer Zeit entstanden, in der Homosexualität gesellschaftlich geächtet und juristisch verfolgt wurde. Bei Manifestwerden homosexueller Neigungen wurde nicht selten der Freitod gewählt. Auch im New York der 1950er und 1960er Jahre gehörte Eissler einer homophoben Kultur an, in der Homosexualität immer noch als krankhafte Perversion betrachtet wurde. Daher rührt auch sein skandalisierender Stil, wenn er von Homosexualität spricht. So entnahm Eissler dem oben zitierten Brief, dass Goethe starke homosexuelle Regungen abwehren musste. Aus heutiger Sicht – zumindest der wissenschaftlich aufgeklärten – wäre der Nachweis homoerotischer Neigungen bei Goethe eine Banalität. Man könnte sogar weiter gehen und konstatieren, dass Goethe erstaunlich offen mit zärtlichen und erotischen Aspekten seiner Männerfreundschaften umging. Außerdem war es in der Zeit der Empfindsamkeit durchaus üblich, dass Männer zärtliche Gefühle gegenüber gleichgeschlechtlichen Freunden äußerten. Für eine sexuelle Anziehung im engeren Sinn oder die Neigung zum Geschlechtsverkehr mit Männern findet jedoch auch Eissler keinerlei Hinweise.

Bemerkenswert ist jedoch Goethes Interesse an Dreierkonstellationen, zum Beispiel mit Käthchen und Behrisch, Charlotte Buff und ihrem Verlobten, Charlotte von Stein und ihrem Ehemann. Diese Beziehungen sind – wie wir gezeigt haben – sehr vielschichtig und lassen sich mit abgewehrter Homosexualität nicht hinreichend erklären.

Der dritte Irrtum Eisslers resultiert aus einer Fehleinschätzung der erotischen Beziehung zu Cornelia, die er als inzestuös charakterisiert und hieraus weitreichende Schlüsse auf Goethes Kreativität zieht. Seine Argumentation lautet wie folgt: Vor der Abfassung des »Werther« habe ihn die Verlobung Cornelias als »katastrophales Trauma« getroffen. Die Eheschließung im November 1773 verstärkte seine Verlustangst. Nach ihrer Heirat habe sich der kreative Ausbruch des Werther-Romans ereignet und dieser handle vom Trauma des Verlusts der Schwester. Das zentrale Argument für diese Hypothese besteht darin, dass sein Rivale Albert im »Werther« nicht Kestner, dem Verlobten von Lotte ähnelt, sondern Schlosser, dem Ehemann Cornelias. Goethe habe Cornelias Heirat als Untreue erlebt, die die Untreue seiner

Mutter aktualisierte, die außer ihm weitere Kinder gebar. In einer feinsinnigen Interpretation bringt Eissler Goethes Schöpfertum, besonders die Geburt des »Werther«, in einen Zusammenhang mit den Schwangerschaften von Cornelia, Maximiliane und Charlotte Buff. Mit dem »Werther« habe Goethe ein Kind geschaffen, das in der ganzen Welt als das schönste gelten sollte, das jemals gezeugt und geboren wurde.

Die Geburtsthematik ist im »Werther« wie in vielen anderen Werken Goethes sowohl als persönliches Hintergrundmotiv als auch als explizite Problematik von großer Bedeutung. Auch der Schmerz über den realen Verlust von Cornelia spielt in der Zeit der psychischen Verarbeitung und literarischen Gestaltung eine wichtige Rolle. Eissler postuliert jedoch eine Kausalität von vermeintlich inzestuösen Wünschen und literarischer Gestaltung. Er versteht die Geburt des »Werther« nicht metaphorisch, sondern ganz konkret als Konsequenz des sexuellen Begehrens Goethes nach Cornelia. Eissler lässt sich nicht durch von ihm selbst zitierte Aussagen Goethes an Eckermann korrigieren, in denen Goethe betonte, dass Lili Schönemann seine erste Liebe gewesen ist. Dennoch meint Eissler: »So wurde die inzestuöse Bindung ihr [Cornelias] Untergang, während sie für Goethe der Ansporn war, der ihn von einer Großtat zur andern trieb« (S. 167).

In Eisslers Argumentation hat sich ein Irrtum eingeschlichen, der für viele psychologische Missverständnisse verantwortlich ist: Das Verständnis von Motiven, mit denen der Dichter spielt, wird als kausale Erklärung missverstanden. Gründe werden mit Ursachen verwechselt. Metaphorische und strukturelle Ähnlichkeiten werden als reale Bedingungen aufgefasst. Aber eine anhängliche und zärtliche Liebe zur Schwester, in der auch erotische Phantasien mitschwingen mögen, ist etwas anderes als eine inzestuöse Beziehung. Einigkeit lässt sich mit der Sichtweise Eisslers erzielen, wenn man den pathologisierenden Unterton vermeidet und resümiert, dass Cornelia für Goethes kreative Entwicklung von außergewöhnlicher Bedeutung gewesen ist.

Insgesamt bleibt festzuhalten, dass Goethes Weg zur Kreativität durch eine Leidenschaft charakterisiert ist, die die Grenzen zum Pathologischen auslotet, aber letztlich zu einer höheren Gesundheit führt. Um unsere Reise zu Goethe nicht mit einer solch nüchternen Einsicht ausklingen zu lassen, sollen zum Abschluss die gewonnenen Erkenntnisse anhand von Goethes Gedicht »Vermächtnis« zusammengefasst werden.

Teil 3: Goethes Vermächtnis

In einem seiner letzten Gedichte, dem im Februar 1829 entstandenen »Vermächtnis«, hat uns Goethe ein Erbe hinterlassen, das Hoffnung, Wahrheit, Liebe, Selbsterkenntnis, Sinnlichkeit und Lebensfreude bleibenden Ausdruck verleiht:

Vermächtnis

Kein Wesen kann zu nichts zerfallen!
Das Ew'ge regt sich fort in allen,
Am Sein erhalte dich beglückt!
Das Sein ist ewig; denn Gesetze
Bewahren die lebend'gen Schätze,
Aus welchen sich das All geschmückt.

Das Wahre war schon längst gefunden,
Hat edle Geisterschaft verbunden,
Das alte Wahre, faß es an!
Verdank es, Erdensohn, dem Weisen,
Der ihr die Sonne zu umkreisen
Und dem Geschwister wies die Bahn.

Sofort nun wende dich nach innen,
Das Zentrum findest du da drinnen,
Woran kein Edler zweifeln mag.
Wirst keine Regel da vermissen,
Denn das selbständige Gewissen
Ist Sonne deinem Sittentag.

Den Sinnen hast du dann zu trauen,
Kein Falsches lassen sie dich schauen,
Wenn dein Verstand dich wach erhält.
Mit frischem Blick bemerke freudig,
Und wandle sicher wie geschmeidig
Durch Auen reichbegabter Welt.

Genieße mäßig Füll' und Segen,
Vernunft sei überall zugegen,
Wo Leben sich des Lebens freut.
Dann ist Vergangenheit beständig,
Das Künftige voraus lebendig,
Der Augenblick ist Ewigkeit.

Und war es endlich dir gelungen,
Und bist du vom Gefühl durchdrungen:
Was fruchtbar ist, allein ist wahr,
Du prüfst das allgemeine Walten,
Es wird nach seiner Weise schalten,
Geselle dich zur kleinsten Schar.

Und wie von alters her im stillen
Ein Liebewerk nach eignem Willen
Der Philosoph, der Dichter schuf,
So wirst du schönste Gunst erzielen:
Denn edlen Seelen vorzufühlen
Ist wünschenswertester Beruf.
(HA 1, S. 369 f.)

Anlass für das »Vermächtnis« ist die Verwendung des 1821 geschriebenen Gedichts »Eins und Alles« gewesen, dessen zwei letzte Verse eine naturforschende Versammlung in Berlin zu Goethes Ärger in goldenen Buchstaben ausgestellt hatte:

Denn alles muß in Nichts zerfallen,
Wenn es im Sein beharren will.
(HA 1, S. 369)

Der 79-Jährige fühlt sich gezwungen, eine dialektische Antithese zu diesen Versen zu verfassen, aus der ein Resümee seiner künstlerischen und Lebenserfahrungen wird. Das »Vermächtnis« beginnt mit der Schilderung seines Glaubens, dass Wesen nicht zerfallen können, ewig existieren und in immer neuen Formen weiterleben: »Das Ew'ge regt fort sich in allen«. Er drückt damit eine in ihm tief verwurzelte Anschauung aus, die nur scheinbar eine Palinodie, einen lyrischen Widerruf der letzten Verse von »Eins und Alles« darstellt (s. Dieckmann, 1997). Eher variiert er damit sein altes Thema des Lebens als beständigem Entwicklungsprozess zwischen Anspannung und Entspannung, Hingabe und Rückzug, Aktivität und Gelassenheit, Werden und Vergehen. In der Studierstube hatte Mephisto als »Geist, der stets verneint« noch betont:

[…] denn alles, was entsteht,
Ist wert, daß es zu Grunde geht;
Drum besser wär's, daß nichts entstünde.
(Vs. 1338–1341)

Demgegenüber beschreibt Mephistopheles im Ende 1829 fertig gestellten ersten Akt von »Faust II« die Tätigkeit der Urmütter als ewiges Wirken:

> [...] Gestaltung, Umgestaltung
> Des ewigen Sinnes ewige Unterhaltung.
>   (Vs. 6287–6288)

Im dialektischen Wechselspiel des »Stirb und Werde« zieht Goethe nun im »Vermächtnis« lebenspraktische Konsequenzen und gibt seiner eigenen leidenschaftlichen Suche abgerungene Empfehlungen für eine gelungene Lebensgestaltung. Bevor wir dieses Thema weiter entfalten, soll sein Glaube an ein Weiterleben nach dem Tod kurz beleuchtet werden. Dieser Glaube, der die gesamte Religions- und Kulturgeschichte durchzieht, ist bei Goethe an die Vorstellung einer unzerstörbaren Entelechie gebunden. Interessant ist in diesem Zusammenhang eine Erkenntnis der modernen Naturwissenschaft: In physikalischen Systemen bleibt nicht nur, wie seit langem bekannt, die Energie erhalten, sondern auch die Information. Neuere Untersuchungen haben erwiesen, dass Information unzerstörbar ist (Hawking, 2004). Wenn man den Menschen unter diesem Blickwinkel als individuelle und unzerstörbare Informationseinheit auffasst, so kann man von einem ewig sich bewegenden Wesen sprechen.

Goethe drückt dies natürlich viel schöner aus. In einem von Eckermann aus dem Mai 1824 überlieferten Gespräch tröstet er sich über seinen nahenden Tod mit folgenden Worten: »Wenn einer fünf und siebzig Jahre alt ist, fuhr er darauf mit großer Heiterkeit fort, kann es nicht fehlen, dass er mitunter an den Tod denke. Mich lässt dieser Gedanke in völliger Ruhe, denn ich habe die feste Überzeugung, dass unser Geist ein Wesen ist von ganz unzerstörbarer Natur; es ist ein fortwirkendes von Ewigkeit zu Ewigkeit« (FA 39, S. 115).

Der Psychiater und Kulturwissenschaftler Otto Dörr Zegers (2007) zieht in seiner eindrucksvollen Interpretation des »Vermächtnis« aus den naturwissenschaftlichen Erkenntnissen folgenden Schluss: Durch die Auffassung des Menschen als ein einmaliges und unwiederholbares Mosaik von Information, das nicht mit dem Tod endet, sei es erstmals möglich, den alten Traum der Menschen, eine unsterbliche Seele zu haben, naturwissenschaftlich zu begründen.

Im zweiten Vers des »Vermächtnis« wird der dynamische und überindividuelle Aspekt der lebendigen Information zur Sprache gebracht: »Das E'wge regt sich fort in allen«. Durch ihre beständige Verwandlung gewinnt die Existenz Dauer, als statische wäre sie dem Untergang geweiht. Anschließend spricht Goethe den Leser direkt an und fordert ihn auf, die Möglichkeiten des Lebens auszuschöpfen und sein Schicksal selbst in die Hand zu nehmen: »Am Sein erhalte dich beglückt!« Dies ist kein moralischer Imperativ, sondern eine Empfehlung zur alltäglichen Lebenskunst. Danach eröffnet das Gedicht erneut eine philosophische Perspektive. Die Ewigkeit des Seins wird in Gesetzen begründet, die dem Lebendigen in all seinen Erscheinungsformen Dauer verleihen. Was sind das für Gesetze? Man kann an Naturgesetze, moralische und juristische Gesetze, aber auch an die geschilderten Informationseinheiten denken. Aus psychologischer Sicht, die unsere Interpretation leitet, drückt diese Strophe Hoffnung aus. Der psychischen Tendenz zu Chaos und Vernichtung wird der Glaube an ein Weiterleben entgegengestellt. Der alternde Dichter weckt das Vertrauen, in einem größeren Zusammenhang des Lebens aufgehoben zu sein. Hier könnte man an die Hoffnung vieler Menschen denken, durch die Ergebnisse ihres Tuns in irgendeiner Weise fortzuwirken. Dazu gehört auch der Glaube, durch eigene Kinder weiterzuleben. Weiterhin sind viele Personen überzeugt, durch ihren Beruf und ihre sozialen Aktivitäten etwas zum Gemeinwesen beizutragen, das von Dauer ist.

Goethe bleibt trotz seiner hoffnungsvollen Verklärung menschlichen Strebens realistisch. Während der Entstehungszeit des »Vermächtnis« erfährt er, dass seinem Freund Zelter ein Orden verliehen werden soll, und schreibt dazu am 26. Januar 1829: »Diese Ehrenzeichen gereichen eigentlich nur zu gesteigerten Mühseligkeiten, wozu man aber sich und andern Glück wünschen darf, weil das Leben immerfort, wenn es gut geht, als ein kämpfend-überwindendes zu betrachten ist« (zit. n. Dieckmann, 1997, S. 511).

Angesichts dieser Resignation zeigt das »Vermächtnis« die frische lebenszugewandte Seite des menschlichen Strebens. So wird auch das »Wahre« in der zweiten Strophe nicht ins Lehrhafte abgehoben, sondern in der lebendigen Tätigkeit aufgefunden. Das Wahre fasst Goethe als ein Phänomen auf, das »schon längst gefunden war«. Dies bedeutet, dass der Mensch von alters her auf Wahrheit angelegt ist und sein

Streben darin bestehen muss, diese zu verwirklichen. Die Suche nach der Wahrheit ist eine gemeinschaftliche Aufgabe der Menschen, die in »edler Geisterschaft verbunden« sind. In der Gemeinschaft findet der individuelle Mensch zu sich selbst. Im nächsten Vers wird der Leser erneut aufgefordert, aktiv zu werden und sich die Schätze der Tradition anzueignen: »Das alte Wahre, faß es an!« Damit ist gemeint, dass sich jedes Individuum das tradierte Wissen, das in Religionen, Philosophien und kulturgeschichtlichen Überlieferungen vergegenständlicht ist, zu eigen machen soll. Der individuelle Mensch erfüllt damit nicht nur eine intellektuelle Aufgabe, sondern verwirklicht sich in einem geschichtlichen und sozialen Kontext.

Im nächsten Vers wird der Leser und »Erdensohn« aufgefordert, sich dankbar einem übergeordneten Wesen zu erweisen, das die Naturgesetze geschaffen hat. Es scheint, als spräche Goethe hier von einem persönlichen Gott, der weise über die Schöpfung waltet. Gleichzeitig sind aber auch Wissenschaftler wie Kopernikus gemeint, die die Bahn von Sonne und Mond erforscht haben und ihr Leben der Entdeckung des Wahren gewidmet haben. Vor Kopernikus verbeugt sich Goethe, weil er durch seine Naturforschung ein Zeitalter der menschlichen Selbstwahrnehmung begründet hat, die hinter die Oberfläche der Erscheinungen dringen kann.

Psychologisch drückt sich in der zweiten Strophe eine elementare Hoffnung aus, dass etwas Gutes und Wahres unser individuelles und soziales Leben regiert. Dies klingt für den modernen Leser reichlich idealistisch. Kriege, soziale Ungerechtigkeit, Schicksalsschläge, Krankheiten und persönliche Unzulänglichkeiten lassen Menschen den Glauben an das Gute, Wahre und Schöne verlieren. Goethe selbst ist in seinem Leben oft verzweifelt und in seinen Werken ist das Gute, Wahre und Schöne immer durchdrungen von einer negativen Kraft. Mit diesen negativen Kräften hat sich Goethe in vielen Werken – vom »Werther« bis zum »Faust« – zeitlebens auseinandergesetzt und dargestellt, dass das Böse aus dem Menschen selbst kommt und wie der Freud'sche Destruktionstrieb durch Tätigkeit beständig bewältigt werden muss. In der verklärenden Sicht des »Vermächtnis« klingen diese Aspekte nur im Hintergrund an.

Zu Beginn der dritten Strophe wird der Leser zur Introspektion, zum »wende dich nach innen«, aufgefordert. Das sokratische »Erkenne dich selbst«, an das hier erinnert wird, ist aber wiederum nicht als rein intellektuell aufzufassen, sondern stellt eine Lebensform dar, die kultivierte Menschen, bei Goethe »Edle« genannt, miteinander verbindet. In der Innenwelt finden sich die natürlichen und gesellschaftlichen Geschehnisse wie in einer Monade gespiegelt: »Wirst keine Regel da vermissen«. Dabei spielt die Verwirklichung der individuellen Moral, das »selbständige Gewissen«, ebenso ein Rolle wie die Erfüllung der Gesetze der Sittlichkeit. Aus psychologischer Sicht könnte man die dritte Strophe folgendermaßen interpretieren: Im unbewussten und bewussten Seelenleben werden biologische Prozesse und soziale Erfahrungen repräsentiert und verarbeitet. Diese innere Aktivität steht idealerweise unter der Herrschaft eines »selbständigen Gewissens«. Wenn man der Freud'schen Modellvorstellung von Es, Ich und Über-Ich folgen mag, so wäre das »selbständige Gewissen« als eine psychische Instanz aufzufassen, die die biopsychologischen Triebe des Es unter der Herrschaft des rationalen Ich stellt und an die Realität sowie die gesellschaftlichen Anforderungen anpasst, die sich im Über-Ich niederschlagen. Wenn es gelingt, innere und äußere Realität miteinander zu versöhnen, so ist nicht nur ein moralisches, sondern auch ein helles und schönes Leben möglich: »Ist Sonne deinem Sittentag«. Dies erinnert an den berühmten Satz aus Kants »Kritik der praktischen Vernunft«: »Zwei Dinge erfüllen das Gemüt mit immer neuer und zunehmender Bewunderung und Ehrfurcht, je öfter und anhaltender sich das Nachdenken damit beschäftigt: d*er bestirnte Himmel über mir und das* moralische Gesetz in mir« (Kant, 1787, S. 186).

Dieser hohe Begriff von Freiheit und Notwendigkeit krönt bei Kant wie bei Goethe die Betrachtung von Natur und Mensch. Die »Sonne des Sittentags« erinnert auch an Platon, der das menschlich Gute mit der kosmischen Harmonie vergleicht und die Idee des Guten durch die Sonne symbolisiert.

Auch in dieser Strophe werden die gefahrvollen Seiten des Wegs zur Sittlichkeit nicht thematisiert. Goethe selbst hat oft erlebt und in seinen Werken – besonders im »Faust« – dargestellt, wie Selbstreflexion zu Selbstbezüglichkeit, Einsamkeit und Verzweiflung führen kann. Er hat auch immer wieder gezeigt, dass das andere Extrem, die bedingungslose Unterwerfung unter die Anforderungen der Außenwelt, zum Scheitern führt. Insofern ist unterschwellig in dieser Strophe ein dialektisches Konzept menschlicher Selbstreflexion enthalten. Erst in der Anerkennung und beständigen Entwicklung gegensätzlicher Tendenzen der inneren und äußeren Realität gelangt der Mensch zu persönlicher Freiheit, die auf die soziale Gemeinschaft sinnvoll bezogen ist: »In dieser Hinsicht ist das Innere kein möglicher Gegenstand einer zuverlässigen, ausweisbaren Erkenntnis. Wir würden selbst die Phantome erschaffen, die wir wahrzunehmen wähnen, und verfielen in Hypochondrie« (Staiger, 1959, S. 209).

Dementsprechend empfiehlt Goethe in der vierten Strophe, den Blick wieder nach außen zu wenden und sich von den Sinnen leiten zu lassen: »Den Sinnen hast du dann zu trauen« ist eine typisch goethische Absage an abstrakte Spekulation. Offenheit für die sinnlich erfahrene Lebenswelt führt zu wahrhaftigem Erleben und lässt »kein Falsches schauen«. Diese ästhetische Evidenz dient aber nur der Wahrheit, wenn »dein Verstand dich wach erhält«, das heißt, wenn die sinnliche Gewissheit auch den Prüfungen des kritischen Denkens standhält. In psychologischer Übersetzung heißt das, dass emotionale Erlebnisse, ästhetische Erfahrungen und intellektuelle Erkenntnisse in einen sinnvollen Zusammenhang gebracht werden müssen. Auch sinnliche Erfahrung benötigt Konsistenz und Kohärenz, die nur zustande kommen kann, wenn sie auch mental strukturiert ist. Sinnlichkeit und Vernunft stehen auch hier, ähnlich wie in Hegels »Phänomenologie des Geistes« (1807) in einem dialektischen Anerkennungsverhältnis. Anders als Hegel, bei dem die menschliche Entwicklung sich im absoluten Geist vollendet, verwirklicht sich der Mensch bei Goethe nach allem verständigen Reflektieren letztlich in der Sinnenwelt, die Freude, Sicherheit und Mut verleiht, während er die »reichbegabte Welt« »sicher wie geschmeidig« durchwandert.

Auch die volle Lebensfreude bedarf Strukturen, damit sie sich entfalten kann. Deswegen weist der Beginn der fünften Strophe darauf hin, dass es notwendig ist, während des sinnlichen Genießens von »Füll' und Segen« auch vernünftig zu handeln. Vernünftiges Genießen bedeutet, sinnliche Reize aufzunehmen und schöpferisch zu gestalten. Nur im Zusammenspiel von Sinnlichkeit und Vernunft kann »Leben sich des Lebens« freuen und die Schätze der Vergangenheit gehoben und zukünftige Ereignisse hoffnungsvoll erwartet werden: »Dann ist Vergangenheit beständig,/Das Künftige voraus lebendig«. Dies führt zu glücklichen Momenten, in denen gesagt werden kann: »Der Augenblick ist Ewigkeit«. Psychologisch kann man zusammenfassen, dass im befriedigenden Erlebnis die Schmerzen der Vergangenheit und die angstvollen Zukunftserwartungen aufgehoben werden können. Wenn wir uns den Erfahrungen, die Vergangenes, Gegenwärtiges und Zukünftiges umfassen, mit kreativer Leidenschaft widmen, kann eine Transformation stattfinden, die, wenn auch nur für kurze Zeit, Gefühle von Erfüllung und Ewigkeit bescheren. Davon haben selbstverständlich auch viele andere Dichter gesprochen. Beispielhaft sei an das wunderbare Gedicht »An die Parzen« von Friedrich Hölderlin erinnert:

An die Parzen

Nur einen Sommer gönnt, ihr Gewaltigen!
Und einen Herbst zu reifem Gesange mir,
Daß williger mein Herz, vom süßen
Spiele gesättiget, dann mir sterbe.

Die Seele, der im Leben ihr göttlich Recht
Nicht ward, sie ruht auch drunten im Orkus nicht;
Doch ist mir einst das Heilge, das am
Herzen mir liegt, das Gedicht, gelungen.

Willkommen dann, o Stille der Schattenwelt!
Zufrieden bin ich, wenn auch mein Saitenspiel
Mich nicht hinab geleitet; Einmal
Lebt ich, wie Götter, und mehr bedarfs nicht.
(Hölderlin, 1969, S. 36 f.)

Im Gegensatz zu Hölderlin, der sich in der Welt nicht verwirklichen konnte und früh verlosch, führen Goethe die erfüllten Augenblicke, in denen man »vom Gefühl durchdrungen« ist, zu lebenslanger Produktivität. Trotz aller Leiden oder gerade im Durchleben leidenschaftlicher Zerrissenheit eröffnet sich die Ewigkeit des Augenblicks. Dabei bleibt sich das poetische Selbst der Gefahren bewusst und Goethe »erlebt, wie nach den Umbrüchen dreier Jahrzehnte, gleichsam als Fazit der welthistorischen Erschütterungen, zwei umwälzende Bewegungsmaschinen, Eisenbahn und Dampfschiff, auf den Plan treten. Er ist sich der ungeheuren seelischen Gefahr inne, die sich mit den Triumphen einer entfesselten Naturwissenschaft verbindet: der Gefahr der Entsinnlichung« (Dieckmann, 1997, S. 516 f.). Dieser Entsinnlichung versuchen wir im »veloziferischen« Zeitalter durch Pseudosinnlichkeit in Form von medial aufgeputschten Ersatzwelten zu entfliehen (s. Osten, 2003). Dabei droht die Gefahr, dass wir uns nur umso hilfloser in die Instrumentalisierung von Körper und Geist verstricken. Dem hält Goethe das Ideal von sinnlicher und sinnvoller Gegenwärtigkeit entgegen.

In der sechsten Strophe formuliert er als ein Ziel des menschlichen Strebens, »vom Gefühl durchdrungen« zu sein. In diesem Zustand der Gegenwärtigkeit und Achtsamkeit gilt: »Was fruchtbar ist, allein ist wahr«. Es geht ihm nicht nur um Nutzbarmachung und Naturbeherrschung, deren Schattenseiten im »Faust II« so erschreckend vor Augen gestellt werden. Sinnliches Erleben und intellektuelles Verstehen müssen sich durch fortzeugende Tätigkeiten vergegenständlichen. Der selbstbezogener Aspekt der kreativen Leidenschaft wird damit um eine gemeinschafts- und realitätsbezogene Perspektive erweitert. Es ist unvermeidlich, dass man angesichts sinnlich erfüllter Augenblicke auch immer wieder das »allgemeine Walten« prüfe, das heißt, sich als Teil eins größeren Ganzen betrachtet und sich im Kreis von Gleichgesinnten, der »kleinsten Schar« über sich selbst verständigt. Damit ist in erster Linie eine Gemeinschaft von Kundigen gemeint, die über die nötigen Grundlagen verfügen, um kompetent zu urteilen und zu handeln. Dieser Aspekt der »kleinsten Schar« wird von Goethe in den »Wanderjahren« ausführlich behandelt. Im »Torquato Tasso« heißt es:

Wer nicht die Welt in seinen Freunden sieht,
Verdient nicht, dass die Welt von ihm erfahre.
(Vs. 447–448)

Der Imperativ »Geselle dich zur kleinsten Schar« ist also keine antidemokratische Absage an die Politik, sondern eine Ermahnung, die eigenen Moralvorstellungen und Lebensanschauungen im persönlichen Umfeld von Freunden und Familienangehörigen zu verwirklichen.

Psychologisch könnte man das »Geselle dich zur kleinsten Schar« auch als Verbindung mit Erfahrungen der Kindheit und den primären Bezugspersonen verstehen, die uns ein Leben lang als Stimmung, Atmosphäre und Erinnerung begleiten. Diese Interpretation mag auf den ersten Blick verwundern. Sie legitimiert sich durch die Auffassung, dass es in der hermeneutischen und psychologischen Textinterpretation durchaus statthaft ist, mit seinem eigenen Vorverständnis an den Text heranzugehen und seine eigenen Erfahrungen auf ihn zu »übertragen« (Gadamer, 1960; Schönau, 2002). Ich habe dargestellt, dass Kindheitserlebnisse, angefangen mit der traumatischen Geburt bis zum Tode des Bruders Hermann Jakob, Leben und Werk Goethes entscheidend prägten. Seine Kreativität diente, neben anderem, der Bewältigung von Todesängsten und der immerwährenden Gestaltung des Lebens als Neugeburt. Deswegen erscheint es mir nicht abwegig anzunehmen, dass Goethes Glaube an ein in die Zukunft wirkendes ewig Geistiges der rückwärtsgewandten Überzeugung korrespondiert, dass Vergangenes ewig ist, so wie Freud von der »Unzerstörbarkeit des Unbewussten« spricht. Unter dieser Perspektive betrachtet leben Menschen nicht nur in Kindern und Werken fort, sondern bleiben dadurch auch in Kontakt mit ihrer eigenen Vergangenheit und Kindheit. So könnte man auch die berühmten Verse der »Zueignung« des »Faust« als Hinweise auf die atmosphärische Tönung der dichterischen Erfahrungen durch weit zurückreichende Erinnerungen an die »kleinste Schar«, der ganz individuellen Erfahrungen lesen:

> Ihr naht euch wieder, schwankende Gestalten,
> Die früh sich einst dem trüben Blick gezeigt.
> Versuch' ich wohl, euch diesmal festzuhalten?
> Fühl' ich mein Herz noch jenem Wahn geneigt?
> (Vs. 1–4)

Erinnerung und ihre tätige Transformation ist aber nicht nur die Aufgabe der Dichter und Philosophen, sondern auch der alltäglichen Lebens- und Beziehungsgestaltung. In einem Brief an Marianne von Willemer schreibt der 82-Jährige während einer Reise mit seinen beiden Enkeln Wolfgang und Walther nach Ilmenau: »Diese Einblicke, das Vergangene an's Gegenwärtige knüpfend, wurden erhöht und belebt und die Landschaft vorzüglich staffirt dadurch, dass ich meine Enkel mitgenommen hatte« (FA 39, S. 468).

Aus vielen psychologischen Untersuchungen wissen wir, dass seelische Gesundheit und Lebensfreude gefestigt wird, wenn es Menschen gelingt, mit ihren unbewussten und bewussten Erinnerungen in Kontakt zu bleiben. Dies führt zu stabilem Kohärenzerleben und Identitätsgefühl, das sich auch in der Fähigkeit, generativ tätig zu werden und sich an Kindern und Enkeln zu freuen, niederschlägt. Goethe hat uns gezeigt, wie wichtig es ist, auch schmerzliche Erinnerungen in das Selbst zu integrieren. Auch moderne Autoren wie Marcel Proust, Thomas Mann, James Joyce und Jorge Semprún gehen davon aus, dass die Integration von Erlebnissen aus Kindheit und Jugend entscheidender Inhalt ihres Schaffens ist. Wenn Picasso in hohem Alter befriedigt feststellte, dass es ihm zunehmend gelänge, wie ein Kind zu malen, so bedeutet dies auch, dass er die kindlichen Aspekte seines Selbst mit allen ihren Freuden und Ängsten zur Darstellung bringen kann. So gelingt es auch dem hoch betagten Goethe, Verse von einfacher Schönheit zu dichten, sich an seinem Leben zu erfreuen und »Ewigkeit im Augenblick« zu erleben.

Die siebte Strophe bezeichnet die tätige Lebensbewältigung, die dichterische sowie die philosophische Leistung als »Liebewerk«. Hier klingt das Neue Testament an:

> Wenn ich mit Menschen- und mit Engelszungen redete und hätte der Liebe nicht, so wäre ich ein tönend Erz und eine klingende Schelle.
> (1. Korinther 13, 1)

Nur aus dem Geist der Liebe entsteht wahre Fruchtbarkeit. »Von alters her im stillen« wird das »Liebewerk nach eigenem Willen« geschaffen. Das bedeutet, dass alles Schaffen subjektiv und dem eigenen Erleben abgerungen ist. Es ist aber auch ein Liebesdienst für die Anderen. Jeder Mensch wird »schönste Gunst erringen«, wenn er der Maxime folgt, seine persönliche Entwicklung in die Hand zu nehmen und sich bis an sein Lebensende als wünschend und strebend und zu begreifen. Dann gewinnt er Anschluss an eine geistige Gemeinschaft und kann den »edlen Seelen vorfühlen«. Dies fasst noch einmal das in den vorhergehenden Strophen Entwickelte zusammen, dass nicht nur in Kunst und Wissenschaft, sondern auch im alltäglichen Leben fruchtbare Tätigkeit ein Leitmotiv ist, das zur Verwirklichung des individuellen und sozialen Selbst führt. Dieses Streben sei der »wünschenswerteste Beruf« des Menschen, mit dem er »schönste Gunst erzielen kann«.

Die abgeklärte Weltsicht des »Vermächtnis« hat Goethe einem lebenslangen Kampf mit Angst und Verzweiflung abgerungen. »In jedem Vers klingt leise mit: Ich, Goethe, bin es, der dies ausspricht, und was ich sage, will auf dem Hintergrund der ganzen Geschichte meines Lebens und Schaffens verstanden sein« (Staiger, 1959, S. 213).

Er ist von der Geburt bis zum Tode durch Höhen und Tiefen gegangen und zeigt uns mit seinem Leben und Werk, wie man schicksalhafte Krisen, die sich ums Vergangene, Gegenwärtige wie ums Zukünftige drehen, bewältigt.

Auf eine Kurzformel gebracht lautet seine Botschaft, dass wir unsere Existenz mit Leidenschaft annehmen und kreativ transformieren sollen. Dann wird unsere Liebes- und Arbeitsfähigkeit fruchtbar, wir können aber auch loslassen und wie Goethe in »Eins und Alles« sagen: »Sich aufzugeben ist Genuß«. In dieser Hoffnung blickte Goethe auf seinen Tod mit leiser Ironie heiter und gelassen: »Die Überzeugung unserer Fortdauer entspringt mir aus dem Begriff der Tätigkeit; denn wenn ich bis an mein Ende rastlos wirke, so ist die Natur verpflichtet, mir eine andere Form des Daseins anzuweisen, wenn die jetzige meinem Geist nicht ferner auszuhalten vermag« (FA 39, S. 301).

Dank

Bei meinen Söhnen möchte ich mich bedanken, dass sie mir Mut machten, auch junge Menschen, die mitten im Leben stehen, für Goethe zu begeistern, und bei meiner Frau, die mir alles ermöglicht. Professor Dieter Borchmeyer hat mit erstaunlicher Geduld das Werk eines germanistischen Laien begleitet und die Professoren Hörisch, Rudolf, Janzarik und Vogt haben ermunternde Anmerkungen gemacht. Besonders bin ich meinem Lehrer und Freund Professor Otto Dörr Zegers verpflichtet, der mir seit langem hilft, die Schönheit von Natur, Kunst und Menschen zu sehen.

Literatur

FA: Johann Wolfgang Goethe. Sämtliche Werke, Briefe, Tagebücher und Gespräche. Frankfurter Ausgabe. Hrsg. v. Dieter Borchmeyer u. a. Frankfurt a. M.: Deutscher Klassiker Verlag, 1985–1999.

HA: Goethes Werke. Hamburger Ausgabe. Hrsg. v. Erich Trunz (10. neubearbeitete Aufl.). München: C. H. Beck'sche Verlagsbuchhandlung, 1981.

HA Briefe: Briefe von und an Goethe. Hamburger Ausgabe. Hrsg. v. Karl Robert Mandelkow. München: C. H. Beck'sche Verlagsbuchhandlung, 1988.

WA: Goethes Werke. Weimarer Ausgabe. Hrsg. v. Hermann Böhlau (und Nachfolgern). Weimar, 1887–1919, München, 1987.

Andreasen, N. (2005). The creating brain. New York u. Washington DC: Dana Press.

Antonovsky, A. (1997). Salutogenese. Tübingen: Dgvt.

Arnim, B. von (1835). Goethes Briefwechsel mit einem Kinde. Hrsg. von H. Amelung. Berlin: Bang & Co., 1914.

Bandura, A. (1997). Self-efficacy: The exercise of control. New York: Freeman.

Bettelheim, B. (1993). Kinder brauchen Märchen. München: dtv.

Beutler, E. (Hrsg.) (1949). Johann Wolfgang Goethe Gedenkausgabe. Düsseldorf: Artemis.

Bode, W. (Hrsg.) (1999). Goethe in vertraulichen Briefen seiner Zeitgenossen. Berlin: Aufbau.

Borchmeyer, D. (1988). Macht und Melancholie. Schillers Wallenstein. Frankfurt a. M.: Edition Mnemosyne.

Borchmeyer, D. (1999a). Goethe – der Zeitbürger. München: Hanser.

Borchmeyer, D. (1999b). Weimarer Klassik. Weinheim: Beltz Athenäum.

Bowlby, J. (2006). Bindung und Verlust. München: Reinhardt.

Boyle, N. (1991). Goethe – The poet and the age. Volume I. Oxford: Oxford University Press.

Boyle, N. (2000). Goethe – The poet and the age. Volume II. Oxford: Oxford University Press.

Carus, C. G. (1842). Goethe. Zu dessen näheren Verständnis. Leipzig.

Csikszentmihalyi, M. (1996). Creativity. New York: Harper Collins Publishers.

Damm, S. (1992). Cornelia Goethe. Frankfurt a. M.: Insel.

Damm, S (1998). Christiane und Goethe. Frankfurt a. M.: Insel.

Damm, S. (2007). Goethes letzte Reise. Frankfurt a. M.: Insel.

Dawkins, R. (1978). Das egoistische Gen. Berlin: Spektrum.

Dieckmann, F. (1997). Imperative des erfüllten Augenblicks – Über Goethes Gedicht »Vermächtnis«. Sinn und Form, 49 (4), 506–523.

Dörr Zegers, O. (2007). La palabra y la musica. Santiago de Chile: Universidad Diego Portales.

Eissler, K. R. (1963). Goethe – Eine psychoanalytische Studie. Basel: Stroemfeld.

Fonagy, P., Gergely, G. Jurist, E., Target, M. (2005). Affect regulation, mentalization, and the development of self. New York: Other Press.

Freud, S. (1908). Der Dichter und das Phantasieren. Frankfurt a. M.: Fischer.

Freud, S. (1911). Der Fall Schreber. Frankfurt a. M.: Fischer.

Freud, S. (1914). Erinnern, Wiederholen und Durcharbeiten. Frankfurt a. M.: Fischer.

Freud, S. (1917). Eine Kindheitserinnerung aus Dichtung und Wahrheit. Frankfurt a. M.: Fischer.

Freud, S. (1920). Jenseits des Lustprinzips. Frankfurt a. M.: Fischer.

Freud, S. (1923). Das Es und das Ich. Frankfurt a. M.: Fischer.

Fuchs, T. (2007). Das Gehirn – Ein Beziehungsorgan. Stuttgart: Kohlhammer.

Gadamer, H.-G. (1960). Wahrheit und Methode. Tübingen: Mohr.

Gadamer, H.-G. (1986). Hermeneutik II. Tübingen: Mohr.

Gardner, H. (2002). Intelligenzen – Die Vielfalt des menschlichen Geistes. Stuttgart: Klett.

Gilke, K. F. (Hrsg.) (1967). Goethes Briefe. Hamburg: Wegner.

Goethe, J. C., Goethe C., Goethe C. E. (1960). Briefe aus dem Elternhaus. Stuttgart: Artemis.

Goleman, D. (1996). Emotionale Intelligenz. München: Hanser.

Gräf, H. G. (Hrsg.) (1916). Goethes Briefwechsel mit seiner Frau. Frankfurt a. M.: Rütten & Löning.

Gundolf, F. (1916). Goethe. Berlin: Bondi.

Hawking, S. (2004). The Black Hole Information Loss Problem. Dublin: 17. General Relativity Conference.

Hefele, H. (1940). Goethes Lyrik. Leipzig: Hegner.

Hegel, G. F. W. (1807). Phänomenologie des Geistes. Frankfurt a. M.: Suhrkamp, 1970.

Heimes, S. (2008). Kreatives und therapeutisches Schreiben. Ein Arbeitsbuch. Göttingen: Vandenhoeck& Ruprecht.

Höfer, A. (2002). Goethe. München: Dtv.

Hölderlin, F. (1969). Werke und Briefe. Frankfurt a. M.: Insel.

Holm-Hadulla, R. M. (1997). Die psychotherapeutische Kunst. Hermeneutik als Basis therapeutischen Handelns. Göttingen: Vandenhoeck & Ruprecht.

Holm-Hadulla, R. M. (2004). The Art of Counselling and Psychotherapy. London, New York: Karnac Books.

Holm-Hadulla, R. M. (2007). Kreativität. Konzept und Lebensstil (2. Aufl.). Göttingen: Vandenhoeck & Ruprecht.

Hüther, G., Krens, I. (2007). Das Geheimnis der ersten neun Monate. Düsseldorf: Patmos.

Janus, L. (2007). Der Seelenraum des Ungeborenen. Düsseldorf: Patmos.

Kant, I. (1787). Kritik der praktischen Vernunft. Hamburg: Meiner, 1967.

Klein, M. (1957). Neid und Dankbarkeit. Stuttgart: Klett-Cotta.

Kohut, H. (1976). Narzissmus. Frankfurt a. M.: Suhrkamp.

Köster, A. (1923). Die Briefe der Frau Rath Goethe. Leipzig: Poeschel.

Kretschmer, E. (1929). Geniale Menschen. Berlin: Springer.

Lacan, J. (1949). Schriften I. Frankfurt a. M.: Suhrkamp, 1975.

Lange-Eichbaum, W. (1928). Genie, Irrsinn und Ruhm. Die geheimen Psychosen der Mächtigen. München: Reinhardt, 1979.

Langer, M. (1987). Das gebratene Kind und andere Mythen. Freiburg: Kore.

Mandelkow, K. R. (Hrsg.) (1965). Briefe an Goethe. Hamburg: Wegner.

Matt, P. von (1993). Lied der Mignon. In: Reich-Ranicki, M. (Hg.) Verweile doch. Frankfurt a. M.: Insel.

Nager, F. (1999). Der heilkundige Dichter. Goethe und die Medizin. Artemis & Winkler: Zürich.

Osten, M. (2003). ›Alles veloziferisch‹ oder Goethes Entdeckung der Langsamkeit. Franfurt a. M.: Insel.

Peters, U. H. (1982). Hölderlin. Reinbek: Rowohlt TB.

Rorty, R. (2001). Universality and truth. In R. B. Brandom, Rorty and his critics. Oxford: Blackwell.

Runco, M., Richards, R. (1996). Eminent and everyday creativity. London: Ablex.

Schiller, F. (1795). Briefe über die ästhetische Erziehung des Menschen. Ditzingen: Reclam, 2000.

Schings, H.-J. (1977). Melancholie und Aufklärung. Stuttgart: Metzler.

Schipperges, H. (2001). Die Kunst zu leben. Münster: Daedalus.

Schönau, W. (2002). Einführung in die psychoanalytische Literaturwissenschaft. Stuttgart: Metzler.

Segal, H. (1991). Dream, phantasy, and art. London: Routledge.

Staiger, E. (1952). Goethe. Bd. 1. Zürich: Atlantis.

Staiger, E. (1956). Goethe. Bd. 2. Zürich: Atlantis.

Staiger, E. (1959). Goethe. Bd. 3. Zürich: Atlantis.

Varela, F.-J., Thompson, E., Rosch, E. (1991). The embodied mind: Cognitive science and human experience. Cambridge, MA: MIT Press.

Wendt, A. M. C. (2006). Essgeschichten und Es(s)kapaden im Werk Goethes. Würzburg: Königshausen & Neumann.

Winnicott, D. W. (1971). Vom Spiel zur Realität. Stuttgart: Klett-Cotta.

Das schöpferische Potenzial und seine Nutzung

V&R

Rainer M. Holm-Hadulla

Kreativität

Konzept und Lebensstil

2., überarbeitete und erg. Auflage 2007.
163 Seiten mit 1 Abb., kartoniert
ISBN 978-3-525-49073-0

Kreativität wird als Eigenschaft herausragender Menschen hoch geschätzt und bewundert. Man glaubt, dass schöpferische Individuen aufgrund ihres Talents Neues und Außergewöhnliches spielerisch hervorbringen, dass sie von den Musen geküsst oder von geheimnisvollen Mächten getrieben werden.

Die moderne Wissenschaft verfügt jedoch über Erkenntnisse, die das Geheimnis der Kreativität erhellen. Der Autor beschreibt allgemein verständlich die wesentlichen Elemente der Kreativität: Begabung, Wissen, Motivation, Persönlichkeitseigenschaften und Umgebungsbedingungen. Anschließend werden die fünf Phasen des kreativen Prozesses dargestellt: Vorbereitung, Inkubation, Illumination, Realisierung und Verifikation.

Aus der Analyse kreativer Persönlichkeiten und Prozesse werden Konsequenzen für ihre Förderung in Schule, Beruf, Wissenschaft, Kultur, Wirtschaft und Politik gezogen. Ein fundiertes Verständnis der Kreativität hilft, schöpferische Potenziale in den genannten Bereichen zu entdecken und zu fördern.

In der heutigen Welt mit ihren vielfältigen Herausforderungen ist aber nicht nur die außergewöhnliche, sondern auch die alltägliche Kreativität von großer praktischer Bedeutung. Die Beachtung kreativer Aspekte in Erziehung, Ausbildung, Partnerschaft, Sexualität und persönlicher Entwicklung führt zu einer sinnvollen Lebensgestaltung.

PRESSESTIMMEN

»Eine sehr gelungene Studie, die sowohl den wissenschaftlich Interessierten, und dies in den unterschiedlichsten Disziplinen, als auch den praktisch Tätigen, sei es den Psychotherapeuten oder Berater, wie auch den interessierten Laien unmittelbar anspricht.«

Hermann Lang, Psyche
»Eine fundierte und flüssig geschriebene Darstellung des oft inflationär behandelten Themas.« *Manfred Cierpka, Deutsches Ärzteblatt*

Vandenhoeck & Ruprecht

Kunst und Psyche

V&R

Silke Heimes
Kreatives und therapeutisches Schreiben
Ein Arbeitsbuch
2008. 132 Seiten, kartoniert
ISBN 978-3-525-40412-6

Schreiben ist eine wunderbare Methode, Gedanken zu ordnen und Gefühle zu klären. Es ist eine Entdeckungsreise zu sich selbst, die heilsam sein kann.

Gisela Greve
Bilder deuten
Psychoanalytische Perspektiven auf die bildende Kunst

Schriften des Sigmund-Freud-Instituts. Reihe 2: Psychoanalyse im interdisziplinären Dialog, Band 9.
2008. Ca. 192 Seiten mit ca. 32 farbigen Abb. und 5 s/w Abb., kartoniert
ISBN 978-3-525-45182-3

In Kunstwerken schlummern unbewusste Dimensionen, die während der Entstehung wie auch bei der Betrachtung wirksam werden. Die Zusammenarbeit von Psychoanalyse und Kunstwissenschaft erhellt dieses Phänomen.

Heidi Gidion
Phantastische Nächte
Traumerfahrungen in Poesie und Prosa
2006. 175 Seiten, kartoniert
ISBN 978-3-525-20843-4

Während es der Psychoanalyse und den Naturwissenschaften um Deutung und Bedeutung, Entstehung und physiologische Lokalisierung von Träumen zu tun ist, sind Dichter und Schriftsteller fasziniert von der Aura des Rätselhaften und geben mit der Bestimmung eines Textes als Traumtext gleichsam eine Leseanweisung.

Klaus Herding / Gerlinde Gehrig (Hg.)
Orte des Unheimlichen
Die Faszination verborgenen Grauens in Literatur und bildender Kunst

Schriften des Sigmund-Freud-Instituts. Reihe 2: Psychoanalyse im interdisziplinären Dialog, Band 2.
2006. 300 Seiten mit 70 Abb., kartoniert
ISBN 978-3-525-45176-2

Unverzichtbare Lektüre für jeden, der sich mit dem Phänomen des Unheimlichen in den verschiedenen Medien auf interdisziplinärem Niveau beschäftigen will.

Maja Müller-Spahn
Symbolik – Traum – Kreativität im Umgang mit psychischen Problemen
Mit einem Vorwort von Gaetano Benedetti
2005. 219 Seiten mit 7 s/w und 18 farb. Abb., kartoniert
ISBN 978-3-525-46236-2

Vandenhoeck & Ruprecht